RED TEAM
HOW TO SUCCEED
BY THINKING
LIKE THE ENEMY
MICAH ZENKO

レッドチーム思考

組織の中に「最後の反対者」を飼う

ミカ・ゼンコ
関美和［訳］

文藝春秋

レッドチーム思考　組織の中に「最後の反対者」を飼う〈目次〉

はじめに　組織には「悪魔の代弁者」が必要だ　7
かつてローマカトリック教会は、場当たり的に乱発されていた聖人認定を厳格化するため、「悪魔の代弁者」という役職を設けた。その役目は、候補者が成したとされる徳や奇跡に疑いを投げかけ、徹底的な反対意見を述べることだった。現代の組織において最も必要なのは、この「悪魔の代弁者」の存在である。

第1章　組織の硬直化を打ち破る六つのルール　39
この一五年、米軍では「悪魔の代弁者」の役割を担う「レッドチーム」が急速に体系化され、その手法は欧米の企業にも次々と広まってきた。今回、私はCIA長官からスーパーハッカー、企業幹部まで、二〇〇人以上のレッドチーム実践者に取材を行った。彼らはいかにして組織の盲点を炙り出しているのか？

第2章　軍がレッドチームを制度化した　69
米陸軍が設立した外国軍事文化研究大学（UFMCS）は、レッドチーム的な思考を軍人に教えるために作られた「レッドチーム大学」だ。大学は批判的思考応用について書かれた「レッドチームハンドブック」を一般に公開している。イスラエル、英国、NATOでも「レッドチーム」を組織の中に制度化する。

第3章　前提条件を逆転させる　127
ウィキリークスによって公開された、CIAのレッドチームによる極秘の報告書のタイトルは、「もし外国人がアメリカを『テロリズムの輸出元』と見ていたら?」だった。このように、これまでとは全く違う角度から現状を捉え直すことで、CIAは自身のテロ対策に思わぬ穴がないかを、適切に検証できるのだ。

第4章　もし自分がテロリストだったらどう考えるか?　173
レッドチームのテクニックのひとつに、欠陥テストがある。これは、仮想敵になりきって自身の組織を攻撃することで、戦略や運営のどこに弱点があるのかを見つけ出す手法のことだ。アメリカはこれを使って、国内四四〇か所の全ての空港で、テロリストの攻撃を事前に予想した危機対応計画を練り上げている。

第5章　会社の中にレッドチームを持つ　235
トップが下からの率直な意見を求めて、ホットラインやご意見箱を設けてもほとんど役には立たない。また、社員は上司との衝突を回避しようとするため、やがて沈黙が一番安全で、ストレスが少なく、理にかなった行動だと考えるようになってしまう。こうした組織の問題を打破するには、どうすればいいのか?

第6章　レッドチームの誤った使い方　301

レッドチームの手法やテクニックを身につけるためには、適切な訓練や指導が必要だ。だが、それを知らずに、ランダムに「悪魔の代弁者」を選んだり、素人によるレッドチームを実行したりすると、むしろ組織に悪影響を与えてしまうことも少なくない。レッドチームを生かすも殺すも、リーダー次第なのだ。

謝　辞　337
ソースノート　340
訳者あとがき　376

レッドチーム思考　組織の中に「最後の反対者」を飼う

はじめに

組織には「悪魔の代弁者」が必要だ

かつてローマカトリック教会は、場当たり的に乱発されていた聖人認定を厳格化するため、「悪魔の代弁者」という役職を設けた。その役目は、候補者が成したとされる徳や奇跡に疑いを投げかけ、徹底的な反対意見を述べることだった。現代の組織において最も必要なのは、この「悪魔の代弁者」の存在である。

「悪魔の代弁者」はローマカトリック教会で生まれた

ローマカトリック教会内には、かつて「列聖調査審査官」という正式な役職があった。それが、のちに「悪魔の代弁者」としてより一般的に知られるようになった役目だ。今ではこの言葉は、疑り深い人や、あえて少数意見を言ったり反対の立場に立ったりするような人、という意味で使われている。

たとえば、学生の思い込みにわざと疑問をぶつけて議論を盛り上げる大学教授や、訴訟の相手方弁護士の言い分を予想する法廷コンサルタントや、単なるへそ曲がりなどもひっくるめて、「悪魔の代弁者」と言われるようになってきた。だがそもそもの始まりは、カトリック教会の中に作られた正式な役割だった。その役割とは、聖人の候補者がそれまでに成したとされる徳と奇跡に疑いを投げかけることだ。

カトリック教会による聖人認定（列聖）は、最初の一〇〇〇年の間、かなり場当たり的なものだった[1]。地元の教会員が、「民の声」をもとに聖人を認定することが許されていたのだ。信仰のために命をささげた殉教者はもちろん、単に敬虔な信仰者だったというだけで、聖人として認められる場合もあった。その結果、聖人の大安売りとなってしまったのである。

認定をより厳格に行うため、五世紀に司教たちは、列聖審査にあたって候補者の人生や徳や奇跡を書面で提出させることにした。だが、そうした履歴書には、もっぱら噂や風説の類が記されていて、それがきちんと調査されたり証明されたりすることはなかった。ある学者によると、九世紀になっても、列聖審査は「二世紀と基本的に変わらず、地元教会が勝手に行っていた」[2]。バチカンは、きまぐれな民の声をもとにした列聖が、カトリック教会の権威を損なっていると感じていた。

一三世紀までに、教皇たちはバチカンに権力を集中させる策のひとつとして、列聖の審査を直接自分たちの手で行い、聖人の神聖さと正統性を守ろうとした。一二三四年、異端者への宗教裁判を制定したことで有名なグレゴリウス九世は、列聖審査のあらゆる面で、教皇が「完全な権限」を持つことを定めた。それに続く改革で、列聖の枠組み、基準、手続きが正式に定められ、教皇庁内に創設された礼部聖省に権限が集められて、バチカンの枢機卿から成る委員会によって列聖のすべての側面が監督され審査されることになった。

カトリック教会の上層部は「悪魔の代弁者」という役職を設け、ここに独立した調査官としての、また反対意見を述べる専任者としての役割を与えた。列聖の候補として挙げられたすべての証拠にひとつひとつ反対意見を出し、履歴書に対して細かい反証を提出するのが、その仕事だった。この列聖審査は何十年と続き、その間反対意見や反証が礼部聖省に提出され、最終的に教皇がそれに目を通した上で、はじめて聖人としての承認が下った[3]。グレゴリウス九世は、「悪魔の代弁者」の必要性を強く唱え、教会の内側を知る人物に、教会の外側から客観的にそれぞれの候補者を審査する権限を与えることが重要だと説いた。

数世紀にわたって、列聖審査の過程は厳格に運用されていた。スコットランド人の医師で作家でもあるジョン・ムーアは、バチカンを旅行中の一七八一年に、列聖審査の議論を目にして、その目撃談をこう書き記していた。

列聖審査は、裁判のような形式で行われる。候補者が「聖人」となるのを防ぐのが、「悪魔」の目的だ。正義を貫き、悪魔にも言い分を認めるため、この聖人候補者の主張に反論する立場が設けられている。その役目を担うのが「悪魔の代弁者」である。「悪魔の代弁者」は、聖人が成したと言われる奇跡に疑問を投げ、聖人の人生とその真正さを示す証拠に対して、できるだけ多くの反証を挙げる。それらの悪魔による揚げ足とりを論破し排除するのが、「聖人の代弁者」の仕事なのだ。[4]

米軍で確立されたレッドチームの手法

正式な聖職だった「悪魔の代弁者」は、その後時を経て、口うるさい人を表す言葉となっていった。バチカンの上層部は、この役割があまり意味を持たなくなったことに気づいた。一九八三年、ヨハネパウロ二世は列聖審査を簡潔にするために、認定すべき奇跡の数を四つから二つに減らし、「悪魔の代弁者」の役職を廃止した。列聖審査を手早く進め、対立色を減らして、より協力的な精神を育むことがその狙いだった。改革後の二〇年間に、ヨハネパウロ二世は一三三八人の福者と四八二人の聖人を承認した。この数は、それまでの約二〇〇〇年間に二六三人の教皇が承認した合計数をはるかに上回るものだった。[5]

条件を緩め、反対意見を排除したことで、バチカンは、「聖人工場」と揶揄《やゆ》されるようになった。[6] 聖人が大量生産されるようになると、そのありがたみは薄れ、「聖人のインフレで価値が下がった」とも批判された。[7] 何世紀も続いた列聖への組織的な監督が廃止されたことで、このプロセスや結果の正当性までも否定されるようになった。しかし、バチカンがこの役職を廃止したからといって、このイノベーションの価値そのものを忘れていいわけではない。

アメリカ軍にもまた、「悪魔の代弁者」としての「レッドチーム」を日々の活動に利用するため設立された部門があった。しかし、「レッドチーム」という言葉が軍部内で正式に使われ始めたのは冷戦以降で、標準的なプロセスとして取り入れられたのは二〇〇〇年代に入ってからだ。今では「レッドチーム」といえば、シミュレーションや欠陥テストや代替分析を通して、潜在的なライバルの関心や意図や能力をより深く理解するための、構造化されたプロセスとして知られている。

その後、この手法はさまざまな分野での多様なニーズに合わせて活用されるようになってきたが、まだ十分に浸透していないため、企業上層部でも軍の司令部でもサイバーセキュリティ企業でも、脅威や複雑な意思決定や不意打ち的な戦略に直面する多くの組織にとって、活用の余地が大いに残されている。レッドチームを利用することで、組織は自分たちの行動を、異なる視点から新鮮な目で見ることができる。暗黙の思い込みを表に出して検証し、盲点を見つけ、成果を上げることも可能になる。

シリア空爆をめぐり作られた二つのレッドチーム

「レッドチーム」の役割は、「悪魔の代弁者」として日々の組織運営を継続的に検証し、これに疑問を投げかけることにとどまらない。重大な意思決定に迫られたときに、単発でレッドチームを活用することもできる。ここで、国家安全保障の分野でレッドチームを上手に使い、正しい意思決定を行った最近の事例を見てみよう。

二〇〇七年四月、イスラエルの国家安全保障担当者がアメリカの高官に驚きの情報を伝えた。シリア東部の砂漠にある渓谷地帯のアル・キバルに、巨大な建造物が建設されているというのだ。イスラエル高官は、二〇〇三年以降に建物内部と外部を写した多数のカラー写真を出してきた。その証拠から、その建物が北朝鮮の寧辺にある黒鉛減速ガス冷却炉とそっくりの原子炉である疑いが強まった。イスラエルのエフード・オルメルト首相はジョージ・W・ブッシュ大統領にこう要請した。「ジョージ、この施設を空爆してほしい[8]」。

ブッシュ政権内の経験豊富な閣僚たちは、この件に頭を悩ませた。北朝鮮は寧辺の原子炉で生産されたプルトニウムを使って、前年の一〇月に初の核兵器実験を行っていたからだ。イスラエルからの今回の情報は、北朝鮮とシリアが「核兵器で手を結んでいる」というアメリカの諜報コミュニティの分析を裏付けるものだった。アメリカの諜報各局もまた、二〇〇五年からこの「ベールにつつまれた」施設の建設を監視していたが、イスラエルが今回提供した写真によって、アル・キバルの施設にあらためて厳しい目が向けられることになった。

早速、中央情報局（CIA）率いるタスクフォースが、アル・キバルへの北朝鮮の関与に関係する情報をすべて洗い直すことになった。アメリカは、二〇〇二年にイラクが大量破壊兵器を保持しているという誤った結論に達していただけに、今回は間違いのないようにと全員が慎重になっていた。ブッシュ大統領は局長にこう伝えた。「極秘に、確証をつかめ[9]」。

CIAのタスクフォースはイスラエル高官の説を支持したが、ブッシュ政権の高官は確証を得るため、めずらしい策に出た。数世紀前にバチカンで生まれた、「悪魔の代弁者」を用いたのだ。国家安全保障問題担当大統領補佐官のスティーブン・ハドリーは、諜報機関の高官に、一番優秀な分析官を集めてデータを見直し、その施設が原子炉でない可能性があるかどうかを調査するよう指示した[10]。

ＣＩＡ長官のマイケル・ヘイデンもまた、同じように懸念していた。というのも、「ユーフラテス川沿いの国家が大量破壊兵器を保有しているかどうかについて、これまであまり正しい判断ができていなかったから」である。「情報の輪を拡げなければ確実性を上げられないが、秘密を守るにはその輪を小さく留めなければならない」わけだ。そこで、まだアル・キバルの情報に接していないスタッフを集めて、既存のタスクフォースから完全に独立した、二つのレッドチームが作られた[11]。

いくつもの可能性を洗い出す

ブッシュ政権の諜報機関幹部はレッドチームのコンセプトに一〇〇％賛同し、二つのグループに正反対の目標を命じた。ひとつのグループの任務は、それが原子炉であること、つまり「イエス」を証明すること。もうひとつのグループの任務は、それが原子炉でないこと、つまり「ノー」を証明することだった。「イエス」チームを担当したのは、核兵器開発監視にかけて名高い民間の専門家で、機密情報へのアクセスを許可されていた。

このアナリストには、施設の場所は明かされず、イスラエルとアメリカが直接間接に入手した画像が渡された。その中には、明らかに原子炉をカモフラージュしようとしている様子や、寧辺の原子炉とほぼ同一規格の施設内の使用済み核燃料貯蔵庫や、水源（ユーフラテス川）につながるトレンチやパイプなどがかなりはっきりと写った証拠もあった。数日もしないうちに、そのアナリストは諜報機関幹部に結果を報告した。「北朝鮮の原子炉です」[12]。「ノー」チームを担当したのは、CIAの武器情報・武器不拡散・兵器管理センター（WINPAC）に属する上級分析官たちだった。こちらのチームも「イエス」チームと同じデータと情報へのアクセスを許可されていたが、このシリアの施設が原子炉ではないという仮説を証明するようにはっきり指示されていた。CIA長官は、彼らにこう命じた。「なにか違うものだと証明してくれ」。

翌週、WINPACのチームは、アル・キバルの施設が化学兵器の製造拠点である可能性や、貯蔵設備の可能性、あるいはミサイルやロケット開発に関係するなにかである可能性を考えてみた。どんな可能性も排除できない。この施設がシリアのアサド大統領の個人的な娯楽のためのなにかで、兵器とは無関係だという可能性さえ探ってみた。また、アサド大統領がニセの原子炉を作らせ、なんらかの理由で攻撃させるように仕向けているというシナリオも考えた。

だが、施設内部の写真は寧辺そっくりだったばかりか、そこに北朝鮮の労働者らしき人々が写っていたため、原子炉以外の筋書きを考えることが非常に難しかった[13]。「ほとんどの証拠から、本物の原子炉以外の仮説があるとすれば、それが原子炉に似せたなにかだという説明しか考えられなかった」とヘイデンは語っている[14]。

なぜ攻撃を回避したのか？

ハドリーの執務室で毎週開かれていた火曜午後のミーティングでは、数名の幹部がシリアの原子炉らしき施設にどう対処するかについて話し合っていた。レッドチームの調査結果から、幹部らはかなり高い精度で事実が確認できたと考えていた。最初の推測をもう一度精査したことで、情報への信頼は高まった。「それが原子炉かどうかについて、諜報関係者の直観と結論に確信が持てるようになった。他の説明では理屈が通らなかった」とハドリーは言う[15]。毎週のミーティングに参加していたロバート・ゲイツ国防長官もまた、こう口を揃えている。「原子炉以外には考えらないということで一致した[16]」。

アル・キバルの施設が原子炉以外に考えられないことが確認されたとはいえ、アメリカがイスラエル首相の要請を聞き入れてこれを破壊するかどうかはまた別の話だ。ヘイデンは自信を持って「原子炉です。間違いありません」と言えたものの、その施設で使用済み核燃料から核兵器開発に必要なプルトニウムを抽出しているという証拠は見つかっていなかった。そこで、ヘイデンは「核兵器開発施設かどうかについては、自信がありません」と答えるしかなかった[17]。ブッシュ大統領はイスラエルのオルメルト首相に、アメリカは攻撃に参加しないと伝えた。「我々の情報部が兵器開発であると明言しない限りは、他国への攻撃を正当化できない」と答えたのだ[18]。

独立した二つのグループによる評価から、ブッシュ政権幹部はシリアの砂漠に建設中の施設がなにかについて、より強い確証を得ることができた。ブッシュ大統領がなによりも懸念していたのは、別のイスラム国家にふたたび先制攻撃を仕掛けることになれば、中東におけるアメリカの立場が危うくなるのではないかということだった。レッドチームの分析によって、ブッシュの意思決定はより緻密になった。

空爆の回避が決まったことで、CIAは、原子炉が深刻な問題になる前にこれを妨害する策を密かに練り始めた。だが、ＣＩＡ副長官のスティーブン・カップスは、妨害が成功する確率は低いとホワイトハウスに伝えた[19]。そこで、ブッシュは外交ルートを使うことに決め、国連安全保障理事会と国際原子力機関にこの情報を伝えることでシリアに圧力をかけ、原子炉を解体させようと考えた。だがアメリカが外交ルートに訴える前の二〇〇七年九月六日、イスラエル空軍機が原子炉と疑われるアル・キバルの施設を破壊した。シリア空軍からの抵抗もなければ、アメリカ軍からのはっきりとした支援もないままだった。

このケースでは、二チームの「悪魔の代弁者」が手元にある情報を独自に分析した結果、原子炉であるという予測への信頼度が高まり、ブッシュ大統領はより包括的で精度の高い情報をもとに意思決定を下すことができた。最終的に大統領は空爆を控えるという決定を下した。これは、典型的なレッドチームの活動事例と言える。外部者に情報の正確さを検証させて、別の仮説の可能性を考えるのだ。

「宿題は自分で採点できない」

この本は、世界を新たな異なる視点で見ることで、組織の成果を向上させることを目的としている。軍の一部であれ、政府機関であれ、中小企業であれ、組織というものは、長期戦略と短期計画と日常業務と今やるべきことの組み合わせで動いている。経営判断を下す立場にある人も、その従業員も、毎朝まっさらな状態で出社してきて、それから仕事のやり方と内容を決めるわけではない。組織が効率よく機能するには、既存の指針や慣習や文化が不可欠だ。

だが、不完全な情報と刻々と変わりゆく競争環境の中にある組織にとっては、標準化されたプロセスと戦略が最適な結果を生まないばかりか、それが破滅につながることさえある。そんな場合、どのように意思決定を行えばいいのかが悩みの種となる。しかも、組織的な情報処理の手法そのものに欠陥がある場合は最悪で、それが失敗の根本原因にもなりかねない。

この本質的な問題が、本書の核となるテーマだ。すなわち、「宿題は自分で採点できない」ということだ。高校時代に戻って、毎日なんとか課題をこなそうとしていた頃を思い出してほしい。先生が宿題を自分で採点していいと言ったとしよう。最初は、しめた！　と思うはずだ。毎回必ず満点がとれる。どんなに手を抜いても、自分で採点できれば問題ない。本当は出来が悪くても、いろいろな言い訳を並べて評価をAにすればいい。「ここは授業で習わなかった」とか、「教え方が悪い」とか「めちゃくちゃ疲れてたから」とか、「今回だけは許してもらおう」とか。

一学期間自分で採点を続けたあとに、期末試験を渡されて今度は先生が採点すると聞かされたら、ショックを受けるに違いない。自分が学び、理解していたはずなのに、まったくできていなかったことが全部さらけ出されてしまう。宿題を自分で採点すれば、その時はいい気分になれても、自分を客観的に評価できず、結局は落第してしまうかもしれない。

「宿題は自分で採点できない」のは、学校以外の場所でも同じだ。二〇〇一年の九・一一同時多発テロ後にＣＩＡが行った拘束・尋問プログラムへの自己評価の誤りは、そのいい例だ。テロリスト被疑者への「高等な尋問テクニック（拷問）」を含む、このプログラムの必要性と効果に対する内部評価を行ったのは、それを開発し管理していたＣＩＡの担当者と、プログラムの継続と拡大から明らかに金銭的利益を受ける外部業者だった。二〇一三年六月のＣＩＡによる内部監査では、さまざまな高度なテクニックの効果測定において、職員が被拘束者の態度の変化を「恣意的」に観察し、評価していたことが発覚した。[20] 当たり前だが、そのCIA職員と外部業者は、彼らのプログラムが非常に効果的で必要性の高いものだと自信を持って評価していた。

国家安全保障問題担当大統領補佐官のコンドリーザ・ライスと上院情報特別委員会は、二〇〇〇年代の半ばに、こうした活動に対する「レッドチーム」的な代替分析を行うよう要請していたが、CIA高官からは結局そのような指示は出なかった。CIAはこう認めている。「CIAの尋問活動に対する外部分析を行ったのは、二人の評価者だった。そのうち一人は活動評価に適した専門的知識がなかったと打ち明け、もう一人は活動を正確に評価できるだけの情報がなかったと言っていた[21]」。専門知識を持ち機密情報へのアクセスを認められた人間を集めてレッドチームを作り、彼らに情報と権限を与えていれば、拷問をより現実的に評価し、拘束尋問プログラムの見直しや廃止を進言できたはずだ。

組織の問題を見えなくさせる二つのバイアス

組織のリーダーでも、自分の組織のもっとも明らかで危険な欠陥を見つけることができない人は驚くほど多い。それは彼らが無能だからではなく、二つの圧力が人間の思考と行動を常に縛っているからだ。そのひとつは、認知バイアスと呼ばれるもので、たとえば相手の感情や行動に自分を投影するミラーイメージ、事前に知らされた情報に判断が引っ張られてしまうアンカリング、自分の判断や行動を肯定する情報ばかりに目がいってしまう追認バイアスなどだ。不確実な状況での意思決定にはこうした無意識のバイアスが働くため、自分自身の判断や行動を評価するのはどんな人でも難しい。コーネル大学で心理学を教えるデイビッド・ダニング教授が繰り返し示しているように、スキルや知識のない人々もまた、自分自身の成果をまったく評価できない。たとえば、抜き打ちテストで一番成績の悪い人たちこそ、自己予想と実際の点数の開きがもっとも大きいのだ(22)。

もうひとつの圧力は、組織バイアスだ。社員は毎日を過ごす組織の文化に縛られ、上司や職場の好みに自分を合わせがちだ。優秀な経済学者であり社会学者でもあるソースティン・ヴェブレンは、日々の仕事によって人間の心がどのように形作られ、枠にはめられていくかを、一〇〇年前にこう描いていた。

習慣的な行動はなにも考えずに行われるが、その行動が考え方と手に入る情報を決める。人は、日常の決まった行動を通して身につけた考え方を居心地良く感じる。習慣的な行動は習慣的な思考を形成し、それがものの見方となり、その見方を通して人は事実や出来事を理解して知識へと落とし込む。習慣的な行動の背後にあるものが習慣的な思考に表れ、それが知識の土台となり、どのコミュニティでもそれが居心地の良さや承認の基準になる(23)。

これが今「ネイティブ化」とか「クライアント化」などと揶揄《やゆ》されている現象だ。つまり、長年なにかに慣れてしまうと物事を客観的に見られなくなってしまうのだ。組織の従業員やスタッフなら誰しも、これが組織バイアスにつながることは経験済みだろう。特に、狭い範囲の技術や特殊知識に没頭しなければならない仕事や、厳格な上下関係のある組織ではこれが顕著で、軍隊はその好例だ。こうしたよくある人間的圧力や組織的な圧力によって、悪いニュースは組織の耳に入らなくなり、そのため目の前の問題や今後の問題に対処するための策も取られなくなる。

多くの上司が「反対意見は歓迎だ」と口にするが……

上司が自分自身のリーダーシップや経営スタイルについて語るとき、たいていは、社員を励まし、社員に感謝し、思慮深く社員の反対意見に耳を傾けることが必要だと説くものだ。評判のいい上司なら、「スタッフには意見を言わせず、反対意見が口にできないような文化を守る」などとは口が裂けても言わない。なにかあると、たいていの上司は「反対意見は歓迎だ」と口にする。企業や大学や非営利組織のリーダーとのインタビューを毎週特集するニューヨーク・タイムズ紙の「社長室」シリーズにも、そんな傾向が読み取れる。

インタビューで、経営手法について聞かれたリーダーは必ず、若いスタッフからの突き上げを歓迎すると語っている。クリア・チャネル・コミュニケーションのボブ・ピットマンCEOは、こう語っていた。「反対意見に耳を傾けたい。それは、自分たちに何かができない理由を教えてくれるかもしれないし、もし注意深く聞いていれば、成果を上げるためにどうしたらいいかを教えてくれるからだ[24]」。アメリカ人リーダーの組織論を聞いていると、彼らは階層のある組織ではなく、アナーキストの集団を率いているように聞こえてしまう。

問題は、ピットマンの手法が間違った前提に基づいているということだ。その前提とは、部下には今後問題になりそうなことを見つける能力があり（その可能性は極めて低い）、その問題を上司に伝え（自分のキャリアを棒にふることになるかもしれない）、リーダーにその問題を提起しても損にならない（そんなことはめったにない。慣習を破ることになる）、というものだ。あなたの仕事の中で、明らかな欠陥を思い浮かべてほしい。それを上司に伝えて、自分の評判やキャリアを危険にさらすだろうか？　上司に教えろと言われて、教えるだろうか？たとえば、この先に、予期しないような大惨事が起きるとしよう。さきほどのような制約の中で、あなたがそれを発見して上司に警告できる可能性はどのくらいあるだろう？　ハーバード・ビジネススクールのエイミー・エドモンドソン教授は、さまざまな職場環境のなかで、従業員が失敗を認めて報告することに不安を抱くのはなぜかを研究している。「それは、組織階層の中で自分の印象を気にするよう深く刷り込まれているからです。黙っていたからクビになったという例はありませんからね」とエドモンドソン教授は語る。[25]組織もまた宿題を自分で採点できないし、内部の反対意見を確実に上層部に伝えることもできないのだ。

ゼネラルモーターズが破《は》綻《たん》寸前まで追い込まれた理由

これが顕著に表れた最近の事例が、ゼネラルモーターズ（GM）だ。小型車のシボレー・コバルトのイグニションスイッチに欠陥があったのに、リコールまでに一〇年間もそれを放置していたことが、第三者調査の報告書で明らかになったのだ。この欠陥のため、重いキーホルダーや体重移動などによって運転中に突然エンジンが止まり、パワーステアリングやブレーキ、エアバッグ、アンチロックブレーキが作動しなくなった。その結果、一一九人が亡くなり、二四三名が重傷を負い、GMは六億ドルにのぼる被害者への補償金を支払うことになり、一五名の経営幹部が解雇された。[26]

調査の一部として行われた従業員への聞き取りでは、「社員が安全への懸念を口にしにくい企業文化、雰囲気、上司の反応などがあった」ことがわかっている。[27] GMの社員は、安全に関する問題を文書に記録するとき、あいまいでわかりにくい表現に変える訓練を受けていた。たとえば、「安全」を「潜在的な安全性に対する影響」と言い換え、「欠陥」を「設計が劣っている」と言い換えるよう指示されていた。あいまいな言葉を使い続けていた理由は、安全問題でGMが訴えられたときに原告弁護団につけこまれないためだ。しかし、そのせいで、安全やセキュリティの問題に社員が気づいても、深刻さが割り引かれることになってしまっていた。

第三者調査は、次のように結論づけていた。「企業文化にすべての責任があるとは言い切れないが、コバルトの事件は社員が主要な意思決定者に重要な問題を報告できなかったことに原因がある」[28]。GM社員が声を上げなかったのは、イグニションスイッチの欠陥に気づかなかったからではなく、彼らが悪い人間だったからでもない。ただ彼らは、上層部が作り上げた雰囲気と正式な指導に従って、自分がすべきことをやっただけだ。GMはレッドチームを使って組織の核心部にある問題を発見し修正しようとはせず、それを軽く扱ったり無視したりして、状況を悪化させていた。その結果、GMは破綻寸前の状態になり、犠牲者とその家族にとっては本当の惨事となったのだ。

レッドチームの核になる三つのテクニック

ここ数年、GMのような惨事を起こさないための策として、レッドチームはますます重要になってきた。レッドチームの核となる、シミュレーション、欠陥テスト、代替分析という三つのテクニックを使う組織は増えている。これらのテクニックをさまざまに組み合わせて、多様な活動に応用できるのがレッドチームだ。たとえば、組織内の反対意見（バチカン内の「悪魔の代弁者」のような役割）になることもあれば、外部の「傭兵」としてセキュリティの厳しい施設やコンピュータネットワークに侵入を試みることもあれば、企業戦略の弱点を洗い出す経営コンサルタントのような役目を果たすこともある。

期間限定のレッドチームもある。たとえば、社員が「枠にはまらない」ブレインストーミングの技術を使ってイノベーションを生み出したり、決まりきった思考パターンを打破したり、内部からは生まれないような斬新な考え方を引き出すこともできる。

つまるところ、レッドチームとは、競争環境にある組織が日常の決まり事から離れ、計画を評価し、組織と戦略の穴や弱みを見つけ、三つのテクニックを通して成果を上げることを助けるものだ。その三つのテクニックが、シミュレーション、欠陥テスト、代替分析である。

①シミュレーション――あらゆるシナリオを想定する

組織は、なんらかの出来事が予想されるとき、それについてどのようなシナリオがあるかを事前に考え、それに従って戦略を立て、検証し、改善していく。シミュレーションとは、プレーヤーの動機と能力を理解し、プレーヤー同士がどうかかわるかを予想するものだ。

たとえば、法廷コンサルタントで構成されるレッドチームは、弁護士事務所のために訴訟の結果をシミュレーションし、和解の条件を決める助けになれる。フットボールのスカウトチームは、さまざまな試合の場面における相手チームの傾向をシミュレーションすることができる。ビジネスマンが事業競争の行方を予想して、戦略的な意思決定を下すこともできる。

アメリカ軍もまた、国際的な安全保障の新しいトレンドを常に予測し、将来の防衛計画のコンセプトや枠組みを開発している。その例として、仮想の戦闘状況を作り、協力と情報共有のあり方を試すような、北大西洋条約機構（NATO）の共同演習「ユニファイド・ビジョン」と、未来の環境における戦闘方針を決めるためのアメリカ陸軍の「ユニファイド・クエスト・プログラム」が挙げられる。

アメリカ軍は、将来の大規模介入や、個別の軍事作戦に備えてウォーゲームと呼ばれる戦闘シミュレーションを行うこともある。たとえば、二〇一一年にパキスタンで海軍特殊部隊が行ったオサマ・ビン・ラディン襲撃作戦に際しては、「これでもかというほど徹底的に、レッドチームによる検証を行った」とレオン・パネッタ国防長官は語っている[29]。特殊部隊のチームは、現実に近いシミュレーションを通して、ありとあらゆる「万が一」の事態を検証していった。二機のヘリコプターのうちの一機がビン・ラディンの住居棟に落ちた時も、作戦はつつがなく進行した。まさにその事態を事前に想定して、訓練を行っていたからだ。

②欠陥テスト――仮想敵になりきる

コンピュータネットワークも、施設も、人間も、来たるべき敵への護りが必要だ。レッドチームは仮想敵の役割を担い、ターゲットになる組織の防衛システムの信頼性を検証し、弱点検知の体制に漏れがないかを試すことができる。欠陥テストは、誰にも知られずに独立して行われなければならない。仮想敵の直近の能力と動機をもとに、相手がどのように対象組織やシステムに侵入するか、または損害を与えるかを、現実に近い形で模倣するのだ。その場合には、外部の専門家をレッドチームとして雇うこともある。

たとえば、「ホワイトハット（正義の）」ハッカーを雇って「ブラックハット（悪者）」ハッカーとしての役目を与え、企業のコンピュータシステムを攻撃し、その結果を報告するようなケースだ。米国政府監査院の覆面調査も、そうした事例のひとつだ。覆面調査員は政府機関のセキュリティ体制を精査するため、二〇〇六年に南北の国境から放射性物質を密輸したり、二〇〇七年に一九か所の空港に爆発物の一部を持ち込んだり、二〇〇九年には一〇か所の連邦施設に爆発物を持ち込んだりして、一〇回のテストすべてに成功していた。企業や政府機関内部の覆面捜査員が、従業員にわいろを贈ったり脅迫したりして正直さや信頼度を確かめるケースもある。

③代替分析——前提を疑う

組織が属する現在の環境をもとに特定の問題を吟味し、予測を行うのが、伝統的な分析だ。その目的は、重要な決定を行う組織のトップを支え、日々の事業計画と運営を改善することだ。だが、日常の認知バイアスや、組織に根付いた思考パターンが、分析を歪めることも少なくない。たとえば、「自己投影」によって敵も自分と同じように考えるはずだと思い込んでしまったり、「アンカリング」によって初期の情報や印象に影響されてその後判断を変えられなくなることもある。

また、「追認バイアス」のために、自分の仮説や信念を裏付ける発見ばかりに目が行ってしまうことも多い。代替分析の目的は、こうした誰にでもありがちな人間的なバイアスや組織的バイアスを回避することにある。そのため、代替分析では専門的なテクニックを使うこともあれば、その問題に関わりのない別のチームに分析を担当させることで、前提を疑い、別の仮説や結果を導くこともある。[30]

当然、代替分析には伝統的な分析とは違う人材、プロセス、プロダクトが求められる。長年伝統的な分析を行っていれば、組織文化や上司の好みに大きく影響されてしまう。その結果、経験豊富なアナリストでさえ、組織の思い込みやバイアスを受け入れてしまいがちになる。代替分析の手法と枠組みを正しく用いれば、認知バイアスを減らし、これまでにない考え方を生み出すことが可能になる。

すでに公開されている明らかな事例のひとつが、CIAのレッドセルだ。レッドセルは、CIA内で正式な権限を持つ主流分析部門とは別に、諜報活動への代替評価を行い、予期しない問題や突拍子もない課題を政策立案者に警告している。[31] 二〇一〇年にレッドセルが出した報告書のタイトルは、「もし外国人がアメリカを『テロリズムの輸出国』と見ていたら?」という、奇抜なものだった。こうした、ある種突き放した、直感に背くような取り組みが、それまで気づかなかった政策立案者の思い込みを覆し、新鮮な視点で物事を考えることに役立っている。

レッドチームの成功はリーダーに懸かっている

レッドチームはかなり特殊な手法だが、ほかの経営ツールと同じように、予想外の効果をあげる場合もあれば、まったく役に立たない場合もある。レッドチームが成功するかどうかは、リーダーの積極性と受容性に懸かっている。レッドチームが誠実に実行され、正しく受け入れられ、賢く行動に移されれば、組織の手法や戦略の重大な欠点が明らかになるだろう。しかし、レッドチームの設計そのものや実行に欠陥がある場合もある。つまり、チームが「毒される」

こともあるのだ。企業では、新製品を発売する前や未開拓の市場に参入する前に、管理職を集めてレッドチームもどきの分析を行わせている。そうした分析のほとんどは、経営陣が決めたことに社内の承認を与えるためのものだ。

　商業用原子力発電所を監督する原子力規制委員会の任務のひとつが、武力対抗演習だ。査察官は、実在しうる敵を想定し、奇襲攻撃を仕掛けて、施設の警備体制の弱点を洗い出さなければならない。九・一一同時多発テロのあと、原子力規制委員会はテロ攻撃を想定した演習を行ってきた。対象施設には一二か月前までに仮想攻撃を行うことを告知し、発電所は警備を増員して攻撃に備える。米軍幹部の中では、コマンダー・イニシアチブ・グループ（ＣＩＧ）を取り入れる指揮官が増えている。ＣＩＧは部隊の日常業務から離れて、戦略を批判的に考えるようなスタッフの集団だ。だが実際には、ＣＩＧスタッフの多くは日々の仕事に手足を縛られ、スピーチを書いたり、議会証言を準備したり、上司が聞きたがるような報告書を提出することに忙殺されている。

　たとえレッドチームが完璧にその任務を果たしたとしても、意思決定者から無視されてしまうこともある。二〇一〇年、アメリカの保健福祉省はマッキンゼー社を雇って、患者保護並びに医療費負担適正化法、いわゆるオバマケアによる連邦政府の保険市場の運用予測に、通常以上の負荷をかけて欠陥がないかをチェックする「ストレステスト」を行うよう依頼した[32]。

　マッキンゼー社のレッドチームは、保健福祉省の戦略を精査した結果、サイトの試験運用期間とその規模が不十分で、支障が起きるかもしれないことを指摘し、二〇一三年一〇月のオバマケア開始より六か月前に、内々にホワイトハウスに警告していた。マッキンゼー社はまた、サイトの異常につながりかねない多くの運用問題や技術問題を、サイト構築チームに指摘していた。マッキンゼー社は、保健福祉省自身が発見できなかった欠陥を誠実に指摘していたが、その発見や警告は無視された。結局、オバマケアの開始はホワイトハウスとオバマ大統領の支持率にダメージを与えることになった(33)。

内側と外側の視点を併せもつ

レッドチームは、組織の中で必要な情報にうまくアクセスし、出した結果に耳を傾けてもらえるような存在にならなければならない一方で、その組織から独立して、正直に疑問をぶつけ、厳しく対峙することも必要になる。そのため、レッドチームには、周囲の人の性格や企業文化に敏感でありながら、組織の伝統的な考え方に左右されないことが求められる。組織に手足を縛られた状態と、組織とはまったく関係のない状態の間の、ほどよいところに存在するのが、最高のレッドチームだ。

グローバルヘルスの専門家、グレゴリー・ピリオは、もっとも優れたレッドチームは封建時代の日本の浪人に似ていると言う。「浪人は組織に属していなかったので、環境に合わせてカメレオンのように自分の意見を変えるすべを知っていた(34)」とピリオは言う。

領主に自由に意見できる一匹狼の浪人と、本書を通して説明していくレッドチームの違うところは、レッドチームには正式に決まった仕事があり、組織やその意思決定者とつながりがあるということだ。しかし、どちらにも共通の、重要な点がある。彼らが組織のかなり末端か、その外側で機能しているという点だ。

二〇〇人を超えるインタビューから分析

レッドチームの本質は人間同士が引き起こす現象であり、これを理解するには、実践者と話し、そのテクニックが実社会でどう役立つかを観察しなければならない。レッドチームの本質とベストプラクティスを伝えるために、本書ではレッドチームの実践例をできるだけ彼ら自身の言葉で語ってもらおうと思う。

私たちは二〇〇人を超える優秀なレッドチーム実践者とその仲間へのインタビューを通して、さまざまな分野の事例を集めてきた。インタビューの対象は、二〇代そこそこのハッカーから、経営管理職、元CIA長官、退役四つ星大将まで多岐にわたっている。その中には、組織の許可がないために実名を明かせない人や、単に身元を隠したいという人も少数はいたが、全員がレッドチームをより幅広く実践する必要性を確信し、その考えや経験を快く語ってくれた。インタビューもさることながら、実践中のレッドチームを観察させてもらえたのは、かけがえのない経験だった。クライアントをライバル会社の立場に立たせ、「なるほど！」という瞬間を生み出すコンサルタントもいれば、まるでゾンビが取りついたように一心にソースコードを調べつくして欠陥を見つけ出そうとするハッカーもいた。

最後に、競争情報アカデミーとレッドチーム大学（国際軍事文化研究大学、UFMCS）での受講は、この調査に欠かせないものだった。競争情報アカデミーではビジネスのウォーゲームを教わり、カンザス州のフォート・レブンワースにあるレッドチーム大学では、軍の教官からレッドチームのテクニックを教わることができる（私も数少ない民間人の一人として教壇に立っている）。第2章で詳しく述べるが、二〇〇四年の改革以来、この大学はレッドチーム研究と指導の核となってきた。

選びぬかれた一七の実例

本書は競争的な環境におけるレッドチームに焦点をあてている。たとえば、複数の敵との軍事衝突。企業間のマーケットシェア争いやライバル企業との投資リターン競争。法律や規制を迂回してコストや負担を軽減する企業。敵からの攻撃リスクにさらされている個人、施設、重要インフラ。先の見えない環境で、個人や企業や諜報機関が不意打ちを避けるために行う代替分析。このような競争環境では、成功には明らかな利益があり、失敗には代償が伴う。本書は、そうした環境に対処するための本である。

本書では、読者の皆さんにできるだけさまざまなレッドチームの実践例を紹介できるよう、一七の事例を選び、分析している。政府の機密保持、情報の独占性、風評といった理由で、レッドチームを活用する組織のほとんどはそれを隠し続け、時にはチームとその影響を意図的にごまかして外部に伝えることもある。

私たちは、数年かけて掘り下げ、選りすぐり、聞き取り調査を行った上で選んだ事例を要約して、第2章から第6章までに紹介している。これらの事例には詳細な情報が記され、それが内部者の言葉によってさらに補強されている。実際にレッドチームがどのように作られて、どう動いているのかを理解するためには、この内部者の告白が欠かせない。

また、事例のそれぞれが、チーム構成、運営手法、結果において異なっている。失敗事例もあれば、成功事例もある。中途半端に終わった事例もあれば、結果がまだ出ていない事例もある。診断を目的としたものもあれば、斬新な考え方を引き出すことを目的としたものもある。この中には、昔の事例も最近の事例もあるが、いずれも組織のパフォーマンス向上を阻むような障害を明らかにし、第1章で詳しく紹介する六つのベストプラクティスがどのように進化してきたかを示している。

レッドチームはさまざまな困難な環境で活用されているが、多様な分野にまたがるレッドチームの活用例を分析評価した本はこれまでになく、どの分野にも応用できるようなベストプラクティスをとりあげた研究もなかった。

レッドチームについての比較分析がなされていない理由のひとつは、アメリカ政府と軍が、ランド研究所のような公的研究機関に、非軍事分野への応用研究資金をほとんど与えないことにある。また、民間企業は秘密保持契約を交わしてレッドチームのプロセスや結果を独占的な情報として囲いこみ、外に出すまいとする。その一方で、報道機関による「レッドチーム」の記事は、たいていカギかっこつきで、正しい文脈や視点で語られず、記事で取り上げたひとつの問題以外にそれがどのように応用されているかを理解することはできない。

本書は、レッドチームのテクニックを体系的に分類し、実践者とその経験から活用例を調査し、レッドチームを使いこなすためにリーダーが知っておくべき実践的な指針を提供することで、レッドチームに関する知識ギャップを埋めようとするものだ。事例のほとんどは、軍と安全保障分野にかかわるものだが、この分野ではお互いがどのようにレッドチームを実践しているかについて、情報はほとんど共有されていない。しかし、こうした実践例は民間企業にも十分に応用できる。

六つのベストプラクティス

レッドチームを知るための第一歩が、第1章に描く六つのベストプラクティスだ。リーダーはこれを実践することで、成果を妨げている認知バイアスと組織バイアスを減らすことができる。二〇〇人を超えるレッドチームの実践者と仲間たちへのインタビューを通して、次の六つのベストプラクティスが浮かびあがった。

①**上司の賛同を得る**——組織のトップが反対意見を支援し承認しなければ、レッドチームには十分なリソースが与えられず、軽んじられるか、完全に無視されてしまう。

②**外側から客観的に評価し、内側から気遣いを持って実施する**——効果的なレッドチームには、適切な構造と、活動範囲の設定が必要だが、それと同時に、結果と助言を慎重に伝える気遣いも求められる。

③**健全で大胆な懐疑心を持つ**——レッドチームは変人の集まりだ。それでいいと納得しなければならない。一匹狼、異端者、傲慢だからこそ、人と違うように考え行動できる。それがなによりも大切なスキルなのだ。

④**隠し玉を備えておく**——レッドチームはありきたりではいけない。何度も同じ手法を使っていると、組織の慣習にとらわれ、その発見に意外性がなくなり、無視されるようになる。レッドチームはみんなを変える。その結果にあまり影響を受けない人でも、問題を考え直し、日常業務を違う目で見るようになる。

⑤悪い知らせを快く聞き入れ、行動する——組織に学ぶつもりがなければ、レッドチームの結果に価値はなくなる。レッドチームの発見を吸収し取り入れるつもりがないのなら、これを行う意味はまったくない。

⑥ほどよい頻度で行う——レッドチームの活動は、何度もやり過ぎるとストレスがかかり士気が下がりかねない。とはいえ、回数が少なすぎると組織は後退しマンネリに陥ってしまう。

本書の見取り図

第2章では、このところ米軍で開発され採用されている目立ったレッドチームの事例や出来事を取り上げ、最後にアメリカ以外で応用されているレッドチームの事例を描く。たとえば、フォート・レブンワースのレッドチーム大学では二〇〇五年以来、二七〇〇名を超える軍士官や政府職員がレッドチームの手法についての正式な研修を受けている。二〇一二年にはレッドチーム大学のふたりの教員が重要な軍事コンセプトの議論と分析のファシリテーターを要請され、前提を洗い出し、起きうる失敗や代替案を考えた。

元海兵隊総司令官のジェームズ・エイモス大将がレッドチームを最優先課題として掲げてから、海兵隊司令部ではレッドチームを正式に育成し取り入れるよう努力してきたが、まだ道半ばだ。二〇〇二年夏に行われた大規模軍事演習「ミレニアム・チャレンジ」で、国防総省幹部は、未来の戦闘における米軍の臨機応変な対応力が証明できると期待していたが、その期待は三つ星の退役中将によって打ち砕かれた。

この章では、演習後に公開された軍の報告書や鍵を握る高官とのインタビューをもとに、これまでにない形でミレニアム・チャレンジの評価を行った。ここではまた、イスラエル国防軍、イギリス国防省、NATO変革連合軍など、アメリカ国外でのいくつかのレッドチームの事例を描いている。

第3章では、アメリカの諜報コミュニティ内のスパイやアナリストが、このところどのようにレッドチームのテクニックを使っているかを詳しく探っていく。ここでは、次のような事例を取り上げている。

一九七六年にCIA外部の専門家で構成された、いわゆる「チームB」が、ソ連の核兵器能力と脅威についての競争情報分析を行った例。一九九八年に、CIAが独立した代替分析をしないまま、スーダンのハルツームにある製薬工場がオサマ・ビン・ラディンと通じて神経ガスVXを製造していると推測した例。二〇〇一年九月一一日の同時多発テロ直後に、正式な分析部門から距離をおいて代替分析を行うためにCIA内に作られたレッドセルを、内側から解明する初めての事例。そして、ビン・ラディンがパキスタンのアボタバードにある施設内に住んでいるかどうかを確認するための精度予測を行った二〇一一年の三つのレッドチームの例である。

第4章では、アメリカの国家安全保障省が、セキュリティ体制を検査改善するために行っている欠陥テストや、防衛と重要施設のシミュレーション活動に目を向ける。ここでは、次のような事例を取り上げている。ひとつは、九・一一以前に連邦航空局で行われたレッドチームの悲劇的な事例だ。レッドチームは航空会社の警備体制に構造的な欠陥があることを発見していたが、ワシントンにいる連邦航空局幹部はほとんどなにも手を打たず、航空業界に警備強化を命じることもなかった。

もうひとつの例は、二〇〇〇年代の半ばに行われた、携帯式対空ミサイルで武装したテロリストがニューヨークの空港を攻撃するというシミュレーションだ。またこの章では、大規模テロへの備えを見直すために、ニューヨーク市警コミッショナーが指揮監督して行った室内演習の中身についても見ていく。最後に、ニューメキシコ州アルバカーキにあるサンディア国立研究所内の情報設計レッドチーム、通称IDARTの例を紹介する。この小規模ユニットは、エリートを集めた友好的なハッカー集団で、一九九六年以来、政府の情報セキュリティ改善を目的として、ソフトウェアやコンピュータネットワークに侵入したり、施設保護の対策を立てている。

第5章では、究極の競争環境、つまり民間企業でのレッドチームの活用について探っていく。ここで紹介するのは次のような事例だ。ビジネスにおける戦略的決定をシミュレーションし、評価するためのウォーゲームを行っている外部コンサルタント。クライアントの依頼によってコンピュータネットワークやソフトウェアプログラムに合法的に侵入するハッカー。友好的なハッカーが、大手通信事業者であるベライゾンのフェムトセル（一見ワイヤレスルーターのような小型携帯中継器）経由の音声とデータのすべてを盗聴できることを証明したショッキングな事例も紹介しよう。また、警備の厳しいとされる施設に比較的簡単に侵入できることを証明した事例もある。レッドチームは施設への物理的な侵入を試み、警備が厳しいとされる建物にいとも簡単に侵入を繰り返している。

第6章では、レッドチームの活用を考える意思決定者が心に留めておくべきレッドチームの現実、その誤解と誤用のいくつかを紹介する。これまでの章で紹介した事例を再び取り上げ、新しい事例も加えて、なぜ時としてレッドチームがあまり評価されず、活用されず、間違った使い方をされるのかを説明していこう。ここでは、レッドチームの最悪の利用法を五つ挙げている。

①いきあたりばったりで取り組む——たとえば、リーダーがだれかひとりを指名して、反対意見を述べさせ、集団思考を妨げるといったこと。

②レッドチームによる発見を政策と混同する——彼らの発見を間違った文脈に押し込んだり、それを過剰に信奉すること。

③素人にレッドチームを行わせる

④メッセンジャーを「殺す」

⑤情報収集でなく意思決定にレッドチームを使う

この章ではまた、政府高官や企業管理職がレッドチームの発見を誤用しがちであることにも触れる。最後に、政府のレッドチームへの一連のアドバイスを行い、レッドチームの未来についても簡単に見ていく。

反対意見を黙らせてはいけない

レッドチームという言葉は、まだ一般になじみはないが、実例を示せばその考え方がピンとくるはずだ。本書を読み終える頃には、読者のみなさんも、まだあまり知られていないこのプロセスと、それを生業にしている魅力的な人々を知ることになるだろう。また、リーダーや管理職は、自分たちの組織や企業の欠陥・弱点を、どれほど知らなかったかに気づかされ、居心地の悪い思いをするはずだ。また、レッドチームがなぜ大切か、それが組織改善にどう役立つかについても、理解できるようになるだろう。

バチカンが聖人認定において「悪魔の代弁者」の役割を廃止したように、リーダーはそうしようと思えば反対意見を黙らせることもできる。そんなやり方が長い目でみると成功につながらないと認識してもらうことが、本書のなによりの目的だ。波風の立たない職場は一見魅力的だが、リーダーが反対意見や型にはまらない考えを排除すると、破滅につながる環境が作られる。レッドチームは、そうした将来の大惨事を予想し、回避するための手段なのだ。

第1章

組織の硬直化を打ち破る六つのルール

この一五年、米軍では「悪魔の代弁者」の役割を担う「レッドチーム」が急速に体系化され、その手法は欧米の企業にも次々と広まってきた。今回、私はCIA長官からスーパーハッカー、企業幹部まで、二〇〇人以上のレッドチーム実践者に取材を行った。彼らはいかにして組織の盲点を炙り出しているのか?

「ベストプラクティス」という言葉を耳にしたら、すぐに逃げ出した方がいい。タイタニック号はベストプラクティスによって造られた。そして、ベストプラクティスに従って、誠実に運航されていたのだから。[1]

——退役大佐グレゴリー・フォンテノ、レッドチーム大学学長、二〇一一年

現場で導き出された六つのベストプラクティス

グレゴリー・フォンテノが言うように、本物のレッドチームなら、「ベストプラクティス」という概念こそ、自分たちの仕事からいちばん遠いものだと思うかもしれない。そもそもレッドチームは、組織戦略や標準的な業務手続きや組織構造の外側にある存在だからだ。レッドチームのメンバーはみな、逆説的な考え方の持ち主で、自分の行動にレッテルを貼られることを極度に嫌がる。

本書のために二〇〇人を超えるレッドチーム実践者にインタビューを行い、レッドチームを仕事にしている人の話を聞いたが、その中には「ベストプラクティス」と聞いただけで眉をしかめる人もいれば、この仕事の一部だけを抜き出して、ハウツー的に要約されることに抵抗を感じる人もいた。

当たり前だが、すべての状況に応用できるような単一の実践法は存在しない。手法やテクニックを柔軟に変えることが、すべてに共通するベストプラクティスだと言う人もいるだろう。だが、レッドチームの発見や助言を無視したり、その強力な恩恵を無視して、ベストプラクティスを受け入れない組織が、厳しい競争環境において結局つけを払うはめになることは、本書の事例からも明らかだ。

ベストプラクティスとは、決してすべての状況に当てはまるようなひとつのやり方ではなく、レッドチームやそのターゲットとなる組織を導き、彼らに情報を与えるための一連の実践的な原則である。もし彼らがベストプラクティスに従い続ければ、恒常的に成果を妨げている認知バイアスや組織バイアスをはるかに減らすことができるだろう。だが、知識に基づくこうした原則に従わなければ、レッドチームは直感や場当たり的な情報に頼るだけの恣意的なものになってしまう。そうした場当たり的なレッドチームは、明らかに危険だ。元海兵隊大佐で現在レッドチームの指導教官兼ファシリテーターを務めるマーク・モンローは、こう問いかけている。「医師としての訓練も経験もない人に、手術をしてもらおうと思うかね？」。

次の六つの原則が本物のベストプラクティスだということは、研究からも証明されている。この六つのベストプラクティスは、次章以降で詳しく説明する、レッドチームの直接の経験から導き出されたものだ。事例については後ほど詳しく説明するとして、ここでは読者の皆さんに次の六つの原則を心に留めていただきたい。

①上司の賛同を得る

組織がフラットになれば成果が上がるというのはよくある思い込みで、ほとんどの組織は今も少数の人間が指揮を執る形態であり、組織図の頂点にいるのはただ一人ということも少なくない。ピラミッド型の階層と明確な指揮命令系統は、集団行動の問題を解決し、意思決定の役割と責任を明確にするために欠かせないものだ。優秀な上司は、部下や職員の倫理感と価値観を組織全体で強化し、期待される行動をとらせることができる。上司の賛同は、物事をやり遂げるために欠かせない。

当然ながら、レッドチームの実践者が口を揃えて指摘するベストプラクティスとは、上司がレッドチームとその結果を積極的に支持し受け入れるということだ。その上司が軍司令官であれ、政府高官であれ、企業の最高情報責任者であれ、経営陣の一人であれ、その誰かがレッドチームに価値を見出し、その重要性をすべての社員に伝え、支持を引き出さなければならない。いわゆる「援護射撃」が欠かせないのだ。上司の支援はさまざまな形で表にあらわれ、熱心さの度合いがそれぞれ違っても、支援があるかないかは誰にでもはっきりとわかる。退役海兵隊中将でレッドチームの大家としてよく知られるポール・ヴァン・ライパーは、こう宣言している。「指揮官自身が望み、支え、リソースを提供し、組織に取り入れ、対応しなければ、レッドチームに意味はない」(2)。

こうした上司の賛同が、なんらかの形で表明されることが必要だ。

まず上司は、組織内に弱点が存在すること、また、レッドチームの助けによってそれを発見し対処できることを認識しなければならない。組織はえてして自己評価が苦手で、自身の欠点や落とし穴を見落としがちだ。実際には、上司がレッドチームの訴えに快く耳を傾ける前に、すでに明らかな失敗や大惨事が起きていて、大きな人的被害や経済的損失が出ていたり、評判が下落しはじめていることも多い。たとえば、スコットランドのロカビーでパンアメリカン航空一〇三便が爆破され二七〇名の死者が出たあとになってはじめて、連邦航空局の監督者は小規模なレッドチームを組織化して現実の脅威と脆弱性の評価を行った（この評価のあとでも、連邦航空局はレッドチームによる発見を完全に無視していた。第4章で描くように、このレッドチームは一貫して警備の欠陥を報告し続けていたが、九・一一同時多発テロが起きるまで、誰も気にも留めていなかった）。

逆に、上級管理職は、自分が直接責任を負うような重要な決定を行うとき、失敗した場合に備えてシミュレーションや代替分析を求めることが多い。フォーチュン五〇〇企業向けに三〇年以上にわたってウォーゲームを指導しているベンジャミン・ギラードは、新製品の発売時や新市場への参入時に、経営陣から依頼を受けることが多いと言う。企業管理職は「解雇されるにしろ昇進するにしろ、それが重要な決定だということは知っている」ので、ギラードを雇ってウォーゲームを行い、「ストレステスト」をつかって評価を見直し、「尻ぬぐい」のための保険をかけるのだ。(3)

組織の頂点にいる人だけがレッドチームを受け入れればいいというわけではない。中間管理職が上からレッドチームを押しつけられたと感じていれば、その部下たちもレッドチームにあまり価値を認めず、積極的に活用せず、発見を聞き入れず、実行しなくなってしまう。第2章で描くように、二〇一〇年の初めに海兵隊総司令官ジェームズ・エイモス大将は、海兵遠征軍と海兵機動展開旅団のすべての部隊にレッドチームの要素を取り入れるよう命じた。それらのレッドチームに入ったメンバーへの聞き取りでは、彼らはあまり活用されず、指揮官に無視されることも多く、最初の数年は上級スタッフからほとんど相手にされなかったという。海兵隊の部隊長はレッドチームの受け入れについて適切な指導を受けておらず、その潜在的な付加価値にも気づいていなかったのだ。

民間企業であれば、取締役会が、事業戦略を担当するCEOまたは上級副社長に命じて、外部コンサルタントによるシミュレーションを行うことができる。そのようなシミュレーションを命じられたある多国籍エネルギー企業の上級副社長は、「とりあえず言われたことだけをこなして」、やったという証拠を残すためだけに形式的な事後報告書を作成したと語っていた。(4)

こうした例からも、レッドチームが大きな価値を生み出すためには、上層部だけではなく、あらゆる階層のリーダーがこれを支援することが必要であることがわかる。

社員の「掃きだめ」にしてはならない

次に、上司はリソースと人材と時間を投入し、内部あるいは外部のレッドチームを支えて、組織評価を助けなければならない。ほとんどの場合、レッドチームの活動は、組織の中核的なミッションに不可欠なものではない。そのため予算を確保するのが難しく、差し迫った必要がなければたいてい却下されてしまう。

たとえば、中規模企業のコンピュータネットワークへの侵入検査には、通常一日に一五〇〇ドルから一万ドルの費用がかかり、複雑なウォーゲームであれば五〇万ドル以上の費用がかかる。レッドチームに参加したり、それを指導したりする社員が失う労働時間はかなりのものになる。すると、経営陣はレッドチームを、できの悪い社員ややることのない社員の「掃きだめ」のように扱ってしまう。陸軍や海兵隊のレッドチームのメンバーの多くはそのように扱われたと語っている。

たとえ上司がレッドチームの必要性を認めていても、それを「あれば便利だが、必須ではない」と考えていたケースもあった。上司がそう考えていて、しかもそう公言していれば、レッドチームの実際の効果は大きく損なわれる。

三つ目に、上司は、レッドチームがその発見をありのまま正直に伝えることを許さなければならない。上司自身が開発し許可した戦略やプロセスに深刻な欠陥があったり、部下の共通認識が間違っていたり、そこに根本的な矛盾があったりした場合、それを指摘したレッドチームが罰を受けることがあってはならない。声をあげる人を上司が罰したり、わざと無視したりすれば、だれも口を開かなくなってしまう。

現実には、上司がさまざまな手法でみんなの前でレッドチームをたたえ、権限を与え、レッドチームの反対意見や否定的な見方が確実に聞き入れられるようにしているケースも多い。リーダーがレッドチームへの支持を表明するためにイベントに参加することもある。たとえば、第4章で描くように、ニューヨーク市警のコミッショナー、レイ・ケリーとその後継者のウィリアム・ブラットンは、その任期の間、上級幹部とともにすべての模擬演習に参加していた。

レッドチームに褒章を与えるのも、ひとつのやり方だ。CIAのレッドセルは、何度も国家情報ユニット功労章を受章しているし、有能なレッドチームのメンバーをより高い地位に昇進させ、目立たせることもできる。イラクとアフガニスタンで司令官を務めたデイビッド・ペトレイアス元CIA長官は、部隊の中で反対意見を表に出すには、「突破者を守り留めるような文化を作らなければならない」と語っていた[5]。

そして四つ目に、当たり前だが、レッドチームの発見を受け入れるのも無視するのも、上司次第だ。その判断は、上司が、レッドチームの発見したリスクや難題を抱えたままでも組織が生きのびられると考えるのか、あるいは資金や人材や機会費用などのリソースを投下して必要な変革を行うべきだと考えるのかによって異なる。理想的には、レッドチームを導入したのと同じ上司がその発見を実行する権限を持っているか、または、自分の上司に実行を強く進言できるといちばんいい。まずは、上司の賛同があり、関係するすべての社員にその賛同を伝えることができなければ、次の五つの原則はおそらく無視されるか、意味のないものになる。

②外側から客観的に評価し、内側から気遣いを持って実施する

レッドチームは、対象とする組織の中、あるいは外で、適切な位置づけを得られたときに、最も高い効果を生み出せる。レッドチームは、いくつかの相反する原則を両立させなければならない。レッドチームは中立的かつ客観的でありながら、組織の経営環境やリソースに注目し続ける必要がある。また、組織の慣習に縛られてはいけないが、その組織の核となる使命には貢献し続けなければならない。二〇〇一年九月にレッドセルが発足してすぐにＣＩＡ副長官に任命されたジャミ・ミシックは、「組織の核となる本部と切り離されず、その他の部門には関わらない」のが理想的なレッドチームだと語っていた⑹。

有効なレッドチームの位置づけと個性は、次の三つの要素によって決まる。対象組織におけるレッドチームの構造（場所）、レッドチームが行う任務の範囲（目的）、そしてレッドチームが発見と助言を行う組織への気配り（手法）である。この三つの要素をすべて正しく整えるのは難しいが、これがなによりも重要なポイントになる。

レッドチームの失敗の原因としていちばん多いのが、リーダーや社員がレッドチームの意図を誤解しているケースだ。実際、これからの章で詳しく描いていく事例でも、なぜレッドチームが作られたのか、上層部からどんな指示が与えられたのか、どんな基準でレッドチームのメンバーが選ばれたのか、その発見をどう活用したらいいのか、といったことへの理解不足が、共通の問題になっている。

「構造」とは、組織図におけるレッドチームの正しい位置づけに関係する。レッドチームは一時的な場合もあれば、恒久的な場合もある。理想的な位置づけは、組織階層から距離をおきつ

つ、組織の頂点に立つリーダーと点線でつながっている立場だ。

レッドチームの位置づけが誰にとっても明らかな場合もある。たとえば、大手医薬品メーカーが、ウォーゲームを使って特許切れの薬に対するライバルの打ち手を予想する場合だ。時にはレッドチームがトップ直属、もしくは直接に影響を受ける人だけに報告を義務付けられる場合もある。たとえば、ペトレイアス元CIA長官は、イラクとアフガニスタンでアメリカと多国籍軍を指揮していた時期、一時的にレッドチームを使って進行中の軍事行動への代替分析を行っていた。ペトレイアスは、退役将校やシンクタンクの分析官や自分の指示命令系統に属さない外部の人間を積極的に登用し、重要課題や今後の判断を「遠くから望遠鏡でのぞき込むように」精査するよう依頼していた。「私以外にはだれもそうした活動を知らなかったし、彼らは私に直接報告を上げていた」とペトレイアスは言う[7]。

二〇〇八年当時陸軍大佐だったH・R・マクマスターは、ペトレイアスの指示でイラクに関する評価を行った。三か月にわたって大佐の指揮下で独立グループが作戦計画を精査した結果、宗派間争いがますます激しくなっていることや、その直接の原因がアメリカの軍事行動にあることが判明した[8]。

どこまでがレッドチームの任務範囲なのか?

レッドチームを正しく位置付けることは、その仕事をやり遂げるために必要な人や情報に確実にアクセスするために欠かせない。レッドチームが物理的に、または組織図上で裏方に位置していると、社員はレッドチームにあまり協力せず、耳も傾けなくなる。アフガニスタンのカンダハール州で旅団戦闘隊を指揮していた陸軍大佐は、少人数のレッドチームを本部の真ん中に置くことにした。レッドチームのメンバーが話すべき人と自由に話し、彼らが「大佐の右腕」であることを示すのが目的だった。[9] 外部のレッドチームにとって、こうしたアクセスの自由度は、任務の範囲がどのくらい絞られるかによって違ってくる。

レッドチームの任務範囲を正しく決めることはその位置づけと同じくらい重要なのに、見過ごされがちだ。レッドチームは仕事を始める前に、誰がなにをどれだけの期間行うか、どれだけの自由度があって、なにを最終目的とするのかについて、はっきりとした認識を対象組織と共有しなければならない。外部のレッドチームは、関係スタッフへのアンケートと対話を通して、開始と終了の時期や運用手法、また期待されるサービスやプロダクトを特定することで、「暗闇を手探りで進む」ような状況を避けられる。

企業のウォーゲームを運用するファルド・アンド・カンパニーのケン・サウカは、「どのような分析テクニックを使うか、その結果を使ってなにを現実的に達成できるかを把握するために、範囲の特定は欠かせない」と言う。[10] とりわけ、軍内部のレッドチームは、なにを期待されているのかを発見するための試行錯誤に、時間を浪費してしまうことも多い。

レッドチームが任務範囲を正しく捉えられないと、目隠しで動いているようなものだ。組織の使命に忠実かつ現実的に取り組む一方で、社員の手足を縛るような因習や原則に挑むことも、任務範囲に含まれる。理想を言えば、任務内容の手引きが書き記されて関係社員やスタッフに配布され、活動中にいさかいが起きた時にそれを参考にできるようにしておくことが望ましい。レッドチームと対象組織が、何を達成したいかを事前に了解していなければ、任務を開始してはならない。

また、範囲を特定することで、レッドチームの強度と細かい内容を適切に設定できる。海軍特殊部隊に所属していたスティーブ・エルソンは、厳重に守られているはずの政府施設、たとえば海軍の原子力施設や、大統領の別荘があるメリーランド州キャンプデイビッドの欠陥テストの計画と実行に加わった。新しい海軍の軍事施設の周辺警備も、必ず欠陥テストの対象となっていた。はじめの頃は「基地の警備をかいくぐるのはいつも簡単すぎた」とエルソンは語る。「軽々と施設への侵入に成功すると気分は良かったが、あまりに簡単すぎて結局意味がなかった。軽々とやってしまうと、相手はなにも学ばずに、ただ萎縮して負けを認めてしまう[11]」。初日から基地の警備を軽々と乗り越えて相手を圧倒するよりも、徐々に強さと巧みさを上げていく方が、警備にあたる人たちは、演習から多くの教訓と助言を得ることができる。

対象組織を気遣うには、きちんと下調べをして相手をしっかりと理解することが必要になる。たとえば、どのような懸念や欠点がレッドチーム導入のきっかけになったのか、どのような法律や規制のもとで活動しなければならないのか、レッドチームの発見を実行するのにどれほどのリソースを現実的に投入できるのか、時間軸はどうなのか、といったことを調べなければならない。開発に何か月もかかる戦略やプロダクトであれば、時間軸はとりわけ重要になる。開発期間の終わりにレッドチームを投入しても、その結果を取り入れるには遅すぎて、意見が排除されかねない。たとえば、二〇一二年のキャップストーン構想がそうだった（この例は第2章で取り上げる）。要するに、レッドチームが意見を聞いてもらうには、対象組織のリーダーや社員から共感を得て、彼らの求めに合わせる能力が必要になるということだ。

レッドチームがどのように対象組織に対してシミュレーション、欠陥テスト、代替分析を行い、その発見を相手側にどう伝えるか、そのやり方もまた非常に重要になる。もちろん、ごまかしは許されない。たとえば、米国政府監査院特別調査部（ＯＳＩ）は連邦予算を受けるあらゆる機関、たとえば政府施設や国境警備などに、監査院長の指示のもとで、「抜き打ち」の欠陥テストを行っている。この演習は、優秀で士気の高い敵を想定し、かつ内部共犯者がいないという前提で、一般に公開されている情報だけをもとに、仮想敵になにができるかを予測することが目的だ。ＯＳＩディレクターのウェイン・マッケラスは「内部情報を使うのは、カンニングのようなものだ」と語っている。[12] 施設への侵入検査を請け負っている民間企業のリーダーは、「現実の侵入者ではなくオーシャンズ11のように行動してしまう」検査人を雇ってはいけないと注意する。[13]

組織にダメージを与えてはいけない

構造と範囲という基本的な要素以外に、レッドチームが気を付けなければならない点がもうひとつある。レッドチームの活動は、組織や個人を辱《はずかし》めたり貶《おとし》めたりするような、「揚げ足取り」になってはいけないということだ。また、いつまでも相手を蚊帳《かや》の外に置いたままにしてはならない。それを避けるため、たとえばＣＩＡのレッドセルは、代替分析の結論を関連部署に事前に知らせ、それを全員に公開する時期を知らせている。レッドセルは関連部署に許可を求める必要はないが、より協力が進み、実りある関係が築けるように、礼儀として情報を伝えている。海兵隊司令官のレッドチームを率いたブレンダン・マルバニー中佐は、レッドチームと戦略計画スタッフとの最初の三年間のやり取りを、次のように語っていた。「カモメのように、パッと飛んできて糞を落として、さっと飛び立っていくようじゃだめなんだ」。[14]

なによりも、レッドチームの努力が思いがけず組織を破壊したり損害を与えることにならないよう、注意することが大切だ。欠陥テストによって、クライアントのセキュリティ体制に予期せぬダメージを与えてはならない。そうした例はかなりの数にのぼる。フォーチュン一〇に入るある大企業で行った侵入テストでは、たまたま二〇分にわたってその会社をオフライン状態にしてしまった。レッドチームの演習が行き過ぎたのだ。とりわけ、重要なインフラ施設の監視制御システムを評価する場合には、侵入テストの範囲と強度を慎重に設定する必要がある。一歩間違うと、莫大な経済的損失につながることもあり、死亡事故までも引き起こしかねないからだ。レッドチームの誤射によって、対象組織との関係にひびが入れば、その発見の効果も薄れてしまう。

レッドチームの目的は、相手の面目をつぶしたり、一時的に状況を悪化させたりすることではなく、組織全体を教育し、改善することである。対象組織の価値観と言語がわかるレッドチームは効果も高く、助言を受け入れてもらいやすい。だがなによりも、その助言は、明確で、理にかなっていて、実行可能でなければならない。情報セキュリティ企業のトラストホールディングスに所属する保安システムの専門家、チャールズ・ヘンダーソンは、官民のさまざまなクライアントに対して、サイバーセキュリティと物理的な施設警備体制の欠陥テストを行っている。ヘンダーソンは、レッドチームのメンバーすべてが次のことを肝に銘じるべきだと言う。「我々の仕事は、コンピュータネットワークや建物に忍び込むことではなく、クライアントの保安体制を改善することだ。それができなければ失敗なんだ[15]」。まさしく、対象組織を改善することが、つねにレッドチームの最終的な目標でなければならない。

③健全で大胆な懐疑心を持つ

対象組織におけるレッドチームの正しい位置付けと同じくらい重要なのが、そのメンバー構成だ。深い考えもなくレッドチームを招集し、スキルや個性に関係なく手のあいた人をだれでも集めるようでは、失敗は目に見えている。レッドチームには、対象組織の人たちとは全く違う思考と行動が求められる。ということは、そのメンバーは、多少変わり者でなければならない。

レッドチームの中で最も優秀なメンバーは、自分たちを「変わり種」とか「奇人」と称することもあるが、彼らはもともと体制や常識に懐疑的で、批判精神があり、逸脱した考え方を持っている。海兵隊大学でレッドチームの指導者を務めるダニエル・ガイセンホフ中佐は、自分のチームをこのように語っている。「我々はがらくたの寄せ集めのような存在だ[16]」。レッドチームを作るときには、経験豊富な指導者がメンバーの異端性に価値を見出すことが必要になる。

ほとんどの人は、自分は他人と違う独創的な考えができると信じたがる。創造性を高く評価すると声高に唱える人も多い。古い因習がまかり通っていることを認めながら、自分だけは常識にとらわれずに考えられると多くの人は思い込んでいる。だが現実には、訓練も練習もせずにそうできる人はほとんどいない。人間はその人なりの先入観や経験や日々の環境によって形作られ、それに強く縛られている。

どんなに心が開かれていると思っていても、ほとんどの人が強い「存在バイアス」に縛られていることは、研究でも明らかになっている。人間は、すでに存在している物事を倫理的にいいはずだと思い込んでしまうのだ。今の物事のあり方が正しいと思い込み、前例や現状をありがたがり、理性や原則ではなく単に存在するからという理由で判断を下してしまう[17]。

レッドチームのメンバーはそうした先入観や環境の制約に縛られない。彼らはもともと組織階層にこだわらない性格で、正しい訓練を受け、対象組織から距離をおくように指示され、その権限を与えられているからだ。

優れたレッドチームメンバーの条件

優秀なレッドチームメンバーに最も共通しているのは、次の三つの要素だ。まず、この仕事に見合った性格と特徴を持っているということ。機敏で、適応能力が高く、やる気満々で、大胆に真実を追求しながら、もともと好奇心が強く、積極的に他者の意見を聞き学ぼうとするような人間がレッドチームには最適だ。

ＣＩＡの元アナリストで、民間企業のコンサルタントとしてレッドチームに参加してきたロドニー・ファラオンは、「最高のメンバーは、内面から役柄になりきって自然な表現のできるメソッド演技法の役者のようなもの」で、敵の動機と価値観を理解して自分の中に取り込み、敵の気持ちになって考えると言う[18]。レッドチームが自己検閲を行うことはあまりないが、相手方の気持ちに寄り添えないメンバーは「後ろ向き」だとしてクビになったり、「説教くさい」という烙印を押されてしまう。国家テロ対策センターのレッドチームと言われる分析的手法応用部門でアナリストを務めたマリッサ・ミッチェルは、こう語っていた。「説教を垂れることと、批判的に考えることは違います。素晴らしいアイデアを持っていても、ただ説教するだけではだれも聞いてくれません[19]」。

さらに、優秀なメンバーは、昇進にあまり興味がない。上に昇るためならどんなことでもするし、なんでも言う人たちとは違い、優れたレッドチームのメンバーは、チームの和よりも自分の心に忠実であることを優先させるような人物か、現在のキャリアではこの先の昇進はないことを受け入れている人間だ。たとえば、軍の中で、将官への昇進の目がなくなった「大佐どまり」の人たちは、誰よりも独自の考えや正直な意見を表すと言われる。友好的なハッカーの世界では、自分の力を見せつけたいティーンエイジャーが、大人が考えもしないようなことに挑戦する。レッドチームには、さまざまな動機や背景を持つ優秀なメンバーがいるが、彼らはほかのほとんどの人たちと本質的に違っている。

二番目の特徴は、経験に関係するものだ。特定の教育や仕事の経験が、レッドチームに必要なスキルにつながっていることは明らかだ。たとえば、幅広く読書をしていること（特に歴史）。それまでに複数のポジションを経験していること。簡潔に話し、書く能力に秀でていること。多くの現場で繰り返し聞くのは、優秀なメンバーには見事にストーリーを語る能力があり、それを使って過不足なく要点を伝え、相手に強い印象を与えられるということだ。人間は報告書や計算表やパワーポイントより、ストーリーに強く反応する。また、レッドチームのメンバーは、ある分野の専門家や特殊な能力の持ち主でありながら、全体像を見て難しい質問を投げかけることができる。彼らの多くはそれまでに組織的な大失敗を経験しているため、未来の失敗も予想できる。アメリカ軍内でレッドチームを強く支持したのが、イラクやアフガニスタンの元指揮官たちだったのは、偶然ではない。アフガニスタンやイラクでの戦略には、敵の視点や利益が考慮されず、そのために作戦が失敗し命が失われた。指揮官たちはそれを間近で見ていたのだ。

完全なアウトサイダーでは成功しない

成功するレッドチームの三番目の特徴は、メンバーが対人コミュニケーションスキルに秀で、お互いにうまく協力し合っていることだ。レッドチームの指導者の何人かは、こんな言葉を使っていた。「お砂場で仲良くできないとダメなんだ」。退役空軍大佐のジェームズ・ベイカーは、二〇〇七年から二〇一一年まで統合参謀本部議長アクショングループを指揮し、軍トップの制服組の依頼で代替分析を行っていた。優秀なレッドチームメンバーの矛盾を、ベイカーはこう指摘していた。「周囲の中でいつも自分が一番賢いことに慣れていながら、相手の話に耳を傾けて学ぶことができなければならない。そのうえ、アウトサイダーとして人と違った考え方ができる一方で、まだ組織を諦めてないような人物でなければならない[20]」。

レッドチームのメンバーは、チームの中でうまくやっていくことに加えて、対象組織の基準や価値観に合わせて、その社員と付き合わなければならない。陸軍や海軍の司令部の中にレッドチームが組み込まれて、集団思考を抑えたり代替分析を提供している場合や、CIAのレッドセルのように組織内の人間がレッドチームを構成している場合には、これはそれほど難しくない。レッドセルのある上級アナリストは、こうした場面で力を発揮できる人材は、次のようなタイプだと語っている。「頭がよく、官僚組織の中で世渡りの上手いタイプ。むやみに人の機嫌を損ねず、いつ、誰の機嫌なら損ねてもいいかを承知しているような人物[21]」。

外部のレッドチームの場合、特に欠陥テストを行うメンバーの場合には、対象組織の目標や価値観を一時的に自分の中に受け入れ、その組織の学習スタイルを理解し、自分たちの発見を実践的で行動可能な形にして伝えられる人間が望ましい。侵入検査のプロ中のプロとして有名で、セキュリティ業界の良心とも評されるクリス・ニッカーソンは、自分の役割を臨床心理士にたとえ、クライアントに対して、正直に心をひらいてほしいと言う。たとえば、短期的なセキュリティ評価を求めているのか、それよりも包括的な全体評価が必要なのかを率直に語ってもらっている。包括的な評価には時間と忍耐力と謙虚さが必要になる。ニッカーソンは、「患者を薬漬けにしてただ好きにさせている臨床心理士もいれば、患者ときちんと話して患者自身が判断できるよう教育する臨床心理士もいる」[22]。正直さや気遣いに欠けるレッドチームは、対象組織から孤立してしまう。多くのハッカーはバーチャルな世界以外で人と交わることがない。

特定の背景や個性があればレッドチームで成功しやすいのは確かだが、その手法やテクニックを訓練で身につけることもできる。第2章で詳しく述べるが、私は幸運にもカンザス州フォート・レブンワースのレッドチーム大学で二週間のコースに参加する機会を得た。

この経験で、私は繰り返しメタ認知について気づかされた。つまり、自分がどう考えているかを常に意識するようになったということである。人間が色眼鏡や先入観を通してどのように情報を処理しているかについて、資料を読んだり講義を受けたりしなければ、自分のなにが問題解決をいつも妨げているのかを、意識することはない。だが、レッドチームの授業を通して、生徒たちは、専門的なテクニックを使って計画を批判したり、戦略的判断を伝える練習を繰り返す。レッドチーム大学では、最初にひとりで、次にふたりで、その次に四人で、そして最後に全員でこのプロセスを行う。

はじめに個人個人が課題を深く考え、自分の考えや立場を書き記し、そのアイデアを最初にペアで共有し、次に少人数のグループで、最後に全員で話し合う[23]。はじめのうちはこの演習が簡単で単調すぎるように感じ、現実世界での意思決定に役立たないように思われる。だが、これを繰り返して上達するにつれ、いつも同じ要因が正直なコミュニケーションを妨げていることや、選択の背景にある前提の特定と評価が不十分なこと、ライバルの価値観や興味を考慮に入れず、グループが間違った判断をしていることがわかるようになる。

とはいえ、どれだけたくさんの授業を受けても、どれほど努力しても、レッドチームのメンバーになれない人もいる。軍の作戦計画者の中には、作戦が失敗する可能性を前提にした分析に関わりたがらない人がいる。失敗を想定することで不必要な疑念が生まれ、計画の実行に影響を与えるかもしれないと考えるからだ。

サイバーセキュリティにおける「ブルーチーム」、つまりハッカーから組織を守るチームの責任者は、侵入検査で敵の役割を与えられると十分に力を発揮できないこともある。士気の高い独創的なライバルの攻撃を模倣するのではなく、誰にでもわかるような侵入を企ててしまうのだ。第4章で紹介するサンディア国立研究所のＩＤＡＲＴの創立メンバー、レイモンド・パークスは、レッドチームのメンバーが途中で演習を辞めた例を挙げていた。それはアメリカ兵の殺傷を模倣する演習で、メンバーの一人はそれに耐えられなかった[24]。退役陸軍中佐のビル・グリーンバーグはレッドチーム大学でカリキュラム開発を行ってきたが、彼は言いにくそうに、持って生まれた傾向がレッドチームのメンバーになれるかどうかを決める、と言う。「それが普通にできる人もいれば、どれほど必死にやってもできない人もいる[25]」。

レッドチームに「感染する」

とはいえ、レッドチームに向いている人材でも、一生続けることはできないし、そうすべきではない。もっとも優秀なメンバーも、最後には必ず組織バイアスにとらわれてしまうからだ。CIAのレッドセルでアナリストとして働くのは平均二年間とされ、その後はもとの部署に戻ることになっている。陸海軍では、レッドチームの任期は一年か最長でも二年で、その後はたいてい専門性に応じて異なる部隊に配属される。サイバーセキュリティの世界では、友好的なハッカーの多くはまだかなり若く、のちに組織内のセキュリティ部門に雇われるケースも多い。友好的なハッカーの仕事は不安定なので、一生それを続けている人は珍しい。

レッドチームで働いた経験のある人はほぼ例外なく、その後の人生でもレッドチームの手法やテクニックに影響を受けている。そのことを、レッドチームに「感染する」と言う人もいる。実際、もとの組織に対する考え方が変わる、つまり、潜在的な敵の価値観と興味を考え、予期せぬ変化に備えるようになるという。究極の目標は、レッドチームを去ったあと、またはその影響を外から目撃したあとに、ミニレッドチームができあがることだ。

第6章では、USAID（米国国際開発庁）でポリオ根絶チームのコーディネーターを務めるエリン・オグデンがレッドチームに参加した経験を紹介している。彼女はレッドチーム体験をこう語っていた。「あの体験で私はすごく変わりました。失敗を予期できるようになりましたし、自信もできて、勇気をもって上司に問題を報告できるようになりました。だれもなにも言えないときに、私がきちんと話さなくちゃ、って思えるようになったんです[26]」。

レッドチームに参加することで、またはその効果を見るだけで、人は仕事のプロセスや課題をそれまでと違う視点で捉え始める。潜在的な改善点や解決策に対して心が開かれるようになる。すると、組織とそこで働く人の考え方や行動が変わるのだ。

④隠し玉を備えておく

レッドチームの実践者は、なんでも受け入れる間口の広い人間でなければならない。レッドチームの手法やテクニックは、予想通りのお決まりのものになってはいけないし、レッドチーム自身が組織の通常の計画やプロセスに飲み込まれてはいけない。レッドチームが、組織バイアスにとらわれたり、ありきたりになったりしないよう、メンバーは手の内にたくさんのツールを備えておく必要がある。

レッドチームのテクニックや手法は、相手にとって新鮮でなければならない。同じ手法を繰り返し使っていると、驚きがなくなり、予期され、簡単にかわされてしまう。建物への侵入テストで社員喫煙所の入口から何度も侵入していれば、すぐに対象組織もそれに構わなくなる。情報分析官が決まりきった分析手法を繰り返し使っていると、政策立案者はそれを「必ず読んでおくべきもの」とは思わなくなる。優秀なレッドチームは、新規の組織とはじめて関わるときに、自分たちの戦術や技を全部明かさない。退役海軍大佐マーク・モンローは、レッドチームを率いるときによくこう語っていた。「手の内を全部明かさず、相手にもっと見たいと思わせないといけない(27)」。

また、最初の作戦に相手が引っかからない場合や、思ったほど乗ってこない場合には、活動の途中で柔軟にテクニックを変えていかなければならない。そんな時には、新しい手法や技を使って、作戦をがらりと変えた方がいい。

ニューヨーク市警のテロ対策局長のジェームズ・ウォーターズは、コミッショナー率いる室内演習の準備と運営を担当していた。彼は、演習がテロ対策局の台本通りに展開しなかった時に、その場に合わせて課題を飛ばしていたと語っていた。ウォーターズのモットーは、「状況に逆らうな」というものだ[28]。第４章で紹介するが、私は二〇一四年一〇月にニューヨーク市警によるシミュレーションを観察させてもらう貴重な機会を得た。そこで、市警本部やニューヨーク市の高官がどのようにテロのシナリオを予測し、正しい対抗策を提案したかを直接見ることができた。準備されたシナリオは、ニューヨークシティマラソンの最中に破壊的なテロが起きるというものだったが、ウォーターズは台本通りに演習を進めず、状況に合わせて課題を飛ばしていた。

　最後に、最高のレッドチームは、作戦がいつ失敗したのか、なぜ失敗したのか、次にどうしたら同じ失敗を避けられるのかを認識し理解することができる。このことに気づくには、自己認識と謙虚さの両方が必要になるが、その二つを併せもつ人はめずらしい。

　レッドチームのツールの中でますます進化しているのが、シミュレーションや欠陥テストや代替分析に使われるテクノロジーだ。アフガニスタンに駐留する陸軍旅団戦闘隊の「効果部隊」は、代替分析を行っていた。これは、アフガニスタン軍の保安部隊を対象にした内部監査に近いもので、「正直さの分析」と呼ばれていた。アフガニスタン部隊の指揮官にどこでどれくらいの時間パトロールを行っていたかを聞き、その部隊のジープや装甲車に搭載されたＧＰＳのデータと較べていた。

　戦略コンサルタントのマーク・チャッシルは、設計と開発に数か月を要するような定量的戦略シミュレーションを行っている。このシミュレーションを通して、重大な意思決定を控えた企業のために、さまざまな戦略に対するライバルの反応を予想している。また、ある弁護士事務所はシリコンバレーの法律コンサルタントを雇ってコンピュータシミュレーションを行い、特許訴訟を受けた先端技術クライアントのために訴訟結果をモデル化し予測している。こうしたテクノロジーは、レッドチームに情報を提供し、定量化を助けている。だが、それを役立てるためには、メンバーが柔軟にこうしたテクノロジーを利用して、その発見を組織の中に取り入れなければならない。

⑤悪い知らせを快く聞き入れ、行動する

レッドチームによる一連の発見や助言を、棚ざらしにしてはならない。それをできるかぎり上司が聞き入れ、行動し、実現しなければならない。ただし、レッドチームの中には、具体的な助言を行うのではなく、暗黙の前提を発見し評価して意思決定に役立てることを目的とするものもある。たとえば、米政府高官は、ＣＩＡのレッドセルが発行する代替分析の報告書を、意思決定に関わりがなくても熱心に読んでいる。とても忙しい中でこの報告書を読んでいるのはどうしてかと訊ねると、みんな「刺激になるから」とか「他のものとまったく違うから」と答える。高官たちがレッドチームの意見を聞きたいと思うのは、不思議ではない。高官自身は厳しい決定を迫られるわけではないし、行動を変える必要もないからだ。彼らにとってレッドチームの報告書は「悪い知らせ」ではなく、「新しい情報」なのだ。

だが、レッドチームの大半は、対象組織の戦略や計画や手法について、あまり望ましくないような、不愉快な知らせをもたらすことになる。そうした悪い知らせを避けたい、またはできるだけ減らしたいと思えば、レッドチームを「ひっかけ」たり、「ごまかし」たりすることもできる。分析に必要な情報やアクセスを与えないこともそのひとつで、陸軍や海軍の決定を支援するレッドチームの場合もそうだった。同じように、最高セキュリティ責任者（ＣＳＯ）が、自分のチームを侵入テストに「勝たせる」ために、警備員を増員して建物への侵入を防ぐこともある。

ハッキングの世界で「ダーク・タンジェント」として知られ、ネット企業のCSOも務めたジェフ・モスは、こう語っていた。サイバー攻撃の多くは夜間に行われるので、IT責任者が侵入実験を避けるために設備をオフラインにすることもある[29]。また、自分に都合のいい戦略やアイデアが裏付けられるよう、シミュレーションに制限を加えたり操作したりするリーダーもいる、と。第2章で詳しく描くが、ヴァン・ライパー率いるレッドチームが参加した大規模軍事演習「ミレニアム・チャレンジ二〇〇二」は、その顕著な例だ。そんな場合には、演習は八百長になり、レッドチームは誠実な評価ができなくなる。

悪い知らせを快く聞き入れるということは、演習の要約を聞いたり、情けない施設侵入検査の結果報告を読んだりするということだ。レッドチームのメンバーなら例外なく、企業の上級管理職や、三つ星の将官や、CSOに向かって、欠陥の存在を指摘し、それを頑固に否定された経験がある。ある友好的なハッカーは、フォーチュン一〇〇に入るテクノロジー企業が、ネットワークアクセスの欠陥を一〇年以上も放置していたことを発見した。侵入テストのたびにそのサイバーセキュリティ企業に同じ欠陥が報告され、限られた費用でそれを修正するか、軽減するような対応策が提案されていた。警告が繰り返されていたのに、その企業は同じ欠陥に一度も対応していなかった。よくあることだが、この場合もまた、組織はただ盲目的に動いているだけで、学びもしなければ向上もしていなかった。

対象組織の側にも、レッドチームに言われたことを吸収して行動に移す能力が必要になる。上司と社員がレッドチームの発見を聞いて肝に銘じるだけでなく、組織がその実行を見届けなければならない。それには追加の資金や人材が必要になり、たいていは組織の標準プロセスを変えなければならず、これには痛みが伴う。実際には、優先順位づけされた実行可能な作業計画が必要になり、それが望ましいタイミングで実行されるよう監督し評価しなければならなくなる。レッドチームの活動が無視されたり、間違った形で取り入れられるくらいなら、レッドチームを行わないほうがいい。自社の戦略やセキュリティ体制が外部の第三者によって精査され、その有効性が確認されたと経営陣が誤解してしまうからだ。

⑥ほどよい頻度で行う

レッドチームの発見を学び、取り入れることも大切だが、この演習を必要以上に繰り返さないことも同じくらい重要だ。なんらかの事件が予想される場合や、重要な意思決定を下さなければならない場合には、レッドチームは一度きりでいいし、そうあるべきだ。第3章で紹介するが、オサマ・ビン・ラディンがパキスタンのアボタバードの施設に住んでいる確率をはじき出すために、二〇一一年に集められたレッドチームは、そうした事例のひとつだ。

レッドチームにはっきりとした終着点がない場合でも、やりすぎると効果が薄れてしまう。その頻度は、組織のニーズに応じて設定すべきだろう。頻繁すぎれば、レッドチームの発見や推奨を行動に移す時間的な余裕がなくなる。ペンタゴンと民間企業でレッドチームに参加し、指導した経験もあるジェームズ・N・ミラーはこう語っている。「なんでもかんでもレッドチームをやりまくればいいってものじゃない。それでは、結局なにも成果があがらない。だが、第三者の視点で重要な大規模プロジェクトを見ることには、かけがえのない価値がある」[30]。アメリカ軍のレッドチームには、活動の終了時期を言い表す略語がある。GICOT、つまり

「そろそろ潮時《グッド・アイデア・カット・オフ・タイム》」というものだ。

　日常の業務計画やプロセスを、半ばアウトサイダーのレッドチームがたびたび評価したりテストしたりしていると、仕事をしている人がやる気を失くしてしまう。対象組織の社員にとって、レッドチームはストレスのかかる出来事だ。査察を受けたり、仲間や上司の前で自分の判断を疑われたりすれば、誰しもいい気持ちはしない。しかも、戦略や計画立案がそろそろ終わる段階になって、繰り返しレッドチームから検査されることになれば、社員とレッドチームの間に大きな不信感が生まれてもおかしくない。もちろん、レッドチームは意思決定に携わる組織上層部に盲点や隠れた障害を伝え、ただちに注意を喚起することはできる。だが、もしレッドチームが何度も間違った盲点を伝えたり、判断ミスをしたりすれば、その先ずっと利用されなくなってしまう。若い頃にソ連専門の分析官だった元ＣＩＡ長官のロバート・ゲイツは、代替分析を最も活用した人物だ。ゲイツはこう語っている。「三度も続けて失敗すれば、見向きもされなくなる。狼少年だと思われる[31]」。

　一方で、レッドチームの頻度が少なすぎると、組織にたるみや甘えが生まれる。レッドチームをどのくらいの頻度で活用すべきかは、その組織がどのくらい変化の激しい環境にあるかによって違う。新たなライバルや難題があまりない場合や、大胆な方向転換のない場合なら、それほど頻繁でなくていい。競争が激しく、先行きが見通せず、破壊的な脅威が現れる可能性がある場合には、より高い頻度で行うべきだろう。

　多国籍企業は、少なくとも五年に一度はアウトサイダーを雇って代替分析を行うか、ウォーゲームを行って戦略を検証すべきだ、とベンジャミン・ギラードは言う。米国原子力規制委員会は、少なくとも三年に一度、すべての民間原子炉に、もっとも可能性の高い武力攻撃を想定した欠陥テスト、いわゆる「対武力査察」を義務付けている。[32] 銀行、病院その他の、安全性が担保されるべき施設への物理的な侵入検査を行うジェイソン・E・ストリートは、一年に一度は侵入検査を行うべきだと言う。[33] また、先端技術を持つハッカーから繰り返しネットワークへの不法侵入を試みられている企業なら、四半期に一度かそれよりも頻繁に侵入テストを行うべきだ、と友好的ハッカーのキャサリン・ピアースは語っている。[34]

レッドチームの頻度を注意深く設定すべき理由は、大まかに言って二つある。ひとつは、レッドチームの発見によって、戦略、計画、プロセスが変わるからだ。もうひとつは、レッドチームがそのプロセスや結果に関わる人に影響を与えるからだ。

レッドチームの活動を見た人は、自分の思考プロセスをより意識するようになった（代替分析の場合）、またはセキュリティに敏感になった（欠陥テストの場合）と口を揃える。また、レッドチームの検査対象になると、組織内での重要性が上がるという。レッドチームの活動後は、廊下で会話が交わされるようになり、上司と部下が特定の課題について常に警戒するようになる。とはいえ、レッドチームの任務は一瞬を切り取ったものでしかなく、一方で組織はさまざまに変わり続けている。レッドチームが組織のプロセスと認知に与える影響も、そのうちいつかは色あせる。本当に競争の激しい環境では、いくら完璧な計画やセキュリティ体制があっても、必ず欠陥や弱点が生まれる。しかし組織内部の人たちはそれを発見できないか、組織の圧力やバイアスからは決して逃れられず、欠陥を報告できない。

臨機応変にいいものを取り入れる

本章の初めに述べたように、すべてに共通するベストプラクティスは、臨機応変にいいものを取り入れることだ。「ベストプラクティス」という概念自体に抵抗のあるレッドチームメンバーも少なくない。ひとつの教義に固執することは、本当に有効なレッドチームの対極にある行為だからだ。

組織はこのことを念頭に置いて、次の六つのベストプラクティスのそれぞれの要素を取り入れるべきだろう。①上司の賛同を得る。②外側から客観的に評価し、内側から気遣いを持って実施する。③健全で大胆な懐疑心を持つ。④隠し玉を備えておく。⑤悪い知らせを快く聞き入れ、行動する。⑥ほどよい頻度で行う。この中で一番大切なのは、上司の賛同だ。それがなければ、ほかの五つの価値も薄れてしまう。この六つの要素はお互いに補い合い、強め合っているので、すべてを一緒に実行したときに一番効果が高まる。

レッドチームのメンバーはよく、自分たちの仕事を科学ではなく芸術だと言う。それは事実だが、レッドチームはまた、抽象的なコンセプトでもなければ、すべてを数字に落とし込めるようなものでもない。レッドチームはその中間にあって、メンバーそれぞれの経歴や性格や専門性に左右されるものだ。だからこそ、相互に関連する六つのベストプラクティスを正しく実行するには、レッドチームと対象組織がそれぞれの役割を果たすことが必要になる。次章以降では、各事例やそれぞれの場面を通して、これらのベストプラクティスが守られたケースと、それが取り入れられなかったり無視されたりしたケースを見ていこう。

第2章　軍がレッドチームを制度化した

米陸軍が設立した外国軍事文化研究大学（UFMCS）は、レッドチーム的な思考を軍人に教えるために作られた「レッドチーム大学」だ。大学は批判的思考応用について書かれた「レッドチームハンドブック」を一般に公開している。イスラエル、英国、NATOでも「レッドチーム」を組織の中に制度化する。

二〇〇八年、四つ星の授与式で、祝賀の列に並んだ大将が近寄ってきて私の耳元でこう囁いた。

「これからはもう君に本当のことを言える者はいなくなるぞ[1]」。

――マーティン・デンプシー、統合参謀本部議長、二〇一一年

冷戦の中、レッドチームは生まれた

レッドチームがアメリカ軍の中で磨かれ、体系化されたのは偶然ではない。内省や直観に反するようなレッドチーム的思考からもっとも恩恵を受ける組織が、軍隊だからだ。軍の意思決定には、人命、資金、政治資本といった莫大なコストが伴う。たとえば二〇一六年度には、およそ五三四〇億ドルにのぼる年間軍事予算が配分され、一三〇万人の現役兵士と八二万六〇〇〇人もの州兵及び予備兵への訓練と準備の方針が定められた(2)。また軍は、命のかかった軍事行動を計画し、遂行しなければならない。当初の目的が達成されそうにない場合に、それを認識し修正する必要もある。アメリカ軍の戦略、計画、日常的活動の多くは深刻な結果に直結しているため、大きなプレッシャーのもとで、あらゆる重大な決定を徹底的に考え抜き、反論し、検証することが求められる。

しかし、アメリカ軍がだれよりも広い範囲でレッドチームを必要としていても、その活動を忠実に支持し、実行し、発見に耳を傾けるのが難しいこともまた事実だ。今現在、各軍のあらゆる戦闘部隊の中に、なんらかの形でレッドチームが取り入れられている。また、レッドチームの概念と必要性は、制服組の中で広く知られ、認められてもいる。レッドチームが成果を上げられる場所として軍隊は最適な環境だが、それでも彼らが立場を確立し意見を聞き入れてもらうことが相当に難しいのは間違いない。

既に紹介したように、「悪魔の代弁者」という考え方の起源は一三世紀のバチカンに遡るが、アメリカ軍の中で「レッドチーム」という言葉が生まれたのは冷戦時代だとされている。一九六〇年代の初頭に、ゲーム理論からウォーゲームが生まれ、ランド研究所で戦争シミュレーションが開発され、ペンタゴンのいわゆる「ウィズキッズ」たちがそれを取り入れた。(3) これがレッドチームの始まりだ。ウィズキッズとは、戦略的決定を評価する立場にあった若いエリートの政策アナリストにつけられたあだ名である。「レッド」はソ連を象徴する色で、より一般的にはライバルや敵対的立場を表す色だった。

もちろん、そうした名前が付く前からアメリカ軍の中ではレッドチーム的な手法が使われていたが、そのコンセプトがはっきりとした形を持つようになったのは冷戦時代だった。一九六三年五月、コラムニストのジョージ・ディクソンは、ロバート・マクナマラ国防長官が六五億ドルにのぼるTFX(次期主力戦闘爆撃機)の契約を評価するため、ブルーチームとレッドチームを組織したことを記事にしている。ディクソンはこう生々しく描いていた。「試合が終わりから始まりに向かって逆に進んでいくような、奇妙なゲームが、ペンタゴンで行われているる」。ブルーチームは契約を獲得したゼネラル・ダイナミックスの役割を演じ、レッドチームはボーイングが契約を獲得すべきという立場に立った。ディクソンはこのように書いていた。「マクナマラは古典おたくだったに違いない。レッドチームのメンバーを『悪魔の代弁者』と呼んでいたのだから(4)」。

一九六三年九月号の「コンフリクト・レゾリューション」誌には、それより二年前に行われた同じようなシミュレーションについての記事がある。それは、アメリカの立場に立つブルーチームとソ連の立場に立つレッドチームによる構造的軍縮演習についての記事だった。このシミュレーションの目的は、政治リーダーの意思決定を研究し、それが軍縮条約に与える影響を調べることだった。レッドチームは軍縮条約の規定を守っていたが、チーム間の意思疎通はなく、ブルーチームにはレッドチームの戦略がわからないようになっていた。結局、政治家は軍上層部が脅威を拡散する存在だと見なし、軍上層部は政治家が安全保障に弱腰だと見なしていた。[5]もともとの目的は意思決定やプロセスを改善することではなかったが、レッドチームがそれに役立つことや、今後同じようなシミュレーションに応用できることがわかった。

二〇〇〇年以降、その手法が体系化されていく

冷戦中もその後も、レッドチームは必要に応じて利用され続けていたが、この新しい手法がきちんと記録され、体系化されたのは、二〇〇〇年以降のことだ。レッドチームの拡大に貢献したのが、ジェームズ・ミラーだ。ミラーは一九九七年から二〇〇〇年まで国防総省で軍事計画を評価する立場にあった。仮想敵のさまざまな反応を予想することも、ミラーの仕事の一部だった。一九九九年のセルビアへのNATO空爆に先立って、ミラーはユーゴスラビアのミロシェビッチ大統領によるコソボ弾圧の動機を調べ、彼の意思決定を変える要因を探る仕事を任された。予想されるミロシェビッチの行動について、ミラーは二つの諜報組織からまったく違う見通しを示されて、驚いた。「結局、レッドチームを使って、諜報コミュニティの中の二つの異なる分析を見直すことにした」とミラーは語っている。[6]

ミラーはこの現象に興味をそそられた。国防総省を辞めたあと、防衛コンサルタントのヒッ

クス・アンド・アソシエーツで「DART（防衛対応レッドチーム）」と呼ばれる実験的プロジェクトを率いることになった。DARTには、アンソニー・ジニ元大将やポール・ヴァン・ライパー元中将（ライパーについては後ほど詳しく紹介する）といった退役海兵隊将校が参加している。ふたりはどちらも大規模軍事演習で仮想敵を演じ、開発中の戦闘コンセプトに対する代替分析を行っていた。DARTはまた、レッドチームの過去の事例やベストプラクティスを細かく調べて、国防総省内にある少人数の先進システム・コンセプト局に報告書を出していた。このDART報告書や、防衛分析研究所による同様の論文は、軍の司令官がレッドチームをどのように考え、どう表していたかについて理解するための貴重な資料となった。

二〇〇三年九月に米国国防科学委員会が「国防総省におけるレッドチームの役割と立場について」という報告書を発表したことは、大きな出来事だった。この報告書をまとめたのは、国防総省予算・技術・兵站担当次官のエドワード・C・オルドリッジ・ジュニアが組織した一〇名のタスクフォースである。九・一一の同時多発テロを受けて、オルドリッジは、レッドチームの必要性を感じ、とりわけ新たな敵とその非対称的戦術を理解しなければならないと思っていた。このタスクフォースのリーダーをセオドア・ゴールドとロバート・ハーマンのふたりが共同で務め、国防総省によるレッドチームの活用について調査を行う中で、その障害となるものやこれを生産的に利用するための条件を見つけることになった。タスクフォースは、レッドチームが十分に活用されていないことを指摘し、レッドチームをもっと活用することでテロとの戦いにおけるアメリカの敵に対する理解が深まり、ひとりよがりを防ぐことにも役立つと指摘した。

この報告書は、軍上層部がレッドチームに関心を持つことの必要性を述べていた。特にドナルド・ラムズフェルド国防長官が指揮を執り、予算・技術・兵站部門にレッドチームの手法やベストプラクティスを要約した文書を発表させ、訓練機関や軍事作戦にレッドチームを組み込むことで、国防総省全体にこの手法を浸透させていくことが必要だと述べていた。また、国防長官に対して、核兵器の備蓄や大物テロリストの捜索といった重要課題に対応するレッドチームを作ることも推奨していた。

アメリカ軍はその性質から、軍全体で共有し促進するような言葉や概念を、慎重に定義づけている。アメリカ軍によるレッドチームの定義は次のとおりだ。「批判的な評価や分析を行い、軍事計画や作戦を探り、代替的な視点から敵の能力を分析するような独立した能力を統合軍に与える、訓練され、教育され練習を積んだ専門家からなる組織内のグループ[7]」。ここで言うレッドチームは、軍内部のレッドセルと呼ばれるチームとは違う。レッドセルは、非協力的な敵の立場に立ち、なんらかの防衛システムへの攻撃を試みる専門のチームとして知られている[8]。レッドチームも原則は同じだが、活動範囲ははるかに広く、対象組織を厳格に評価することを一義的な目的としている。

「レッドチームの潜在価値に、疑いの余地はない」

今のところ、軍内のレッドチームは、欠陥テスト、シミュレーション、代替分析の三つの形をとっている。特に欠陥テストは常に必要とされている。アメリカは国内にも海外にも多くの基地やコミュニケーション網を持っているため、敵や内部者がこれを攻撃し、破壊し、ここに侵入する可能性があるからだ。アメリカ国防総省は世界中に四八〇〇か所を超える施設を有し、または指揮下におき、およそ一万五〇〇〇の異なるコンピュータ網に頼っていると言われる。[9]

国家安全保障局の個別対応諜報作戦（ＴＡＯ）は、離れた地域に分散して存在するエリートハッカーに、「侵入不可能」とされている海外のコンピュータ網への侵入を依頼するグループだ。[10]だが、そのメンバーは、欠陥テストを行うレッドチームにも属し、たとえばメキシコ以南の全域を監視する南方軍や、ハワイを本拠にアジア太平洋地域を監視する太平洋軍といった地域的な戦闘軍のネットワークセキュリティを検査している。

ブレンダン・コンロンは、ＴＡＯのメンバーとして侵入検査に数回参加した。こうした検査では、一般に公開されている情報や報告書から、仮想敵がとりそうな戦術やテクニックを使用する。敵を忠実に真似るために、彼らは「自分たちの持っているスキルをすべて捨てて、相手が現実的にできることを仕掛けなければならない」と語る。[11]侵入検査で明かされた弱点を聞くことに価値を見出す指揮官もいたが、たいていの場合はその発見を見下し、ＴＡＯチームが現実にはありえないほど優秀すぎると思い込む指揮官がほとんどだった。

レッドチームのシミュレーションには、室内で行う演習も、武器を使った実践演習もあるが、その始まりはプロイセンのフォン・ライスヴィッツが発明したクリークシュピールというウォーゲームで、一九世紀の終わりにアメリカ軍がそれを取り入れた。アメリカ工兵隊のウィリアム・R・リバモア少佐と、砲兵連隊のチャールズ Ａ・Ｌ・トットン大尉が、それぞれライスヴィッツの発明にもとづいてウォーゲームを開発していた。

一八八四年、海軍大学は「アメリカ版クリークシュピール」のルールを体系化し、その三年後にはウォーゲームをカリキュラムに取り入れた。今ではすべての軍、統合本部、戦闘部隊の中にウォーゲームを行うチームがある。ウォーゲームは地図上での戦闘から、コンピュータモデルへと大きく進化してきた。

たとえば、アメリカの軍事行動や作戦に対して敵がどう動くかを予知するための、陸軍戦闘員シミュレーションはそのひとつだ。未来の戦闘はどのようなものか、必要とされる装備や訓練はなにか、敵や同盟国はどう反応するか、といった共通のコンセプトや原則は、長期にわたる演習の中で定期的にシミュレーションされている。たとえば、「ユニファイド・ビジョン」や「エクスペディショナリー・ウォリアー」、またこのあと紹介する「ミレニアム・チャレンジ二〇〇二」といった演習がその例だ。

アメリカの各軍はかなり本物に近い設定か、本物の戦闘シミュレーションを使って海外に配置する兵士たちを準備させている。たとえば、南カリフォルニアのモハヴェ砂漠にあるフォート・アーウィン国立訓練センターには一三の種族が住む「村」が本物そっくりに再現され、イラク出身やアフガニスタン出身のアメリカ人がそこに住み、そこで海外派兵前のアメリカ兵の対ゲリラ戦闘能力を評価し、その能力を磨いている。指揮官が監督者となって、部下の将校の部隊が予期せぬゲリラ戦術や文化的な障害にどう対応するかを監視し、演習の繰り返しを通してありがちな失敗を修正することに努めている[12]。

アメリカ空軍のレッドフラッグは、航空機パイロットの最先端訓練プログラムだ。ネバダ州のネリス空軍基地では年に数回大規模な対空戦軍事演習が行われている。この演習では、第五七航空団が中国のミグ29やロシアのSｕ－27といった七種類のアグレッサー戦闘機との戦闘を行う。高度な技術を持つ空軍パイロットだけが「アグレッサー（侵略者）」として認められる。数回の試験と、飛行訓練をパスしなければ、アグレッサーにはなれない。現実的な対空戦にできるだけ近づけるため、仮想敵側のアグレッサーは、直近の情報に基づいた敵の戦術やテクニックだけを使わなければならない。たとえば、中国やロシアの戦闘機の性能や重力加速度、ミサイル弾頭やレーダー能力などを模倣するのだ[13]。

代替分析は、軍の上層部や司令官の前提を疑い、戦略的決定や作戦計画がどんな結果を引き起こすかを深く考える助けになる。有能で中立的なレッドチームによる軍事作戦の評価が行われないときには、大きな犠牲が生まれることもある。

有名な例だが、イラン革命後の一九八〇年四月、一八〇名から成るアメリカ兵部隊がテヘランのアメリカ大使館に囚われた五二名の人質を救出しようとした。イーグルクロー作戦と呼ばれたこの救出任務は、さまざまな理由による海軍ヘリコプター三機の不具合から、テヘランにチームを送り込むために必要な最低機数である六機に一機足りなくなったために、中止を余儀なくされた。イランの砂漠に設置された待機エリアで救出部隊が待機し、ペルシャ湾岸に停泊した空母へ戻る予定だったが、C－130輸送機とRH－53Dヘリコプターが衝突して大炎上を起こした[14]。この事故で八名の兵士が亡くなり、人質はテヘランに残され、ジミー・カーター政権は大きな打撃を被った。その五か月後、ロナルド・レーガンが地滑り的な勝利で大統領に就任した。

この作戦は、アメリカ大統領が許可した最も危険な作戦のひとつに数えられる。国防総省は、作戦が成功した場合でも一五名の人質と三〇名の救出兵が犠牲になると予想していた[15]。それでもなお、レッドチームによる検証が行われなかったことでイーグルクロー作戦の成功確率が下がってしまったことは間違いない。人質が取られたあと、数十人の作戦計画者がペンタゴンの窓のない隔離された部屋で会合し、その後六か月間定期的に会合を続けた。作戦の秘匿が最優先されたため、代替分析のような評価を外に求めることはできなかった。計画を知っていたのは、国防長官、国務長官、統合参謀本部議長、カーター大統領補佐官など、ひとにぎりの人間だけだった[16]。

退役海軍大将のジェームズ・L・ホロウェイ三世がまとめたイーグルクローの事後評価報告によると、「実際には、計画立案者本人が作戦を作りながらその実行可能性と健全性を評価している状態だった。しかも、独立した有能なオブザーバーによる徹底的な検証や評価は一度も行われず、統合参謀本部の監視も行き届いていなかった」という。

レッドチームの介入があれば、作戦が成功する確率は上がっていただろう、とホロウェイは振り返っている。「レッドチームの潜在価値に、疑いの余地はない。その包括的で継続的な評価能力は、ほとんどすべての課題に直接影響を与えるものだ。変化の激しい作戦計画のプロセスにおいて、こうした計画評価チームは重要な反対意見の役割を果たし、最終的な目標達成に大きく貢献すると思われる」[17]。

部下が反対意見を控えるのは当然

独立したオブザーバーとしてのレッドチームは、上意下達のピラミッド型組織構造と排他的な文化にこそ必要なものだ。こうした組織では、ひとにぎりの指揮官が権力を握り、彼らは直属の部下に大きく頼っている。絶大な権限を持つ指揮官は、命令を発するだけでなく、上意下達文化を作り出し、それが部隊の働きや、任務の優先順位を左右する。部下は集団思考に陥りがちだ。この傾向は、厳格な階層と共通の価値観を持つ、危険で圧力の強い組織によく見られる。当然、スタッフは自分自身を、統一された方法で共通の目標達成に臨むチームの一員だと見なしている。こうした環境で批判を口にすると、チームの努力と使命を損なう恐れがある。

さらに、軍は民間とは違うアイデンティティや文化を持ち、その中の人間は同じような教育を受けているため、ほとんどの指揮官は内向きな考え方で課題に取り組んだり解決法を考えたりする。実際、陸軍士官学校が大佐と中佐を対象に行ったアンケートによると、最も優秀な士官は「新しい考え方を受け入れることに関して、一般のアメリカ人よりもはるかに消極的だった」[18]。つまり軍の命令系統は、権威と責任と規律に関してはっきりとした序列を与えてくれる反面、反対意見や異なる考え方を排除してしまうのだ。

この問題を改善するため、これまでに多くの努力がなされてきた。正式な軍の教育でも、さまざまな場面で、下級士官は「上官に率直にものを言う」よう教えられる。だが、これを実践するのは難しい。軍隊はガチガチの階層組織なので、型にはまらない考え方を受け入れそれを認めることに、もともと抵抗がある。下級士官は命令に従うだけでなく、上官や補佐官たちが作り上げた環境と伝統的な考え方に従わなければならない。「批判的に考えるよりも相手の心を読む方が褒められるのです」と海兵隊の下級士官は語っていた[19]。

上級士官は直属の部下の日常生活とキャリアに多大な影響力を及ぼす。下級士官のプロジェクトへの予算配分も、休暇の許可も、限られたポジションをめぐる昇進の推薦も、上官次第なのだ。下級士官を評価する上官の言葉ひとつで、あるいは部下のためにかける電話一本で、部下を昇進させることもキャリアを止めることもできる。そして、全員がこの力関係をはっきりと認識している。この環境で、下級士官が上官の好みや物差しに順応し、下にいる限りは反対意見を控えるのは無理もない。

この一〇年間で、軍の中で制限的にレッドチームを活用する（活用していると思われる）グループは増えてきた。戦闘指揮官グループ、参謀本部戦略研究グループ、そして統合参謀本部議長グループはすべて、集団思考を排除し、客観的な分析を提供することを日常業務のひとつとしている。このようなグループが行うレッドチームの活動範囲とその効果は、指揮官がこれに興味を示すかどうかにかかっている。反対意見を積極的に受け入れ、報告を受けるために定期的に時間を作る指揮官もいる。反対に、レッドチームのメンバーを無視したり、次官や補佐官に対応させたり、上に逆らえないスタッフ部門に責任を押し付ける上官もいる。

レッドチームのリーダーにあまり力がない場合には、指揮官のスタッフが指示する日常業務に忙殺されることもあれば、ほかのスタッフ部門から情報をもらえないこともある。スタッフ部門のトップは、たいていレッドチームのリーダーより高い地位にいる。現在では、四つ星の司令官は全員、先に挙げたようななんらかの専門グループを持っている。だがレッドチームに許可と権限を与えて部隊の計画、プロセス、作戦などを検証させているかどうかは、グループによってかなり違っている。

本章では、レッドチームの起源と現状への理解を深めるため、アメリカ軍における四つの事例を見ていくことにする。レッドチームの基本を理解するには、外国軍事文化研究大学（ＵＦＭＣＳ）、いわゆるレッドチーム大学に目を向けることが必要だ。レッドチーム大学は、ピーター・シューメイカー大将によって、教室における軍事教育の改革をさらに拡げ、軍だけでなく非軍事機関にも役立つ教育を目指して、二〇〇四年に設立された。その後、この大学で生まれたレッドチームメソッドが実践されるようになり、二〇一二年には統合参謀本部議長によるキャップストーン構想の分析にこのメソッドが使われた。

海兵隊では二〇一〇年にレッドチームが正式に組織化されたが、あまり注目を集めていない。

二〇〇二年のミレニアム・チャレンジ演習を見れば、上層部が結果を受け入れるつもりがない場合、軍事演習は骨抜きにされ、レッドチームは役に立たないことがわかる。本章ではさらに、アメリカ以外の有名な三つの軍事レッドチームの事例を検証する。イスラエル国防軍、イギリス国防省、そしてNATO本部の事例から、レッドチームの取り組みとテクニックが国境を越えて拡がっていることがわかるだろう。

ベトナム戦争でボロボロになった陸軍

二〇〇三年夏、元四つ星大将として悠々と引退生活を送っていたピーター・シューメイカーのもとに、一本の電話がかかってきた。相手はラムズフェルド国防長官だと名乗った。ラムズフェルドがシューメイカーに会ったのはほんの数回だったが、ラムズフェルドはシューメイカーの評判をよく知っていたし、陸軍をより無駄なく柔軟で戦闘力のある組織に変える力をだれよりも備えた人物だと考えていた。引退生活を捨てて、三五代目陸軍参謀総長になってほしいとラムズフェルドが依頼する間もなく、シューメイカーは仲間のいたずらに違いないと思って電話を切ってしまった。幸い、その後電話をとったシューメイカーは、参謀総長の職を拝命することになった[20]。

シューメイカーは軍が変わらなければならないことをだれよりも知っていた。一九六九年に予備役将校の訓練を受けていたシューメイカーは、ベトナム戦争の陰で崩壊の瀬戸際に追い込まれていく陸軍を身をもって経験した。士気低下の根底にある理由は、「凡庸さが組織に染みついてしまった」ことだと感じていた。

兵士たちはただ命令を待ち、時代遅れの規則に従うだけだった。士官学校の幹部候補生は、大昔と同じ授業を受け同じ本を読んでいた。フォート・アーウィンの国立訓練センターでは、実践では使いものにならないような何年も前にお払い箱になった戦車の操縦訓練が行われていた。陸軍はプロセスや教義や伝統に縛られて現実の脅威からますます乖離《かいり》しているように見えた。「伝統にはいい面もあるが、それによって問題が見えなくなってしまう」。ベトナム戦争後の陸軍を、シューメイカーは軽蔑したようにこう語っていた。「ソ連の赤軍とあまり変わらなくなっていた[21]」。

陸軍改革にむけたシューメイカーのひらめきは、特殊部隊での輝かしい軍歴から生まれていた。八年間機甲師団で任務についていたシューメイカーは、陸軍を辞めてFBIに入ることになっていた。しかし突然に、誰も知らないまったく新設の部隊での職を提示される。「はぐれ者と変わり者の集まり」だったとシューメイカーは言う。これが、超極秘の対テロ部隊、巷にデルタフォースとして知られる第一特殊部隊デルタ作戦分遣隊だった。シューメイカーは二二名の発足メンバーの一人となった。これを皮切りに、シューメイカーはあらゆる特殊任務の指揮官を歴任することになる。デルタフォース、（ネイビーシールズを含む）統合特殊作戦コマンド、陸軍特殊作戦コマンド、そして最初の退役前には全軍の特殊部隊を監督するアメリカ特殊作戦軍を指揮した[22]。

シューメイカーのキャリアに決定的な影響を与えた任務のひとつが、イラン大使館からの人質救出を試みて大惨事に終わった、一九八〇年のイーグルクロー作戦だった。シューメイカーは三つのデルタ部隊のうちのひとつを指揮していた。作戦の失敗以来ずっと、彼はどこに行くにもイランの砂漠で黒焦げになった残骸の写真を額に入れて持ち歩いていた。その写真には、このような警告がついていた。「熱意と能力をはき違えるな」[23]。イーグルクローの教訓は、特殊部隊に確固とした心構えを根付かせることにつながった。その失敗から次のような原則が生まれていた。「敵を学ぶことに終わりはない。考え得るかぎりすべてのシナリオを想定すべし。あらゆることを徹底的に疑え」。シューメイカーは、批判的思考、言語能力、文化的理解を向上させることによって、この心構えを特殊部隊以外の通常軍にもできる限り浸透させ制度化しようと考えた。

レッドチーム大学の設立

二〇〇三年七月、上院の承認を得たシューメイカーは、軍上層部に会うたびにこの戦略的目標を繰り返した。「陸軍をかき回せ」。シューメイカーの指揮のもと、レッドチームの実践は陸軍内でしっかりと確立され、その後他の軍や軍以外の組織にも拡がった。

改革努力を浸透させるためにシューメイカーが行ったことのひとつが、集中課題を設定し専門チームに権限を与えることだった。そのひとつが、インテリジェンス問題を評価し、取り組みに反映させるためのフォーカスエリアⅩⅥで、これを指揮したのは副参謀長のキース・B・アレキサンダー中将である。フォーカスエリアⅩⅥには退役間もないスティーブ・ロトコフ元陸軍大佐も参加した。ロトコフはイラク侵攻の際の陸上作戦を計画した人物だ。作戦計画の過程で、ロトコフとその上官たちは、亡命イラク人や専門家から、サダム・フセインが倒れれば反乱が起きることはほぼ間違いないことを繰り返し警告されていた。

二〇〇二年秋に、アメリカ軍による占領期間をどのくらいに設定すべきかと聞かれたシーア派指導者のサイード・アブドゥル・マジッド・アル・ホエイ師は、ロトコフとジェームズ・〝スパイダー〟・マークス少将とジェームズ・D・サーマン少将を前にこう答えた。「二世代。ドイツ駐留と同じ期間」。司令官や計画立案者は、この頭の痛い予想に耳を貸さなかったとロトコフは言う。「我々はみな、任務遂行のことで頭がいっぱいだった。サダム・フセインと共和国防衛隊を倒すことが務めだった。どれほど警告を受けても、耳を貸さなかった。軍上層部の言うことだけを聞いていた」(24)。もしレッドチームに権限が与えられ、ホエイ師が言ったような警告を分析し提案していたら、作戦計画の過程でそれが考慮されていたかもしれない。

その一年後、予測通りにスンニ派の反乱は激化しており、フォーカスエリアXVIに参加していたロトコフは計画部門の中でオンブズマン的な役職を作ることを提案した。理想的には、その人物は計画スタッフとは切り離された立場で反対意見を出す権限を与えられ、必ず別の角度からの見方が提案され考慮されるようにすることが狙いだった。イラク侵攻の過程では、まさにこのようなレッドチーム的な意思決定支援がところどころで聞かれてはいたが、その声は完全に無視されていた。

アレキサンダー副参謀長はこのコンセプトを支持し、数名の指導者と共にこの提案を受け入れた。シューメイカーも熱心にこれを支持した。陸軍は、少人数のレッドチーム候補生を訓練し、旅団レベルの計画スタッフの中にこれを組み入れるよう、正式な指示を出した。二〇〇四年四月の上院の公聴会で、アレキサンダーはこの努力の一環を語った。「陸軍の教育システムの一部として、レッドチーム大学を設立することが、ここに含まれます」(25)。

この教育プログラムの本拠地となったのが、カンザス州フォート・レブンワースのミズーリ川を見下ろす場所にある、陸軍刑務所を改装したレッドチーム大学（外国軍事文化研究大学、

ＵＦＭＣＳ）だ。二〇〇四年に退役陸軍大佐のグレゴリー・フォンテノが学長に指名された。一九九〇年代の半ばにボスニア－ヘルツェゴビナの旅団戦闘隊を指揮したフォンテノは、部下の兵士たちに戦闘環境への準備がまったくできていないことを痛切に感じていた。彼自身の言葉によると、それは「パウロの回心」のような経験だった。「配置前に教えられるのは、そこに行って悪いやつを撃ちまくれということだけだった」。

フォンテノと少人数のチームは、シューメイカーが作った幅広い戦略的指導をうまく生かすことを目指して、新しい機関を設立することにした。この機関が、その後の陸軍の思考方法を一転させた。レッドチーム大学の当初の戦略的目標は、オンブズマンを設けるというロトコフのアイデアをはるかに超えて、「未来の陸軍リーダーの考え方を永遠に変えること」になったとフォンテノは語っている[26]。だが、レッドチームの技術を教えるには、カリキュラムとシラバスをゼロから作り上げなければならなかった。

生徒は何を学ぶのか？

二〇〇四年と二〇〇五年に開発された指導メソッドはその後年を経て改善され刷新されて、指導教官には最重要分野を強調する裁量が与えられるようになったが、レッドチームの教授法の核は変わっていない。講座は六週、九週、または一八週間にわたって開かれるが、二週間の短期集中講座もある。生い立ち、教育、軍歴にかかわらず、すべての生徒に共通する基本前提は、「どう考えたらいいかをわかっていない」という一点だ。

最初の数日は、ダニエル・カーネマンやエイモス・トベルスキといった行動心理学者の著作を通して、生徒に自分自身の思考プロセスを認識し理解させる。次に、生徒たちは文化的共感と記号論（文字や記号の哲学的研究）の基礎を教わる。この訓練がなければ、対象組織に属する人々の価値観や興味を発見し理解することができない。カンザスシティのネルソンアトキンス美術館への訪問も、この訓練の一環だ。士官たちは「一五分観察」の演習を通して、近現代の芸術作品を観察し、記録し、その印象を表現しなければならない。中にはこの演習がどうしようもなく苦手な生徒もいる。

指導の核となるもうひとつの要素は、集団思考からの脱却だ。ほとんどの生徒はその後なんらかのピラミッド型指揮命令系統組織へと帰ることになるため、これが必要になる。生徒たちは集団のなれ合いに特有の症状や、集団圧力を強めるような「心の壁」や「遮断物」を発見する方法を教わり、それを克服する技を学んでいく。

生徒たちは他人の意見を聞く前に自分の考えを書いてそれを弁護したり、匿名のアイデアやフィードバックを活用したり、「全員が一度は発言するまで、二度目の発言は許されない」というルールを守ったりする。最後に、日常業務に戻ったあとも独立した批判的分析ができるよう、演習と交渉術を通して、レッドチーマーとしての筋力と柔軟性を植え付けていく。

「オープンフレームワーク」を教えることもその一部だ。「オープンフレームワーク」とは、革新的なアイデアを生み出し、昔ながらの思考プロセスを打破するための、ゆるやかな構造を持つブレインストーミング技術である。二〇一五年時点で、レッドチーム大学はさまざまな専門分野における五三種類のメソッドやツールを蓄積している。[27] カリキュラムの四本柱になるのは、批判的思考、集団思考の軽減、文化への共感、そして自己認識だ。

二〇〇三年以来、陸軍がレッドチームに求めるものは大きく変化してきた。今は旅団レベルの計画スタッフの中に独立したオンブズマンを設けることは目指していない。長い目で見るとコストがかかりすぎるからだ。今では常設のレッドチームを作るのではなく、正式にレッドチームの手法とテクニックの訓練を受けた者を付加技術特定者（ＡＳＩ）として認定している。そして司令官や参謀長が独立した視点を必要とするときに、ＡＳＩの認定者からメンバーを選び専門のレッドチームを招集する。

このやり方なら、階級制度が有利に働く。陸軍上層部がレッドチームのＡＳＩを軍歴にプラスになるものとみなし、この認証が中級や下級の士官にも拡がり、レッドチームのテクニックが広く知られ、その経験がより報われるようになるからだ。

レッドチーム大学の目標もまた変わってきた。新しい目標は必ずしも陸軍改革ではなく、むしろそれぞれの生徒のニーズに合った指導を行うことだ。フォンテノに代わって二〇一二年に学長となったロトコフはそう語っている。その結果、カリキュラムも部分的に修正され、全軍特殊部隊、サイバー司令部、国防総省国防情報局、税関国境警備局のメンバーに向けた講座が設置された。また、レッドチーム大学は「レッドチームハンドブック」として知られる二四〇ページにわたる批判的思考応用ハンドブックを発行し、現在改定第七版を出版してオンラインでこれを無料公開している。このハンドブックは、本書でインタビューした、軍と企業でレッドチームに関わるほとんどすべての人が頼りにする経典といってもいいほどになっている。[28]

激増している講座参加者

レッドチーム大学の教官とスタッフは、自分たちの努力が成功しているかをどのように測るかについて、また陸軍やより広い軍全体へのインパクトをどう評価するかについて、頭を悩ませた。仕事の性質そのものが、ことをさらに複雑にしていた。レッドチームのメンバーは、自身の仕事を批判的な目で非常に懐疑的に見てしまうからだ。だが、レッドチーム大学が変革を促しているという証拠はある。

まず、参加者の数が劇的に増えていることだ。二〇〇六年一月から六月に開かれた最初のレッドチームの講座参加者は一八名だった。うちふたりは海軍と海兵隊から、それ以外は陸軍から参加し、その中には州兵もいた。二〇〇七年から二〇一三年まで、年間平均三〇〇名の生徒がレッドチーム大学に入学し、二〇一四年にその数は八〇〇名に達している[29]。次に、卒業生はここでの指導を役立つ教育的体験だとアンケートに書いており、八九%が仲間に勧めると答えている[30]（私自身、二週間の短期コースを受講したが、絶対にお勧めする）。さらに、たとえば在韓米軍の元司令官からハワイの第二五歩兵師団の司令官、また陸軍医療軍の司令官まで、ますます多くの陸軍将官が、自分たちの計画やプロセスをレッドチームに検証させることのメリットを直接目にするようになってきた[31]。

しかし、シューメイカーがレッドチーム大学での指導を許可してから丸一〇年が経った今でもまだ、その本当のインパクトを判断することはできない。二〇一四年のはじめに、あるスタッフが陸軍参謀総長のレイモンド・オディエルノ大将に、この大学で行われているレッドチームの指導について知らせたところ、参謀総長はそのことをなにも知らなかった[32]。

しかし、レッドチーム大学のことを知ったオディエルノは、この大学を、未来の陸軍リーダーに戦略的な思考を学ばせる、四つの「視野拡大」組織のひとつとして承認した。そして、度重なる予算と人員の削減にもかかわらずレッドチーム大学が生き延びたということは、陸軍と参加者がその価値を認めている証拠にほかならない。しかも、この大学は、スタッフや士官を送り込む他軍や政府や外国軍から学費を徴収でき、それが毎年利益になるというおまけもある。

二〇一四年十二月、ロトコフは、レッドチームを売り込む必要はもはやなく、むしろ教育のための資金確保の方が必要だと気づいた。軍の教育プログラムは、定期的に提案されてはそのうち廃止される。レッドチーム大学が一〇年にわたって生き延び、大きく拡大し、対象組織の変化するニーズに応えてきたということは、それが有効だということを示している。これから見ていくように、レッドチームが正すべき軍の側面は、いまも明らかに存在するのだ。

組織階層から自由になれる「匿名加重フィードバック」

ここまで議論してきたように、情報の自由な流れを妨げ、開かれた議論を抑圧する二つの要因は組織階層と集団思考だ。これらの要因を緩和するテクニックを教えるにあたって、レッドチーム大学では、ファシリテーターが議論を導き、フィードバックを募りながらアイデアを引き出して、反対意見を後押ししている。しかし、この後の章の事例にもあるとおり、こうしたテクニックが、計画や意思決定の早い段階で使われるとは限らない。

二〇一二年春、統合参謀本部のJ7と呼ばれる統合戦力開発部門が、「統合作戦のためのキャップストーン構想」に関して、議長に近況を報告していた。この文書は、制服組の頂点に立つ議長からのすべてに優先される指令として、軍の訓練や装備、また将来の戦闘のあり方を提示する、重要な役割を果たしている。またこれは、反乱制圧作戦から葬儀の手順まで、アメリカ軍のすべての行動の基本的指針となるあらゆる統合原則文書に影響を与えるものでもある。

キャップストーン構想の草稿の内容を見直し批判するため、Ｊ７は八人から成るレッドチームを作った。うちひとりは少佐、ひとりは中佐、ふたりは大佐（四軍それぞれからひとりずつ参加した）、そして残りの四人は博士号を持つ民間人で、退役空軍中将、国家安全保障の教授、人類学者、そしてサイバー戦争の専門家だった。

Ｊ７のリーダーだったジョージ・フリン中将は、レッドチーム大学からふたりの専門家を招聘して、一日がかりのレッドチーム演習を行った。レッドチーム大学のスティーブ・ロトコフとマーク・モンローは事前に草稿を受け取り、演習を計画した。演習当日、バージニア州アレキサンドリアのオフィスにほとんど面識のないメンバーたちが集まって一連の議論に参加し、ファシリテーターがこれを取り仕切った。レッドチームが部屋の真ん中に座り、Ｊ７の高官とキャップストーン構想の草稿スタッフ二七人がそれを見守った。ロトコフとモンローがまず事前分析として、一連の仮想敵や現実の敵に対してキャップストーン構想が失敗するようなシナリオをすべて考え始めた。次にレッドチーム大学のファシリテーターの指導のもとでレッドチームが前提分析を行い、この文書に明示された前提の中でまだ証明されていないものや、明示すべき暗黙の前提を特定した。最後に行われたのは、「四方向からの視点」と呼ばれる演習で、レッドチームのメンバーは、議会、同盟国、仮想敵、その他の人々の視点でこの文書を評価した。

その一日を通して、キャップストーン構想の草稿へのさまざまな修正点が浮かび上がり、そうした指摘がホワイトボードやイーゼルに書き連ねられた。すべてのアイデアを選別し評価するためにロトコフとモンローが使ったテクニックは、「匿名加重フィードバック」と呼ばれる手法だ。八人のメンバーそれぞれに五×八インチのカードを三枚渡し、次の草稿に取り入れるべき、最も重要で実行可能なアイデアを書いてもらう。全員が匿名で一番いいと思うアイデアを三つ書き出す。そのカードを集め、かき混ぜ、またレッドチームのメンバーに戻して、一番いいアイデアに五点、ダメなアイデアに一点をつけ、五段階で評価してもらう。全員がすべてのカードを評価すると、最低八点から最高四〇点までの二四のアイデアが出そろうことになる。

ロトコフとモンローが三二点以上のアイデアだけを選び出し、さらに七つに絞った。それを会議室の一番前に置かれたホワイトボードに書き出した。この七つの指摘がなぜ重要か、それがキャップストーン構想の草稿にどう役立つかを議論したあとに、そのアイデアを出した人に名乗り出てもらった。三つ星退役中将を含む博士号保持者はいなかった。ホワイトボードに書かれた指摘の中には、チームの中でもっとも階級の低い空軍少佐が出した三つのアイデアすべてが含まれていた。階級、教育、経験の点でもっとも優れた人々のアイデアは、レッドチーム全体の中で最悪のアイデアに分類されていた。もしレッドチームがアイデアを収集せず、J7がその分野の専門家を八人選んでキャップストーン構想を評価していたら、このような結果にはならなかっただろう[33]。よくあることだが、レッドチームがなければ、そこでもっとも地位の高いリーダーのアイデア、つまり最悪のアイデアが通っていたはずだ。

レッドチームは初期段階で投入しなければ意味がない

残念ながら、この単発のレッドチーム演習は、これほど重要な文書にほとんど影響を与えなかった。レッドチーム大学が演習を依頼されたのが草稿のかなり遅い段階になってのことで、その時点ですでにキャップストーン構想のあるべき形がほとんど決まっていたからだ。ロトコフとモンローがレッドチームを率いて評価を行う前の六か月間に、執筆作業はかなり進んでいたとJ7の執筆メンバー数名は語っている。各軍の上層部とさまざまな外部評価者からのありとあらゆるアイデアや助言がキャップストーン構想の中にすでに盛り込まれていた。

草稿執筆に関わったある民間の高官によると、すでに最終稿はほぼ出来上がっていて、「よほど予想外の『しまった、考えてなかった』という発見がなければ、その時点で内容が変わることはなかったはずだ」という。[34] それでも、この民間の高官は、レッドチームが多少は役に立ったと考えていた。執筆者が、この文書を完成するまでの過程に満足できたからだ。一方で、一部の執筆者がこの一日がかりの演習に参加した理由は、レッドチーム大学で行われているレッドチームの手法を見るためだった。大部分はその結果に満足し、レッドチームの潜在価値についてより理解を深めることになった。

また、J7からレッドチームに参加したメンバーのひとりで、以前にもスタッフレベルのレッドチームに参加したことのあるメンバーは、この演習が「お決まりのものとして」行われ、「あまりにも形式ばっていて実践的な価値はあまりなかった」と感じていた。[35] ロトコフとモンローにとっての悩みは、キャップストーン構想の核となる前提に疑いを投げるような過激なアイデアを引き出そうと努力しても、そうしたアイデアが草稿に取り入れられる可能性はほとんどなかったということだ。文書の執筆を完了させることに膨大な時間とリソースが割かれ、高官や外部者からの指導も多すぎた。

J7による演習から得られた教訓は、レッドチームが結果に影響を与えるためには、プロセスの早い段階で関わる必要があるということだった。ロトコフはよく、これを軍事基地境界の防衛にたとえてこう語っている。「敵が陣地に入ったあとで塀を固めても意味がない」。[36]

海兵隊でも制度化される

二〇一〇年一〇月、第三五代海兵隊総司令官となったジェームズ・エイモス大将は、海兵隊内でレッドチームを制度化しようと考えていた。海兵隊に所属する文官と武官全員に向けて発した最初の計画指導書の中で、エイモス大将はレッドチームを優先事項のひとつに置き、その価値を組織内に知らしめようとした。指導書は、「各海兵遠征軍および海兵遠征旅団におけるレッドセルの制度化に向けた計画の推進を優先事項とする。その目的は、目の前の前提を疑い、現在の戦術やテクニックや手続きを徹底的に検証し、集団思考に対抗することである」と述べていた[37]。

エイモス大将は海兵隊の主流に位置する二つの統合武力タスクフォースの中にレッドチームを作ることを命じ、さらに五名の海兵隊員から成る司令官直属のレッドチームを編成した。この五名は、二〇〇六年から二〇一〇年まで陸軍参謀室直属のレッドチームとして存在した陸軍司令研究部門に、過去二年間在籍していた。司令官によるこの構想は、海兵隊内の官僚制度と階層思考に反するものだったが、それ自体、海兵隊がレッドチームを必要としていることを表していた。

エイモスは自身の経験から、レッドチームがいかに役立つかを知っていた。二〇〇二年八月から二〇〇四年五月にかけて第三海兵航空団を指揮していたとき、その価値を直接見ていたからだ。第三海兵航空団はイラクの陸上侵攻部隊を対空支援し、サダム・フセイン政権転覆後のアンバール県でスンニ派の反乱を制圧する役目を負っていた。エイモス率いるレッドチームは

「第三海兵航空団融合セル」と呼ばれ、経歴も専門分野も異なる一五名の佐官の寄せ集めだった。彼らは「司令官に仕えるナポレオン軍」になるよう命じられた。自分たちの戦略を絶えず評価し続け、もし理に適っていないと思えばそう報告し、司令官に代替策を提案するよう求められたのだ(38)。

「融合セル」は必要な報告書と情報へのアクセス権を与えられ、ほぼ毎日直接エイモスに報告していた(39)。エイモスは「型にはまった考え方を疑うような、率直な評価と開かれた議論」を求めていた(40)。第三海兵航空団融合セルによるもっとも重要な貢献は、反乱の動機、戦術、アメリカの反乱制圧攻撃に対して予期される反応を分析したことだ。

中でも、第三海兵航空団のヘリコプター六機が追撃されたあとに、地上部隊への対空支援に使用されていた攻撃ヘリコプターのコブラに替わる支援法を考え、戦術の代替分析を行ったことは特筆に値する(41)。彼らは、イラク軍に戦闘パターンを見破られないように、一機が攻撃している間にもう一機が見張りにつくことや、バグダッド上空では固定翼航空機を主に使用すべきことを助言した。融合セルの助言のおかげで、致命的な反乱軍の攻撃や、ヘリコプターの撃墜が大幅に減少した。

海兵隊員は司令部にレッドチームが必要であること、特に戦時にはその必要があることはわかっていた。イラク戦争前に第一海兵遠征軍の作戦計画スタッフとして働いたある退役海兵隊大佐は、軍事計画への批判的な評価を妨げる最大の要因は「時間の奴隷」になってしまうことだと語っていた。その大佐は、作戦計画スタッフとして、二〇〇二年から二〇〇三年の頭まで次のような毎日を送っていた。「普通の勤務時間は朝五時半から夜一〇時まで。昼間できなかった雑務や個人的なことは一〇時以降に片付ける。それが普通で、週七日休みなく一三か月間その毎日が続く。一歩下がって物事を俯瞰する時間はない。計画を評価するというより、自分自身が計画になる」。

この大佐はいま、レッドチームのメンバーに選ばれた下級士官の相談役となっている。このレッドチームは、戦略や計画が承認され実行される前にそれを検証する責任を負っている。「問題が起きたあとで、『あれもこれも考えておくべきだった』と振り返るのは簡単ですが、実際に計画スタッフとして勤務しているときはそういきません」と、この下級士官は語っていた。[42]

レッドチームに対する強い抵抗

こうした惰性に対抗するのが、新しいレッドチームだ。エイモスが海兵遠征軍と海兵遠征旅団にレッドチームを組み入れるよう命令し、その必要は誰の目にも明らかだったが、最初の数年間はこの構想への賛否が大きく分かれていた。一部の司令官やその側近の中には、エイモス大将の構想を、誰も望まない勝手な押し付けだと見なし、徐々に「なし崩し」にしようと考える人もいた。エイモス大将のレッドチームを最初の三年間率いたブレンダン・マルバニー中佐は、海兵遠征軍にレッドチームの構想を説明したところ、人事、諜報活動、作戦といった特定課題を担当するスタッフ部門のリーダーレベルの大佐たちから抵抗にあったと言っていた。「彼らはみな自他ともに認めるエリートだ。これほど努力してここまできたんだから、今さらレッドチームに教わることなんてない、という態度だった」。[43]

海兵隊はもともと独立した批判的思考のできる組織であって、これ以上独立した批判的思考は必要ないばかりか、レッドチームが部隊の統一性や作戦の効果をかえって損なう恐れがあると言う司令官や上層部のスタッフもいた。彼らはとりわけ、計画や政策の自己評価はすでに効果的に行われていて、海兵隊そのものがレッドチームであるという、よくある間違った自負を持っていた。

レッドチームが役立つだろうことは認めても、実際にはメンバーの態度が偉そうだと感じる将官もいた。アフガニスタンで第二海兵遠征軍を指揮したティモシー・マンディ大佐は、人選が間違えばこの構想は失敗しかねない、と警告していた。「自分たちは批判的かつ独立的な思考ができる本当に頭のいい集団で、あとの奴らはバカぞろいだ」という態度では受け入れられない[44]。その上、自分たちの発見をきちんと伝える能力のある人材がレッドチームには欠かせない。

レッドチームのために設置されたおよそ五〇名のポジションは、海兵隊の戦力組成見直しグループによる評価の過程で、二度にわたって削減されそうになった。エイモスはそのたびに個人的に命令を出してそのポジションを守らなければならなかった。その次の年、エイモス自身のレッドチームがエイモスに対して、海兵隊の上層部に、この構想が価値ある優先課題であり、多くの人がそれに賛同していることをはっきりと伝えるように要請した。エイモスは海兵隊将官シンポジウムで将官たちを前にこれを二度も繰り返さなければならなかった。その場にいたジョン・トーラン中将は、その様子をこう語っていた。「総司令官はとても怒っていて、その怒りの矛先は私にも向かっていた。レッドチームとはなにかについて、私を含めた上層部に理解させるのに、かなりの時間がかかっていた[45]」。また、エイモスのレッドチームは海兵遠征軍と海兵遠征旅団におけるレッドチームの役割と使命を明確にするような白書を準備していた。

さまざまな部隊から挙げられた懸念を考慮に入れ、二年をかけて何度も書きなおされたこの白書は、結局発行されなかった。

個人の自主性や決断力を重要視するような、伝統的な組織が、レッドチームの有効性を疑うのは無理もない。国防予算が頭打ちになり兵力が減っている時代には、なおさらそうだ。とはいえ、文官武官を問わず、海兵隊の高官が総司令官の要請に表だって反対することは珍しい。高官たちが口を揃えてレッドチームにこれほど強く反対したいちばんの理由は、このプロセスに馴染みがなく、それが必要でないと頭から信じ込んでいたことだ。ある大佐は、この感覚を次のように語っていた。「アンバール(イラク)やヘルマンド(アフガニスタン)で大きな成功を収めた自分たちに、なぜレッドチームが必要なのか?」[46]。

「よそ者をよこして、なにをさせようっていうんだ?」

先行きが不透明な中で、海兵遠征軍と遠征旅団におけるレッドチームのメンバーに指名されたのは、成長中の少数の若手幹部だった。配属された部隊につく前に、メンバーたちはレッドチーム大学または海兵隊大学で六週間の講義を受講し、レッドチームの手法やテクニックについての指導を受けた。メンバーに指名された少佐や中佐らによると、レッドチームの役割を公に受け入れた部隊もあれば、「ありがたいが、君には特別プロジェクトの担当者になってもらう」という部隊もあった。指揮官たちはすでに、部隊の作戦行動を計画し評価する専門の作戦計画チームを持っていた。

海兵隊大学でレッドチームを指導するダニエル・ガイセンホフ中佐は、次のように語っている。「よく聞くのは、『よそ者をよこして、俺の部隊でなにをさせようっていうんだ？』という反応です」[47]。レッドチームを受け入れてもらうには、それが部隊全体の作戦成功に貢献することを証明するしかない、とメンバーたちは初期の段階で気づいた。しかし、難しいのは、部隊にもっとも役立つためには、まったく足跡を残さずに控えめに行動しなければならないということだった。レッドチームの努力に明らかな効果があることを証明しようと頑張ると、その発見を受け入れてもらいにくくなる危険があった。

ある海兵隊のレッドチームが初期に直面した事例はその難しさを物語っている。二〇一一年、アフガニスタン南西部で作戦を展開する第二海兵遠征軍の支援のため、六人組のレッドチームが配置された[48]。このチームは、はなからほとんど相手にされなかった、とメンバーのひとりは語っている。チームメンバーは、自分たちを「大人のかけごとに混じってしまった子供」だと感じるようになっていた。きびしい英国空軍の技術将校がチームの上官となり、チームは計画部（セクション五）の中に置かれた。レッドチームは計画部を指揮していた別のイギリス人上官に報告していたが、この上官はレッドチームの扱いについてはっきりとした指示を受けていなかった。実際、作戦部（セクション三）を指揮する最も影響力のある海兵隊大佐は、独立した分析を提供しようとするレッドチームの努力を無視していた。振り返ると、イギリス人がレッドチームを指揮し、別のイギリス人上官から任務を受け報告していたのはまずかった。そのために、海兵隊員はレッドチームを不必要なよそ者と見るようになっていたのだ。

タリバンの資金源となっていた麻薬の原料であるケシのかわりに、アフガン農民がどんな穀物を栽培すべきかという議論の中にも、こうした力関係が現れた。海兵隊大佐は小麦に固執したが、レッドチームはキヌアが地域の土壌と気候に合っていてより現実的だと反対した。レッドチームがもう一度最後にキヌアを推すと、その大佐はスタッフにこう告げた。「レッドチームがなにを推そうとかまわない。全員一致で小麦に決まっているからな」。すでに大規模な小麦栽培プログラムが計画され、契約が進行中で、いずれにしろ代替案は実行できなかったことを、レッドチームは知らなかった。どちらにしろ、レッドチームの発見を大佐がにべもなく拒否したことは、異なる視点が受け入れられないことを意味していた。これはまさしくレッドチーム的な精神の対極にあるものだった。

このレッドチームは、メンバー構成にも問題があった。上官がイギリス人だったことに加えて、第二海兵遠征軍のレッドチームに指名されたメンバーは、重要な地位に昇進しそうな幹部候補とは見なされていなかった。それが、彼らの意見を聞く必要はないという信号を送ることになってしまっていた。「少なくともはじめのうちは、レッドチームのメンバー自身も実際どう自分たちが役立つかをはっきりとわかっていなかった」と言うメンバーもいる。

上層部にも浸透し、土台が確立される

第二海兵遠征軍の強化評価グループを指揮していたマンディはレッドチームのリーダーとして着任してから、試行錯誤を重ね、独立した代替分析によって価値を提供する方法を見つけ出した（マンディが、一九九一年から九五年まで海兵隊総司令官を務めたカール・マンディ大将の息子だったことも助けになった）。

マンディは、作戦部隊を指揮する海兵隊大佐が文書作成の手助けをなによりも求めていると考え、その対応を優先課題にした。日常業務を見聞きしていると、さまざまなスタッフが、た

いていは夕方以降にこっそりとやってきて、司令官に見せるための文書への助言をレッドチームのメンバーにこっそり訊ねていた（ホセ・アルマザン少佐はこの秘密の貢献を、レッドチームメンバーの「アンチョコ効果」だと語っている）[49]。これはレッドチームがあらかじめ意図したことではなかったが、第二海兵遠征軍が求めていた意外な分析的なニーズに応えられたことで、メンバーはある種の達成感を感じていた。それ以外のところでは、あまり影響力が発揮できず士気も低かった。

このチームの任務は難航していたが、海兵隊の中でレッドチームがすべて否定的に受け止められていたわけではない。事実、その後の海兵隊でのレッドチームの活動ははるかに先行きが明るくなっていた[50]。二〇一四年一月、第一海兵遠征軍はアフガニスタン南西部の指揮を執るために配置された。これがアフガニスタンに配置された最後の大規模な海兵隊部隊になる。

第一海兵遠征軍のレッドチームも「セクション五」と呼ばれる計画部門に属していたが、指揮をとったのは海兵隊中佐だった。しかも、レッドチームのメンバーは第一海兵遠征軍の司令官から任務を与えられ、彼に直接報告していた。この司令官はレッドチームに熱心で、それをはっきりと打ち出していた。このレッドチームは、アフガン国防軍への助言と支援を考え計画部門の前提を検証するよう命じられた。また、部隊の内部プロセスについて、とりわけ安全と保安手続き及び戦闘ストレス管理活動についての代替評価も行った。二〇一四年六月、第一海兵遠征軍のレッドチームに海軍から三名のレッドチーム経験者が加わり、アフガニスタンからの撤退計画についての独立した評価を行うことになった。

今後の海兵隊レッドチームが、先ほど紹介した二〇一一年の第二海兵遠征軍のようになるか、二〇一四年の第一海兵遠征軍のようになるか、それともまったく消えてしまうかは、まだわからない。議会承認によって、現役海兵隊員の数が二〇一〇年から二〇一五年の間に二〇万二〇〇〇人から一八万二〇〇〇人に削減されるなか、エイモスのレッドチーム構想は存続できないと見る高官もいる。一般的に、海兵隊では育成に時間のかかる専門職（パイロット、兵站、通信など）は存続が優先され、必要に応じてすぐに招集できる仕事（歩兵）は削減の対象になりやすい。

ジョン・トーラン中将は、レッドチームが海兵隊にとって「きわめて重要」だと考え、優秀なメンバーを育て、その努力と仕事に報いることを優先すべきだと言う(51)。エイモスの後任となったジョセフ・ダンフォード総司令官は、レッドチームの支援と継続のために一貫して闘う姿勢には見えない。実際、二〇一五年一月に出された総司令官の戦略指針では、エイモスが二番目の優先課題にしていたレッドチームについてまったく触れていない。とはいえ、予算の見通しが不透明ななかで、詳細な指針を出すことは現実的ではないため、両者を比べることはできないだろう(52)。

ダンフォードは二〇一五年一〇月に統合参謀本部議長に任命された。次に海兵隊総司令官となったロバート・ネラー大将がレッドチームの人員を維持できるのか、レッドチームによる独自の批判的な視点が失われてしまうのかはまだわからない。マルバニーに替わって総司令官のレッドチームを指揮するブライアン・エリス中佐は、レッドチームの土台はかなり確立され、上層部や中間管理層にも広く受け入れられてきたと感じている。既存のレッドチームの活動と人員が守られれば、「誰かが止めろというまで、我々はこのまま走り続け、さらなる定着をはかるだろう」とエリス中佐は語っている(53)。

頭の中の「盲点」を克服する練習

官僚制度の制約はあっても、海兵隊幹部はレッドチームのテクニックと認知度の拡大に貢献してきた。二〇一三年、「ラズ」の愛称で知られるウィリアム・ラスゴーシェック中佐はレッドチーム大学で教鞭を執ることになり、フォート・レブンワース初の海兵隊出身教官となった。実際のところ、海兵隊の中でもレッドチームに抵抗があったように、ラスゴーシェックが陸軍ポストに移ることをレブンワースに属する他の海兵隊員が知ると、彼らはラスゴーシェックをレッドチーム大学ではなく自分たちのもとで働かせようとした。しかし、それはエイモス率いる海兵隊本部の上層部によって却下された。二五年間現役パイロットとして数々の戦闘に参加してきたラスゴーシェックもまた、自分を批判的な思考の持ち主だと信じて疑わなかった。だが、六週間のレッドチーム講習を二度受講したあと、「頭の中がすっかり入れ替わって、この二七年間いったい何をやっていたんだろうと思うようになった」と言う。

何期かの海兵隊員が自分の講習を修了していくにつれ、ラスゴーシェックはここで教えるレッドチームの視点が大いに必要とされていることを自覚するようになったが、一方でその士官たちがさまざまな部隊にいったん配属されると、レッドチームに注意を引くのは難しく、部隊のスタッフも彼らを通常の活動に溶け込ませるのが難しいと気がついた。レッドチームは海兵隊内で、指揮官による指令という形で上官には認められていたが、部隊スタッフの中でのプロセスはきちんと確立されておらず、一貫性もなかった[54]。

レッドチームが果たす役割をわかりやすく説明するのに、ラスゴーシェックは、戦闘パイロットとしての経験を例に出す。戦闘飛行の多くは夜間に行われるため、暗視ゴーグルが必要になる。人間の目には右左どちらにも盲点がある。錐体細胞と桿体細胞（それぞれ異なる種類の光受容細胞）の存在しない、視神経近くの分野がその盲点にあたる。両眼合わせた人間の視野は左右が一二〇度、上下が二〇〇度と言われ、両目で同時に見ることで盲点は避けられる[55]。しかし、暗視ゴーグルをかけると視野が四〇度に狭まり、環境光のあまりあたらないところでは「夜間の盲点」が生まれる。焦点の中心から五度から一〇度以内にある物体を見失ってしまう場合があるのだ。

目が疲れると焦点がぼやけ、突然に盲点が現れる。だからこそ、パイロット訓練と安全確認講習では、両サイドを一八〇度走査して目視が本当に正しいのかを確かめ、この問題に対処するよう教えている。「それと同じで、頭の中にも必ず盲点がある。盲点がどのように生まれるのかを教え、それが存在することを示し、練習によって盲点を克服できると指導することが大切だ。レッドチームにできるのは、まさにそれなんだ[56]」。

二億五〇〇〇万ドルをかけた軍事演習

ミレニアム・チャレンジ二〇〇二（MC02）は、アメリカ軍始まって以来最大規模の、莫大な費用をかけ、もっとも入念に準備された戦略開発演習だとされていた。この演習は、「二〇一〇年以降に軍が直面する重要な実戦レベルの戦闘課題を探る」ために議会が要請したものだった[57]。二億五〇〇〇万ドルの予算と、二年の準備期間をかけたこの演習には、一七の仮想基地と九つの実在の基地から一万三五〇〇名の兵士とスタッフが参加した。この演習では、実戦と仮想を融合させ、演習の八割には四〇もの先端コンピュータモデルを使い、残りの二割には実際の兵士と現場の装備が投入されることになった。

ＭＣ02の準備は、バージニア州ノーフォークの統合戦力軍が指揮を執っていた。当時の統合戦力軍は、ラムズフェルドが最優先の課題にした「軍改革」を推進するための国防総省の主要機関だった。「軍改革」の特徴として国防総省が掲げたのが、「破壊的なイノベーション」と「最先端のテクノロジー」だ。それらが、司令官に「圧倒的な戦闘情報」を提供し、未来の敵に対して迅速かつ決断力のある作戦を可能にするとされていた。[58]

しかし、この戦争理論はまだ絵に描いた餅で、防衛専門家や国防総省高官の頭の中にだけ存在するものだった。二〇〇二年の夏に三週間を費やして行われたＭＣ02は、それを検証し、「軍改革のさまざまな側面」を実験するものになるはずだった。ラムズフェルド自身が統合戦力軍を訪れて熱心に支援するほど、この演習は重要なものと考えられていた。「この演習は、我が軍の相互運用能力や即応力、また敏捷さや殺傷能力を上げるだけでなく、今日の情報革命や先端技術の活用を可能にするものだ」とラムズフェルドは語っていた。[59] 統合戦力軍のウィリアム・カーナン司令官は、「ＭＣ02は軍改革の鍵になる」と期待を語っていた。[60]

レッドチームによる軍事演習が、ＭＣ02の目玉行事になるはずだった。この統合軍事演習は、二〇〇七年の世界における仮想の地域を想定して行われた。陸軍中将のＢ・Ｂ・ベルが三五〇名からなる仮想アメリカ軍、つまりブルーチームを指揮した。ブルーチームと戦う九〇名の仮想敵部隊、つまりレッドチームをはじめに指揮したのは、退役海兵隊中将のポール・ヴァン・ライパーだった。ヴァン・ライパーを「痛いところを突いてくる人物」で「合理的でぶれのない職業戦闘員」だと見ていたキーナンが、ヴァン・ライパーを仮想敵将として最高の候補者だと考え、じきじきに指名したのだった。[61]

仮想敵はイラクあるいはイラン軍を想定していると考えられ、レッドチームは支配体制の維持と地域におけるブルーチームの弱体化を最終的な目標として、注意深く作戦を準備した。ブルーチームもまた、シッピングレーンを保護し、仮想敵の大量破壊兵器施設を無力化し、独裁的な統治をやめさせることを目標に作戦を立てていた。ほとんどの参加者にとって、MC02の演習は、アメリカ中央軍が二〇〇二年夏に計画し見直していた「ランニング・スタート」と呼ばれる作戦計画に近いものだと考えられていた。アメリカ中央軍の作戦は、イラクが保有するとされる大量破壊兵器を廃棄し、フセインを権力の座から降ろすことを目的としたものだった。[62]

現実とはかけ離れた圧倒的な戦力差

ヴァン・ライパーはそれまでも統合戦力軍のさまざまなウォーゲームに参加していた。前年に行われた「ユニファイド・ビジョン二〇〇一」の演習では、陸封された地域における支配者の役割を演じた。この演習は、「効果を重視した軍事作戦」を評価するためのもので、短期的な軍事目標でなく、幅広い能力の活用によって戦略目標を実現することを目的としたものだった。こうした演習が、「武力や戦闘や軍備だけでなく、国が持つ力をどのように最適活用するかを、違った視点で考えさせてくれる」と言う賛同者もいる。[63] しかし、ヴァン・ライパーは自身の経験から、こうした大々的なウォーゲームが現実と乖離することは避けられないと感じていた。「ユニファイド・ビジョン二〇〇一」の中のある重要な演習で、ヴァン・ライパーは、絶対に発見されないようにレッドチームが隠しておいた二一個の弾道ミサイルのすべてをアメリカ軍が破壊した、と管理者から知らされた。しかし、実際にはアメリカ軍の司令官はその隠し場所を知らなかった。この演習では、将来アメリカ軍が、そうした場所を発見できるようなリアルタイムのレーダーとセンサー技術を持つことを想定していたというのだ。

「ユニファイド・ビジョン二〇〇一」のあと、統合戦力軍は、この演習が「効果を重視する作戦」の有効性を裏付けたとする報告書を議会に提出した。ヴァン・ライパーが統合戦力軍の関係者に報告書は間違いだと指摘すると、「来年のＭＣ02は、自由な戦い《フリープレー》が担保され、公正な演習になる」と約束された[64]。ＭＣ02の開始前夜、カーナン司令官はこうも宣言していた。「我々には、実戦でもシミュレーションでも、非常に抜け目のない仮想敵がいる。これはフリープレーだ。仮想敵が勝ってもおかしくない[65]」。

フリープレーとは言っても、ＭＣ02に制約がなかったわけではない。実際、軍事演習では、将来の人員配置や訓練や物資調達に役立つような戦略を検証することは珍しくない。たとえば、この中で武力を使った実戦演習は三六時間以内と決められていた。第八二空挺師団と第一海軍連隊を含む参加部隊は、通常訓練を中止して、この時間内にコンピュータシミュレーションによる作戦に限って使われることになっていた。両軍ともに、夜間に配置を変えることが許され、その間は攻撃できないとされていた。

しかし、ここで強調しておきたいのは、仮想敵軍は現時点の装備しか使えなかったのに対して、アメリカ軍はそれよりもはるかに遠い未来に装備が予想される指令制御装置やコミュニケーション網や軍事能力を持つことが許されていたということだ。その中には、いまだに装備されていないエアボーンレーザーや、二〇一四年になって初めて配備されたブロックＩＢと呼ばれるスタンダードミサイルも含まれていた。「コントロール」と呼ばれるこの演習の設計者兼管理者が出来事を監視し、さまざまな行動のインパクトを評価し、両軍にフィードバックを与えていた。「コントロール」役になったのは、退役陸軍大将のゲイリー・ラックで、フェアプレーを徹底するために介入したり、決められたリソースと時間内ですべての戦略を検証する役目を負っていた。

レッドチームが海軍を壊滅させる

ＭＣ02の開始時に、武力行使の要件を満たすため、ブルーチームはレッドチームに降伏を最終条件とする八か条の最後通牒を突きつけた。レッドチームを率いるヴァン・ライパーは、仮想敵国のリーダーがこれを受け入れないことを想定し、ブルーチームがすぐに武力行使に出るような状況を作った。

ＭＣ02の開始は、ジョージ・Ｗ・ブッシュ大統領が「国家安全保障戦略」の中で「先制攻撃原則」を発表した一か月後だった。そこで、海軍の空母戦闘軍がペルシャ湾に入ったとたん、レッドチームは「先制攻撃を先制」するため、ただちに攻撃をしかけた。アメリカ軍が射程圏内に入るとすぐさま、ヴァン・ライパー率いる仮想敵軍は陸上と一般貨物船から次々とミサイルを発射し、相手のレーダーに捕捉されないよう、無線通信を切って低空飛行を続けた。同時に、爆弾を搭載した小型船の一団がアメリカ軍の艦隊に自爆攻撃を仕掛けた。空母に向かってくるミサイルを捕捉して撃ち落とすはずのイージス・レーダーシステムは、すぐにお手上げ状態になり、空母、巡洋艦数隻、水陸両用船五隻を含む一九隻のアメリカ船が沈められた。「五分か、おそらく一〇分ほどですべて片がついた」とヴァン・ライパーは語っている。[66]

レッドチームはブルーチームに壊滅的な打撃を与えた。アメリカ海軍の艦隊を無力化させた仮想敵の力に、MC02参加者のほとんどは言葉を失っていた。ヴァン・ライパーは、その雰囲気をこう語っている。「不気味な静けさだった。みんなどうしていいかわからないといった感じだった[67]」。ブルーチームの指揮官を務めたベルは、仮想敵が「アメリカ海軍を壊滅させ、極めて多くの死傷者とダメージを与えた。ここから学んだことは大きい」と認めた[68]。その間、カーナンはラックから警告の緊急電話を受け取っていた。「司令官、ヴァン・ライパーが先ほど我々の船を全部沈めました[69]」。

カーナンは即座に、これがMC02にとって悪い知らせだと悟った。というのも、これでは残りの実戦演習が行えなくなるからだ。ノースカロライナ州のフォート・ブラッグ、サンディエゴ沖、フォート・アーウィン国立訓練センターでは、現実の部隊が作戦実行の命令を待っていた。しかも、実戦が行えるのは三六時間以内に限られている。カーナンはこう語っている。「選択の余地はほとんどなかった。実戦演習に移るしかなかった[70]」。MC02を続けるために、カーナンは管理者に命じて、仮想演習で沈んだはずの船をもう一度浮上させた。ここで実戦部隊を率いるベルとブルーチームは、最初の攻撃から教訓を学び、その後のレッドチームからの攻撃をかわすことができた。

「敵は君がしたような行動には絶対でない」

四日目にヴァン・ライパー率いるレッドチームは海兵隊からの水陸両方からの攻撃に備えていた。ヴァン・ライパーは一般に公開されたアメリカ軍の防衛計画文書から、最初の攻撃にV

22オスプレイが使われるだろうと予想していた。オスプレイは海兵隊が開発中のティルトローター式の多目的航空機で、実際には当時はまだ配備されていなかった。一一・六メートルのプロペラが左右に搭載されたV22は、原始的なレーダーでも簡単に捕捉でき、地対空ミサイルで追撃しやすかった。

レッドチームがオスプレイを撃ち落とそうとしたそのとき、ヴァン・ライパーの補佐官が管理者から伝言を受け取った。オスプレイとC130輸送機への敵対的攻撃を禁じるというのだ。また、仮想敵軍は対空防衛の装備を隠さず外に晒して、ブルーチームが破壊しやすいようにしなければならなくなった。一部の装備が破壊を免れたあとでも、レッドチームは空挺部隊への攻撃を禁じられた。少なくとも化学兵器を使用させてほしいと管理者に要請したが、それも断られた。

ヴァン・ライパーは頭にきていた。管理者の指示がこの演習のすべてを台無しにしたばかりか、自分の補佐官が、仮想敵の配置について管理者から直接命令を受けていたからだ。ヴァン・ライパーがカーナンに不満を訴えると、こう告げられた。「君は役目をわかっていないな。敵は君がしたような行動には絶対に出ない」[71]。

ヴァン・ライパーはレッドチームを招集し、今後は補佐官の命令に従うように告げた。レッドチームに与えられていたはずの自由は奪われた。演習の六日目にヴァン・ライパーは指揮官を辞任し、残りの一七日間は仮想敵側のアドバイザーとなった。その間にブルーチームは仮想敵軍を空と海の両方で壊滅させ、シッピングレーンを防衛し、相手の大量破壊兵器を捕捉するか無力化して、作戦目標のほとんどを達成した。仮想敵軍は部分的に支配体制を維持できたが、その後はるかに弱体化して地域への影響力は弱まった。

「八百長」を告発

ヴァン・ライパーはレッドチームの指揮官を降りてはいたが、この問題を反故《ほご》にするつもりはなかった。この演習の数多くの欠陥を細かく書き出し、演習が意図的に操作されていたことや、そのことで国防総省が未検証の軍事戦略に誤った自信を抱きかねないことを報告書にまとめた。その報告書を六人の統合戦力軍上層部に手渡したが、なんの返信も得られなかった。この報告書はすべて機密文書扱いになった。統合戦力軍の演習を含む多くの同じようなレッドチーム演習に参加していたヴァン・ライパーは、たいていの場合これらの演習を役立つ学習ツールだと考えてきた。しかし、MC02は、これまでの演習にないほど作為的に台本が決まっていて、実行に不正があったとヴァン・ライパーは信じていた。「通常のウォーゲームは腐敗していないが、今回はすべてが茶番だった。証明したいことを証明するための見世物だった」とヴァン・ライパーは語っていた[72]。

MC02の終了前に、ヴァン・ライパーはこの演習の設計と実行に対する懸念を何人かの軍人仲間に電子メールで書き送った。仮想敵軍側の参加者の多くは怒りを感じていたため、いずれこの結果はメディアに漏れるはずだとヴァン・ライパーは考えていた。前年の「ユニファイド・ビジョン二〇〇一」の後のように、「統合戦力軍がまた私の名前を載せた広報資料を発表するのを見たくなかった[73]」。ヴァン・ライパーが送ったメールは、もちろんすぐに陸軍タイムズ紙に漏れ、陸軍タイムズは「八百長？　ミレニアム・チャレンジ二〇〇二の台本は決まっていたと将官が告白」という見出しを打ち、詳しい記事を掲載した[74]。

漏洩《ろうえい》記事への反応は素早かった。統合戦力軍と国防総省上層部は、退役海兵隊中将からの内部告発に激怒していた。会見では、すべての主要戦略（合計で一一）が証明されたことが強調され、仮想敵の戦闘能力は割り引いて伝えられた。ヴァン・ライパーを「抜け目のない男」と呼んだカーナンは、数週間前の言葉を翻し、演習の勝ち負けは重要ではないと主張した。また、「フリープレーという言葉も誤解を招くものだった。口に出したことを悔やんでいる」と語った。(75) カーナンの補佐官だったマーティン・メイヤー中将もまた、こう語っていた。「八百長などというのは、まったくの誤解だ」(76)。ＭＣ02が不正に操作されていたと思うかと聞かれたラムズフェルドは、この質問を統合参謀本部副議長のピーター・ペイス大将に振り、ペイスは「断じて八百長などなかった」と答えた(77)。

台本でレッドチームの敗北は約束されていた

しかし、その後統合戦力軍自身が反対の結論を出している。統合戦力軍がまとめた七五二ページにわたるＭＣ02の報告書は、およそ一〇年後の情報公開法による要請があるまで、一般公開されなかった(78)。この報告書には、伝統的なアメリカ軍の戦術に忠実に従っていたブルーチームに対して、仮想敵軍がどのように不意打ちを食わせたかが詳細に描かれていた。

しかも、ブルーチームの勝ちが認められたと言っても、それは軍事力が質量ともに勝っていたからだとされていた。一方で、この演習に重大な制約や作為が組み込まれていたことや、初期に交戦ルールが突然変わったことも認めていた。「こうした変更が混乱を招き、ブルーチームの有利に働いたと思われる」。

最後に、報告書は、このようにはっきりと認めている。「演習が進むにつれ、台本通りの最終地点に落ち着くように、仮想敵軍のフリープレーは制限された。この台本ではブルーチームの勝利が約束され、そうなるように演習環境が設定されていた」[79]。要するに、演習の終わりにはブルーチームが勝つことを管理者が決めていたということだった。

ＭＣ02の演習に欠陥があることは、最初から目に見えていた。演習以前に、レッドチーム側もブルーチーム側も共に反対していることがあった。ヴァン・ライパーは、証明されていない戦略や当時存在しないテクノロジーをうかつに信頼することは、軍にとってのリスクをむやみに高める危険なことだと考えていた。その頃進行中だった軍事改革にもかなり懐疑的だったが、それ以上に、そうした未検証の戦略の一部がまもなくイラク侵攻に使われることを、彼は懸念していた。

ヴァン・ライパー率いるレッドチームは相手の出鼻をくじき、こうした戦略の欠陥を証明するつもりだった。また、ヴァン・ライパーは統合戦力軍が約束したフェアプレーの原則が守られるのかどうかも疑っていた。設立から三年しかたたない統合戦力軍はすでに、非現実的で筋書きの決まった戦略開発演習を行うことで知られるようになっていたからだ。

海兵隊大学の設立メンバーでもあるヴァン・ライパーは、この五年間、ここで選択科目としてレッドチームの手法を教えてきた。ヴァン・ライパーは海兵隊の幹部候補生に対して、ＭＣ02から得た重要な教訓を教えている。それは、戦争とはさまざまな出来事が絡まった複雑なものので、複数の行動の方向性が存在するものとして俯瞰的に見るべきだということだ。しかし、統合戦力軍幹部が二〇〇二年に持っていたのは、より単純で機械的な視点だった。

レッドチーム活用の分岐点となる

レッドチームの対象組織、つまり統合戦力軍と、とりわけ国防長官スタッフは、ラムズフェルドたちが固執していた先端技術による軍改革を支えるような原則と戦略を証明することに必死だった。しかし、レッドチームは現実的な敵の作戦を忠実に真似るようにはっきりと命じられてはいなかった。MC02からの発見は、各軍の戦闘準備における協調体制を具体的に変えることにはつながらなかった。たとえば、「統合中継作戦計画及びリハーサルシステム」もそうしたツールのひとつで、これは飛行中のリアルタイム情報を指揮官が受け取り、動画や音声やチャットやファイル共有によってスタッフや他の指揮官たちと協調するための、ウェブベースの通信システムだった[80]。

また、演習中にあまり活用されなかった作戦はもう一度作り直された。特に、指揮官の情報活用の方法について見直しが行われた。MC02の演習では、情報の伝達が遅く、効率も悪かった。明らかにそのことが多くの参加者の足を引っ張っていた。

ブルーチームを率いたベルは、MC02がレッドチーム活用の分岐点になったと語っている。ヴァン・ライパーはまさにやるべきことを行った。型破りな手法でブルーチーム軍を攻撃し、全員がその結果から学んだのだ。MC02後まもなく、ベルは四つ星大将に昇進した。「おそらく、あれだけ尻を叩かれた後で私がなにかを学んだに違いないと上層部が考えてくれたんだろう[81]」とベルは言う。

ベルは誰よりも積極的なレッドチームの支援者となり、ヨーロッパと朝鮮半島で司令官の立場にある間に少なくとも二〇組のレッドチームの組成を命じ、特に敵の動機と行動予測のシミュレーションを多く行ったあと、二〇〇八年八月に引退している。

しかし、MC02後にアフガニスタンやイラクに配置された軍高官や、後方支援を行ってきた士官のレッドチームに対する印象は違っている。当然ながら、概念的な戦略目標が演習で証明されたとしても、戦闘の乱雑な現実の前では意味をなさない。MC02の最中でさえ、参加者の多くは演習よりも実際の戦争への準備の方に気持ちが傾いていて、それもおそらく演習の妨げになっていた。カーナンは次のように語っていた。「後でラムズフェルドに『もしまたやるつもりなら、リソースを正しく投入すべきですし、もし国家の優先課題が変われば、中止する勇気も必要です』と伝えた」[82]。それでも、ラムズフェルドや国防総省の上層部は、ノーフォークからの悪い知らせを受け入れようとはしなかった。

皮肉なことに、ミレニアム・チャレンジ二〇〇二は、ラムズフェルド時代の先端技術を使った非現実的な軍改革への批判を象徴する事例となった。軍を未来的に変身させることを目的とした演習は、結局正反対の印象を残すことになった。二億五〇〇〇万ドルを投じたこの演習で、やる気と正当な怒りを抱いた退役海兵隊中将が現実を明らかにしたという点で、この実験は効果があったとも言える。残念ながら、MC02の場合には、上層部が悪い知らせに耳を貸さず、作戦の枠組みを見直さなかった。軍や民間企業でレッドチームのテクニックを使う人たちは、ここから教訓を学ばなければならない。

イスラエル史上最悪のインテリジェンスの失敗

ここまでは、アメリカ国内の事例に目を向けてきた。近代的なレッドチームの手法やテクニックがアメリカで生まれここから拡散してきたからだ。しかし、レッドチームはアメリカ以外でも利用され組織に取り入れられるようになってきた。特に、各国の軍隊はアメリカの経験から学び、これを見習っている。そうしたレッドチームはすべて軍本部か司令部の中に設置されていて、次の三か国の軍幹部や軍事組織は、レッドチーム大学での指導を受け、その手法を導入してきた。

アメリカでレッドチームをもっとも広範かつ頻繁に利用している組織は軍隊で、それはアメリカ以外でも同じだ。なかでも注目されるのは、イスラエル国防軍で情報の代替分析を行うレッドチーム、イギリス国防省内の開発概念及び教理センターで民間組織と軍事組織のために働くレッドチーム、そしてＮＡＴＯ変革連合軍内で本部と部隊のために批判的思考を促進するチームだ。

一九七三年、第四次中東戦争が勃発する数日前、エジプト軍はスエズ運河沿いにイスラエル軍の一〇〇倍の兵力を置き、シリア軍はゴラン高原に集結していた。しかし、イスラエル軍はこうした兵隊の動きを警戒しなかった。というのも、それが定期的な演習にそっくりだったからだ。当時イスラエル軍の諜報機関のトップだったエリ・ゼイラはのちに、こう言っていた。「一九七三年一〇月に分析官がこの出来事を四度目に見直したが、彼はそれを実践ではなく演習のデータだと思っていた(83)」。ゼイラは一〇月一日に、エジプトの情報源であるアシャラフ・

マーワンからエジプトが戦争を起こしそうだという警告を受けていたが、現実的ではないとして無視していた。

その後、ゼイラは追加の情報分析を命令せず、イスラエルの予備役を動員することもなかった。「ゼイラは国家安全保障の責任者だったが、基本的に誰の意見も聞かなかった」と言うのは、元モサド（イスラエル諜報特務庁）長官のツヴィ・ザミールだ。[84] 国防相のモーシェ・ダヤンは、のちにこう語っている。「軍の諜報トップに盾つくような見通しはまったく耳に入らなかった。彼らの意見は一致していた。戦争はありえない、ということだった[85]」。

一〇月六日の最初の攻撃からたった一〇時間前に、イスラエルは戦争の脅威が迫っていることに気づき、予備役の完全動員を命じたが、すべての配置が終わるには数日間が必要だった。[86] マーワンの警告から五日後、準備の整っていないイスラエル軍はエジプトとシリアからの攻撃に驚いた。第四次中東戦争はこうして始まり、イスラエル軍は二五〇〇名を超える死者を出した。この出来事は、イスラエル史上最大級のインテリジェンスの失敗だった。

「逆は真なり」の手法

七週間後、国防軍の欠陥を調査するため政府が設置したアグラナト委員会は、「状況分析においても国防準備においても、戦争前夜に起きたことの責任は参謀長個人にあると全会一致で結論づけた」。

委員会は、国防軍内の参謀本部諜報局の分析構造が諜報失敗の根本的な要因であり、独立した分析を行わなかった国防軍参謀長に責任があるとして、その退任を求めた。また、今後同じような戦略の失敗を避けるため、新しいメカニズムの実施を推奨した[87]。匿名のイスラエル課報官によると、これが、軍の課報構造の中で独立した評価と批判を行うための課報調査ユニットの発足につながったという[88]。

このインテリジェンスの失敗が、国防軍独自のレッドチームである「マウレケット・バカラ」を設置するきっかけとなった。これはヘブライ語で「監督部」を意味する[89]。アラビア語で「逆は真なり」を表す「イプクハ・ミスタブラ」として非公式に知られるこのユニットは、国防軍調査部のなかで独立した権限を与えられている。「常識に囚われない分析が私たちの役目です」とユニット長は言う[90]。大佐または旅団長が指揮するこのユニットは、二〇年から三〇年の経験を持ち誰からも尊敬される少人数の上級分析官で構成されている。

このユニットでは他の課報組織の報告書の代替分析を行い、ユニット独自の課題や疑問も発信している。また、長官から特定事案の分析を要請されることもある。マウレケット・バカラでは「逆は真なり」の手法を通して、意識的に他の部門と反対の結論を導く。彼らは年間数十件に及ぶ代替分析の報告書を作成し、それらは直接国防軍に報告されるだけでなく、軍の上層部や国防に関連する議会の委員会メンバーにも常に共有されている[91]。この報告は、ある情報源によると「非常に包括的」で、「幹部らはさらに大きな権力を持つ人々との議論を強いられる」という[92]。

ユニットの規模は拡大し、今では調査部門ではなくヘルツル・ハレヴィ課報局長官の直属となった。他の多くのレッドチームと同じように、イスラエル軍と課報局幹部は、マウレケット・バカラの作成する代替分析のインパクトを証明するのは難しいと認めている。しかし、この仕事は軍の課報局員にとって憧れの任務で、その分析は民間企業や軍の幹部から広く賞賛を集めている。

イラク・アフガンの反省からイギリス国防省でも発足

このところイギリスでも、レッドチームの原則が軍の中で認められるようになってきた。アメリカ陸軍や海兵隊のユニットと同じように、イギリスのレッドチームも司令部や本部に組み入れられ、通常の計画作成チームと並行して、組織の外から、スタッフの常識や思い込みに疑問を投げかけ、最終的に計画の質を向上させることを目的にしている[93]。

この新しいユニットは、国防省内のシンクタンクである開発概念及び教理センター（DCDC）に属している。このセンターは、スウィンドンにほど近いシュリベンハムの英国国防学院キャンパス内の小さな建物の中にある。九〇名近いDCDCスタッフの中の開発分析調査チームこそがレッドチームであり、二〇〇九年以来軍事組織やそれ以外の政府組織のために、単発のプロジェクトを行ってきた。

またこのチームはNATOに対しても、戦略開発文書や戦略先見分析フレームワークを提供してきた。アメリカ陸軍同様、イラクとアフガニスタンでの予想外の苦戦と戦闘の複雑さが、イギリス国防省上層部によるレッドチームの発足につながっていた。これまでの軍事戦略や計画開発のプロトコールは不十分で時代遅れだと見なされ、創造的思考を刺激し官僚制度を揺さぶるような新しい手法が必要とされたのだ[94]。

DCDCのレッドチームを率いるのは退役陸軍准将のトム・ロングランドで、チームは一〇名から一二名の軍将校と民間人アナリストで構成されている。民間人アナリストについては、ケースバイケースで外部の専門家を招いている。[95]レッドチームが自分から任務を宣伝することはなく、自分たちが対象組織の文書や政策決定や作戦を向上させられると思われ、かつ時間のある場合にのみ任務を引き受けている。

レッドチームによる改善が可能かどうかの判断は、レッドチームに声をかけた人物との初期の話し合いで決められる。対象組織の担当者がレッドチームに評価してほしいアイデアやプロセスをはっきりと説明できなかったり、最終的な目的がわからない時には、機が熟していないと見なされる。ロングランドはこう語っている。「もしこちらに時間がなかったり、ただ決まった項目をチェックするだけだったり、考えがまだ未熟だったりする場合には、仕事を断ります」。

お互いが合意すると、具体的な課題に対応するレッドチームが編成され、ふたりが一日がかりで働く場合もあれば、最高で二〇名のメンバーが三週間かけて文書や戦略を見直すこともある。レッドチームは必要に応じて一連のテクニックを使う。たとえば情報の質のチェック、文書重点分析、ロジックマッピングなどもその一部だ。

DCDCのレッドチームは次の三つの絶対的な原則に従っている。①レッドチームが報告する相手は、違いを生み出せるような高い地位に立つ人間でなければならない。②最終プロダクトの質がなによりも大切だ。③タイミングが遅いと役に立たない。利用できる期限を過ぎたあとで結果を報告しても、意味がない。[96]

レッドチームに最適な人材とは

アメリカ軍の実践者と同じように、ロングランドも、レッドチーム向きの性格や経歴をもつ人材がいる一方で、「絶対にレッドチームに向かない人もいる」と感じている。軍上層部にとってやっかいなのは、レッドチームメンバーとしては最高の人材が、軍の高官としてはあまり優れていないということだ。特に平時には、「どの軍も安全確実な人材を望むため、そうした人が報われ昇進する」からだ。その上、レッドチームのメンバーとして最も優秀な人材が、誰にも気づかれない場合も多い。というのは、彼らは人と働くのが苦手で、人づきあいの少ない場所に配置されるからだ。「内に閉じこもる傾向のある人がレッドチームに向いている。彼らの発言はロジカルで正しいが、自分が周りから浮いているという自覚がない。どう思われているかがわからないんだ」。

創造性と自由なアイデアの流れを生み出すためにＤＣＤＣのユニットが使うテクニックは、たとえば上下関係の禁止（リーダーの仕事は事務的なことに限られる）、制服の廃止、軍の階級ではなく名前での呼称などで、これは他の優れたレッドチームにも共通する。

ロングランドがこれまでに出会った最高のレッドチームメンバーは、国際関係を勉強中にＤＣＤＣでインターンをしていた二二歳の女性文官だった。彼女には問題を診断する分析能力があり、四〇代男性の軍士官にありがちなこだわりがなく、大胆に意見を口にし、軍上層部に対しても間違いを指摘することを恐れなかった。若い女性だったことも手伝って、彼女のアイデアにだれもが言葉を失い、それを歓迎していた[97]。

他のレッドチームにベストプラクティスを紹介し、一般的な手引きにもなるように、ＤＣＤＣのレッドチームは「レッドチームガイド」を第二版まで出版している。これは、先入観や思い込みによって複雑な問題を単純化しようとする人間の傾向を克服し、「間違った分析や結論につながりがちな力関係を特定する」ための手引き書だ。この手引き書には、効果的なレッドチームの七つの条件が挙げられている。これはレッドチーム大学の「批判的思考応用ハンドブック」を参考にしたものだ。この手引き書には、「はじめからレッドチームを計画すること」「明確な目標を掲げること」「任務に合わせたツールを使うこと」、そして「実行の下手なレッドチームには意味がない。やるなら上手に、適切に行うこと」などの条件が書かれている。[98]

ファシリテーターの役割

最後に、アメリカ以外の軍によるもっと最近のレッドチームの例が、バージニア州ノーフォークのNATO変革連合軍司令部に二〇一二年二月に正式に設置された代替分析ユニット、通称オルトAである。[99]

オルトAのファシリテーターは、司令部での議論の指導者としての訓練を受けている。また部隊の指揮官が意思決定や新しい作戦開発のために、内部にはない批判的思考が必要だと思えば、指揮官の要請によって部隊レベルの議論も行う。変革連合軍のさまざまな部門から一五名から三五名の新しいファシリテーターが選ばれ、六か月に一度、一週間のコースに参加して訓練を受ける。変革連合軍本部で一年間過ごしたオルトAのメンバーは、教育イベントを通して認知度向上の訓練を始め、その後選ばれた人たちが追加の訓練を受けてファシリテーターになる。

変革連合軍の作戦分析部門長でオルトAのリーダーのヨハネス・〝ハン〟・デ・ニスは、ファシリテーターの目標をこう語っている。「『俺たちの方が詳しいぞ』という態度ではだめだ。そこにいるスタッフの専門知識を引き出さないといけない」[100]。このファシリテーションのプロセスと認知度向上の組み合わせによって、オルトAはその目的を組織全体に広める一方で、本部スタッフとの適度な距離を保っている。

ほかのレッドチームの活動でもそうだが、訓練されたファシリテーターはみな、議論を始める前に指揮官がなにを必要としているのかを知り、隠れた問題を発見することがなにより重要だと口を揃える。変革連合軍首席補佐官のフィル・ジョーンズ中将は、初めてオルトAを要請したときのことをこう振り返る。「問題が何なのかを、私はまったくわかっていなかった。問題があることは知っていたし、それをだれかに調べてもらう必要があることもわかっていた。というのも、組織内では欲しい答えが得られなかったからだ」[101]。これはよくあるケースで、ファシリテーターの役割は、「問題の所有者」と関係者の対話を促し、全員からグループとして最良の答えを引き出すことだ。

演習の終わりに毎回、オルトAのファシリテーターは参加者に短いアンケートを渡して書き込んでもらう。評価の対象となる状況をデータベースに落としこみ、オルトAの長期的な効果を測定するためだ。結果に反映されるのは、アンケートに答えた参加者の主観だけだ。しかし、ハン・デ・ニスは、オルトAの活動が具体的な結果につながることを証明できないだろうと認めている。組織の思考傾向と文化の中で批判的思考が当たり前のものとして組み入れられたときに初めて、オルトAは成功したことになる、とジョーンズ中将は言う[102]。

すべてのスタッフを「ミニレッドチーム」に変えるという目標は広く賛同を集めるが、実現は難しい。成功が証明された軍事戦略と戦術は他国の軍に拡がり、取り入れられ、その国に合わせて変わっていく。今後アメリカの外でどれほど速く、深くレッドチームが確立されるかは、アメリカ軍上層部の司令官がレッドチームを支援するかどうか、また各国の軍がレッドチームの前向きなインパクトを認識するかどうかにかかっている。

第2章の結論

イギリス軍にもNATO軍にも言えることだが、アメリカ軍が現在行っているレッドチームの活動は、第二次イラク戦争の指揮官たちが経験した困難を反映したものと言える。二〇〇七年からレッドチーム大学で教鞭を執っている退役陸軍大佐のケビン・ベンソンは、次のように語っている。「レッドチームは意思決定プロセスの中核として、指揮官とスタッフに思いがけない可能性を考えさせる。『もしこうだったら?』と自問させ、前提や事実に疑問を投げかける(103)」。

ベンソンは、二〇〇二年六月から二〇〇三年七月まで、多国籍軍地上部隊司令部の首席計画官を務めた。「多国籍軍地上部隊司令部は、アメリカ軍がバグダッド制圧後ただちにイラク軍を支配下に収めることを当然の事実と考えていた。この『事実』が実現しない場合になにが起きるのかを考えたことはなかった(104)」。

現在の問題は、現役兵力が二〇〇九年から二〇一四年にかけて五%削減され、二〇一七年までにさらに二・五%の削減が計画される中で、レッドチームの予算と人員をどう正当化するかということだ(105)。

しかし、トーランはこう語っている。「もし指揮官がレッドチームを必要とし、これを使いたいと思えば、人の問題には対処できる。もし私がレッドチームを必要とすれば、人材は見つけられる」[106]。アメリカ軍がアフガニスタンから完全撤退した後でも、上層部がこれまでと同じようにレッドチームを支持しリソースを与え続けるかどうかはわからない。レッドチームが「悪魔の代弁者」として司令部の中に正式に組み込まれる可能性もあれば、統合参謀本部議長によるキャップストーン戦略を分析した二〇一二年のレッドチームのように、少数の選ばれた司令官のための「あれば便利な」ツールになる可能性もある。

マルコム・グラッドウェルは『第1感―「最初の2秒」の「なんとなく」が正しい』の中で、ヴァン・ライパーの視点から部分的にMC02を描いている。この本では、海兵隊のレッドチームによる意思決定のスタイルが「すばやい判断」を可能にし、自発性を発揮できる環境を作ったと語られていた[107]。グラッドウェルは、ヴァン・ライパーの「敵の立場で考える」独特な能力をうまく描いている。しかし、グラッドウェルは、議会と国防総省が統合戦力軍に押し付けた構造的な制約や動機については、明かしていない。グラッドウェルの本は、重要な背景説明となる統合戦力軍以前のレッドチーム活動には触れず、政治家や国防総省が押し付けた制約を見逃している。MC02は、二年にわたって政治家と国防総省が慎重に計画した演習を、その規模と時間軸に従って実施したに過ぎなかった。

ミレニアム・チャレンジの閉塞感《へいそくかん》と設計、作為的な実行方法、その報道のあり方のために、レッドチームは本来必要のない打撃を受けることになった。経験豊かな参加者との会話や、二〇一〇年に初めて公開された統合戦力軍の事後報告書から、この戦略開発演習についての正確な描写を読み取ることができる。次章で取り上げるレッドチームとその事例は、軍隊における「悪魔の代弁者」や仮想敵のシミュレーションから視点を移し、代替分析に焦点を当てている。これは、アメリカの諜報コミュニティにありがちな先入観や大組織病を克服するためのものだ。

レッドチームが司令官から支持され、適切に組織され、メンバーが上官や部隊に真実を語る力を与えられた時、それはアメリカ軍に役立ってきた。しかし、レッドチームの継続的な支援や拡大には、軍に根付いた保守主義や階層制度からの抵抗があることは間違いない。

第3章　前提条件を逆転させる

ウィキリークスによって公開された、ＣＩＡのレッドチームによる極秘の報告書のタイトルは、「もし外国人がアメリカを『テロリズムの輸出元』と見ていたら?」だった。このように、これまでとは全く違う角度から現状を捉え直すことで、ＣＩＡは自身のテロ対策に思わぬ穴がないかを、適切に検証できるのだ。

経験豊富なアナリストによる伝統に囚われない大胆な予想を、さまざまな諜報機関の上層部にきちんと伝えられるようなチャネルを確立しなければならない。そして、ほんの数パラグラフに要点を詰め込んで伝えなければならない。そのような見方に慣れることで、上層部はソ連の選択肢をよりよく把握し、ソ連の行動や意図を警戒できるようになる。(1)

――ロバート・ゲイツ、CIAソ連担当分析官、一九七三年

「インテリジェンスという職業の中核は、分析である」

アメリカの諜報コミュニティは、一七の機関から成り、そこではおよそ一〇万人がフルタイムのスタッフとして働いている。国家情報計画によって年間五四〇億ドルが、また軍事情報計画によって年間一八〇億ドルがこれらの機関に投じられている。[2] CIAはその代表格で、最近ではパキスタンとイエメンでの極秘ドローン攻撃が話題になっている。国家安全保障局も一般に知られていて、特に元局員のエドワード・スノーデンが機密文書を暴露したことで有名になった。だが基本的に、これまでアメリカの諜報コミュニティは国外の諜報活動や情報収集よりも、分析を専門にしてきたと言っていい。

「インテリジェンスという職業の中核は、分析である。つまり、手に入る情報をすべて積み上げ、官僚や政治家のためにそれを意味の通るものにすることだ」。元CIA長官のリチャード・ヘルムズはそう語る。[3] CIAの上級アナリストだったポール・ピラーは、こんな風にまとめている。「アナリストの仕事は大型のゴミ箱を漁って、そのゴミの出た建物の内部で何が起きているのかを結論づけることだ。それは必要な仕事で、時にはやりがいもあるが、汚いし時間がかかる」。[4] アナリストの仕事は「分析的な報告」を提出することだ。それが、短いメモのことも、長い論文のことも、議会への報告書のことも、口頭説明のこともある。[5] 情報分析には、数十年にわたるグローバルなトレンドを予測するものもあれば、危機やチャンスを予想したり、突発事項に対応するためのものも、また単に政策立案者からの質問に答えるものもある。

アナリストに共通の悩みは、自分の意見が組織に違いをもたらしているかどうかがわかりづらく、それを証明するのが難しいということだ。組織の主流部門がまとめる通常の伝統的な分析報告には、選挙前の政治的背景を解説するようなものもあれば、特定の出来事が起きる確率を予測するものもある。二〇一四年三月、課報機関がオバマ政権に、ウクライナのクリミア地域へのロシア軍侵攻の可能性を警告した件は、そうした事例のひとつだ。ある課報組織トップによると、さまざまなメモや報告書に、クリミアの親ロシア派ウクライナ人による抗議行動が報告されており、ロシア軍の招集が細かく描かれ、ロシアがクリミアを制圧する可能性やその手段が予測されていた。そうした警告をだれも読まなかったのか、読んだが無視したのか、もっとありがちなのは、読んで深刻に捉えていながらオバマ政権の姿勢が消極的でそれを防ぐための手を打たなかったのかは、わからない。いずれにしろ、そうした情報分析の目的は、上層部にロシアとクリミアでの出来事を細かく正確に伝えることであって、政策の選択肢を提示することではない[6]。

課報組織が毎日のように発信する伝統的な分析報告書のほとんどは、政策立案者に現実世界の出来事や状況を、正確に、明確に、タイムリーに伝えるためにある。その報告書が監視のためであっても、予測や警告のためであっても、その基本的な目的は世界をよりよく理解することだ。専門分野で分かれた各「ライン」は、こうした報告を日常業務にしている。

たとえばCIAには一〇のラインがあり、うち四部門は政治または経済を専門とし、残り六部門はその時に与えられた課題を分析する[7]。CIAだけでなくその他課報機関内のラインは、ロバート・ゲイツが一九七三年に求めていたような「伝統に囚われない大胆な予想」を生み出す徹底的な代替分析を行うことはまずない[8]。だが、逆に本書が注目するのは、この種のレッドチーム分析だ。九・一一同時多発テロ攻撃とイラクでの大量破壊兵器に関するインテリジェンスの失敗に対応して、二〇〇〇年代の半ばからは、アナリスト向けに、枠組みのあるブレインストーミングや、「もし〜だったら」と考えることや、事前の失敗予想といった、代替分析の訓練が行われるようになった。しかし、多くの現役アナリストによると、彼らの通常の分析報告のほとんどは今も「伝統的」で「権威に従ったもの」か、いわゆる「主流」の分析にとどまっている。上司もまたそうした仕事を求め、伝統に反する分析や代替的な予想にかける時間はほとんどない。

結論をひとつにまとめる過程で角は削られる

課報機関と言えば、謎に包まれた憧れの存在にも見られるが、実際には人間が働くただの官僚組織に過ぎない。課報アナリストといえど、組織の成果を妨げる認知バイアスや組織バイアスに囚われる。認知バイアスがアナリストに与える影響については、詳しく記録され、広く知られている。課報機関は、この問題を特定し緩和するための訓練をアナリストに行っているが、それでもバイアスを避けることができないのは明らかだ。もっともよくあるバイアスには、次の三種類がある[9]。

一つ目は、たとえばイランの核兵器開発や実験といった深刻な結果につながる出来事の可能性を過大評価してしまう傾向だ。それが起きた時の悪影響を減らそうとする意図が働くからだ。

二つ目は、日常的な組織の影響によるものだ。アナリストにとって、毎日一緒に仕事をしている仲間と大幅に違う結論を導くことは非常に難しい。三〇年の経験を持つベテラン分析官のアンドリュー・リープマンは、「ＣＩＡにいると、性格も行動も分析も同じようになっていく。一定の考え方が染みついていて、そのメンタリティを受け入れなければ組織に馴染むことができない[10]」。三つ目は、多くの高官やアナリストに共通する、いわゆる「専門バカ」のジレンマだ。アナリストは、専門分野の狭く深い知識に囚われがちだ。ＣＩＡの元諜報研究センター長として三二年の経験を持つカルメン・メディナは、ＣＩＡ全体の教育プログラムを率いた経験から、こう語っている。「ゼネラリストか専門家かどちらかを選べと言われれば、私はゼネラリストを選びますし、レッドチームのメンバーとして優秀なのはゼネラリストだと思います。最も優秀なアナリストはあらゆることに強い好奇心を持っていますし、真に好奇心のある人は一〇年も一五年もかけて狭い分野の専門家になることはないのです[11]」。国家情報会議の議長でインテリジェンス問題の研究者でもあるグレゴリー・トレバートンは、こう語っている。「専門家というものは、人と違う考え方をしたり、特異点を見つけることがもっとも苦手な人種だ[12]」。

組織バイアスには、セグメンテーションが含まれる。本章で紹介するアル・シファ製薬工場の事例は、必要とされる知識のないアナリストが予測を求められた時になにが起きるかを示している。あるいは、作戦の秘匿性のため、政策立案者に提案する前に、外部者によるレッドチームを使うことができない場合もある。

もうひとつの組織バイアスは、組織間の調整に関わるものだ。さまざまな政府機関やアナリスト個人がそれぞれ異なる結論に達しても、諜報コミュニティの外に発信される報告はたいてい組織をまたいで調整され、重要な課題に関して一貫した意見が政策立案者に提出されるよう担保されている。さまざまに異なる結論をひとつの伝統的な分析にまとめる過程で、角の立つ部分は削られ、だれもが賛成できるようなあたりさわりのない言葉が使われるようになる。最終的な分析は前回の報告をアップデートしたものになりがちで、以前に全員が合意した表現がそのまま使われることも多い。

元ＣＩＡ長官のマイケル・ヘイデンはこう語っている。「調整の過程で、角の立つ部分は紙やすりで削られるが、その角の部分に真実がある。この過程で中身が薄くなるのを、これまでに何度も見てきた[13]」。また、国家情報局長室の高官の一人は、「多局間で調整された報告は、非常に退屈で当たり前のことしか書いていないが、それは仕方がないことだ」と言っている[14]。

意外な発見によって「突破口を開く」

多局間で調整された伝統的な分析報告には意外性がなく、政策立案者にとって面白みもない。一九八〇年にＣＩＡに入局したマイケル・モレルは、九・一一の際にジョージ・Ｗ・ブッシュ大統領へのインテリジェンスに関する報告官を務め、二〇一三年にＣＩＡ長官を退いた。モレルはその経験を通して、次のことに気がついた。「政策立案者はみな、伝統的な分析を直観的に理解できる。彼らは情報源を読み、マスコミの報道を読んでいるため、伝統的な分析を読んでもまったく驚かない[15]」。

これは、情報分析官にとっても政策立案者にとっても難しい状況だ。アナリストが政策立案者の注意を引くには、意外な発見によって「突破口を開く」ことが必要になる。二〇一一年のアラブの春の前年、ＣＩＡは四〇〇回も報告書を出し、「この地域で騒乱が起きる可能性を警告していた」と、当時ＣＩＡ長官だったレオン・パネッタは語っている[16]。しかし、アラブの春が起きると、政策立案者は、事前に警告を受けていなかったので、防止策を立てる十分な時間がなかったと不満を漏らしていた。

たいていの場合、政策立案者は事前にインテリジェンス関連の報告を受けていて、今後の予測や結論に対するアナリストの確信度を率直に聞きたがる。だが、諜報コミュニティがさまざまな形式の分析、あるいは予想に対してその正確さや有効性を測れるような厳格なツールやシステマチックな方法はない[17]。

この章では、アメリカの諜報コミュニティにおけるレッドチームの事例や、逆にレッドチームが使われなかった事例について詳しく見ていく。ここでは、通常の伝統的な分析とは人材もプロセスも最終報告もまったく違う、代替分析に注目する。

最初に挙げる事例は、一九七六年にＣＩＡがソ連の戦略的意図と軍事力を評価するために行った、チームＢによる競争分析だ。次の事例は、レッドチームが明らかに必要だったのに、それが用いられなかった例だ。これは、スーダンのハルツームにあるアル・シファ製薬工業を、オサマ・ビン・ラディンとつながって化学兵器製造に関わっているとして爆撃した事件だ。三番目の事例では、既存の枠にはまらない代替分析を目的に、九・一一の二日後に創設されたＣＩＡのレッドセルと、それがどのように現在の形に進化したかを詳しく見ていく。四番目は、二〇一一年にオサマ・ビン・ラディンがパキスタンのアボタバードの施設に住んでいる確率を予想した、三組のレッドチームの事例だ。

諜報コミュニティは、認知バイアスや組織バイアスを減らすためにレッドチームを用いることも多い。というのも、このようなバイアスが分析報告を損ない、政策立案者へのインパクトを弱めるからだ。

「国家情報評価書」を分析する

アメリカ政府内で、インテリジェンス関連の報告書の頂点にあたるのが、国家情報評価書だ。諜報機関による主流の分析報告がこの中に凝縮されている。経験豊富な上級分析官が最新のデータに基づいて国家情報評価書の草稿を書き、すべての諜報機関が数か月かけて連携し、特定国家、地域、課題に関する重要トレンドやその進展を機密文書扱いで政策立案者にむけて発信するのが、この文書だ。この文書は諜報コミュニティの総合的な判断を示すものとされ、その内容は外交政策や軍事目標の設定に大きな影響を与える。

また、国家情報評価書の主要論点が政治家や上級官僚の政策を支えるものでない場合には、上からの大きな批判にさらされることもある。その中身がまったく間違っている場合さえある。有名な事例は、一九四九年八月にソ連が核実験を行った三週間後に発行された二二五号覚書に、「ソ連が原子爆弾開発に成功するのは早くても一九五〇年代半ばと予想され、最も可能性が高いのは一九五三年中頃だと思われる」と記されていた件だ。[18] 冷戦時代を通して、国家情報評価書は政策立案者の中で広く読まれ、外交政策やアメリカの対ソ連軍事政策にもっとも大きな影響を与えていた。一九七〇年代の半ばまで、新しい報告と改訂版を入れて二〇〇本を超える国家情報評価書が発行された。[19]

一九七四年一一月に発行された国家情報評価書は、当時賛否両論あった外交政策に言及し、特に大きな関心を引くことになった。それは、ソ連とのデタント（緊張緩和）をどう進めるかについての議論だった。アメリカとソ連の相対的な軍事力の進展に関しては、政府内外で大きく意見が分かれていた。もしソ連がアメリカや同盟国と肩を並べる程度の戦略的核軍備を目指しているだけならば、二超大国の間で軍拡凍結の合意を進める価値があると思われた。だが、もしソ連が核兵器競争でアメリカを追い抜き、先制攻撃を仕掛けられるような軍事力を築こうとしているならば、デタント政策と軍縮合意はアメリカの相対的地位を弱めることになりそうだった[20]。

一九七四年一一月に発行された国家情報評価書は「大陸間対立に備えた一九八五年までのソ連の軍事力」というタイトルで、「ソ連が軍事力の均衡を受け入れるか、明確な戦略的機会を求めるかは、まだ定かではない」とし、ソ連は戦略的優位性を追求しているが、それはアメリカの反応次第だと結論づけた。陸海空の三軍は反対意見を表明して、デタントは「戦略的均衡の決定的転換」となり、ソ連を優位にするものだと唱えた。つまり、ソ連はデタント政策を利用してアメリカの軍拡を止める一方で、自分たちの軍事力を強化すると予想したのだった[21]。

海外の諜報活動への独立した評価と分析を行うために、アイゼンハワー大統領が設置した大統領対外情報活動諮問会議（ＰＦＩＡＢ）は、とりわけこの国家情報評価書の報告を懸念していた。国家安全保障問題大統領補佐官だったヘンリー・キッシンジャーは、一九七五年八月の会議でフォード大統領に直接その懸念を伝えるようＰＦＩＡＢに要請し、ローレンス放射線研究所の元所長でＰＦＩＡＢ委員でもあったジョン・フォスターはこう勧めた。「二チームがそれぞれ独立した競争分析を行うべきです」。フォスターがフォード大統領に、「諜報コミュニティに、競争分析を行うよう命令して下さい」と言うと、大統領はきっぱりとこう答えた。「君が望むような競争的な判断ができるとは思えないが[22]」。それでも、諜報コミュニティはこのプロジェクトを行うことになったが、この件はレッドチームの構成と過程が政治的に利用されることについて、大きな教訓を残すことになった。

外部者によるチームＢを三組設ける

フォードはキッシンジャーに大統領命令を発令させ、国家情報評価書の過程をレッドチームに検証させた。ＣＩＡ長官だったウィリアム・コルビーは、諜報コミュニティと政府外メンバーから成る独立した分析グループの招集を命じられ、一九七五年一一月の国家情報評価書から独立した、ソ連の戦略的軍事力に関する実験的な推測を行うように命令された[23]。だが、コルビーはそれに従うことを断固として拒否し、「政府内外のアナリストによるその場限りの『独立した』集団が、ソ連の戦略能力に関して諜報コミュニティよりも深く包括的な評価を行えるとは到底思えません」とフォード大統領に告げた[24]。

フォード大統領の要請でコルビーが辞任し、ジョージ・Ｈ・Ｗ・ブッシュが後釜に座るまでの一一か月間、ＰＦＩＡＢのレッドチームは実質上棚上げにされていた[25]。国家安全保障会議とこのコンセプトを見直したブッシュは、コルビーの判断を覆し、「飛行許可を与える。Ｇ・Ｂ」との一言で、この実験を許可した[26]。ＰＦＩＡＢは外部の専門家を雇ってＣＩＡの評価と競合するような代替分析を行い、レッドチームが異なる結論に達するかどうかを見ることにした。そんなわけで、一九七四年一一月には通常のプロセスで「チームＡ」が年次の国家情報評価書を更新することになり、同時に外部者による三組の「チームＢ」が評価と検証を行うことになった。

チームAはすでに国家情報評価書の更新に関わっていた課報機関のアナリストから構成され、チームB（空防パネル、ミサイル確度パネル、戦略目的パネル）のメンバーはブッシュと国家情報評価書評価委員会（会長はモトローラCEOのロバート・ガルビンだった）によって選ばれた。三組のチームBはそれぞれ一〇名の外部者で構成され、メンバーには必要なセキュリティが許可されて、「国家情報評価書のとりまとめに関わる課報局員や組織から独立して働く」ことが命じられた。

彼らにはすべての関係情報へのアクセスが認められ、チームAの報告スケジュールに従うよう指示された[27]。最終的には各チームが発見を報告書にまとめ、それをPFIABが精査して議論し、官僚と軍の上層部の数名がその報告を評価し批判することになった。当時CIAでソ連の分析官を務めていたロバート・ゲイツは、こう感じていた。「これを望んでいたPFIABのメンバーは、チームAにほとんど関心はなかった。自分の世界観をチームBの答えに反映させたがっていた[28]」。チームAは前回の国家情報評価書を更新するよう具体的に指示されていたが、チームBにははっきりとした任務範囲も目的も与えられていなかった。

結論ありきの最終報告

のちにチームBとして知られるようになったのは戦略目的パネルチームで、ハーバード大学で歴史学を教えていたリチャード・パイプス教授がこのチームのリーダーだった。最終的にもっとも物議をかもしたのが、このチームだった。PFIAB議長のレオ・チャーンからブッシュへ宛てた手紙の中に基本的なルールは書かれていたものの、チームＢの目的や任務や最終目標あるいはアウトプットについて明確な考え方がなかったことが明らかになったのは、分析を終えたあとだった。何をすべきかや、その範囲はレッドチーム自身にも、評価の対象となった組織（ＣＩＡ）にも、はっきりとわかっていなかった。パイプスはのちにこう語っていた。「このチームの使命に、決まった定義はなかった」[29]。

チームＢは過去一〇年分の国家情報評価書を見直し、独自の評価を行ったが、ＣＩＡはそれを意図したわけでも望んでいたわけでもなかった。またチームＢは、別の委員会が、自分たちの分析を評価し批評することを知らされていなかった。

チームＡとチームＢの最初のミーティングは、お互いの草稿を交換し意見を提供するための時間になるはずだったが、チームＢがチームＡのアナリストをけなすためにそこに来たことは明らかだった。パイプスはこう語っている。「この責任の一端は、情報部が外部の経験豊富な専門家を雇って大学院を出たばかりの若い分析官に対抗させたことにある。若いアナリストが上級官僚や軍の将校や大学教授を前にして萎縮するのは当たり前だ」[30]。パイプス率いるチームＢのメンバーだったジャスパー・ウェルチ少将は、ソ連政治局から出てくる玉石混交の情報からソビエトの野望をどう読み取るかについて、ＣＩＡアナリストとは違う意見を持っていた。「ＣＩＡの情報源は弱く、我々がそれを補った。我々は、アナリストの定期的な報告を非常に批判的に見ており、彼らの仕事に不満があることを知らしめた」[31]。

チームＡとＢは一緒に打ち合わせを行って草稿を書き直し、一二月二一日にその内容をＰＦＩＡＢに報告した。その報告会は、「パイプスの講義と言った方がよく、粒子ビーム砲やバックファイア爆撃機についての技術的な話になった」とＣＩＡ副長官だったダニエル・マーフィは語っている。[32]

このレッドチームの過程には深刻な欠陥があった。この実験が政治的に利用されてしまったこともそのひとつだ。フォスターの推薦を受けてリーダーに選ばれたパイプスがチームメンバーを選んだが、その多くはフォスターらが準備したリストの中から選ばれた。

メンバーは「ソ連の戦略的脅威に対して、諜報コミュニティの合意より控え目な見方をする、経験豊富なソビエト政治または軍事のアナリスト」だとされていた。[33] しかし、彼らの論文やコメントを見ると、メンバーのほとんどはガチガチの反共主義者で、デタント政策に公に反対していた。

CIAのソ連部長だったメルビン・グッドマンはのちにこう語っている。「チームBは超保守主義者で固められていた。彼らは一貫して、ソ連を世界征服を目論む攻撃的な帝国主義勢力だと決めつけていた。チームBの予測は、この世界観を反映していた」[34]。チームBを要請したPFIABの委員でさえ、その明らかな政治的意図を認めていた。[35]

チームBの最終報告は、その強硬路線を反映して、CIAがそれまで常にソ連の脅威を過小評価してきたと述べていた。チームBは、過去の国家情報評価書がソ連の意図ではなく能力を基に描かれていることや、ソ連が際立って攻撃的であること、またソ連をアメリカの鏡像として描いていることを批判していた。が、実際にはチームBが自身の鏡像をそこに投影していた。[36] つまり、チームBの見方は、ソ連の動機や行動が将来変わっていく可能性をまったく無視していた。

ブッシュは、チームAによる通常の分析プロセスでの国家情報評価書を発行するにあたって、チームBに対する反対意見を添付した。

なぜ情報が漏れたのか?

今回の競争分析は未完で、その有効性に対する最終判断はできない。しかし、この実験に欠点があることはすでに明らかであり、私はこれに大きな懸念を抱いている。とりわけ、プロセスの詳細が断片的に外部に漏れていることや、さらに、ソ連の戦略目標を懸念するチームBのメンバーが主観的な結論を出すことが心配だ。選択的な情報漏洩によって、正式な報告書の判断が「チームB」の圧力によって形成されたという報道もある。この報道は、真実からはほど遠い。添付の報告書は、入手可能な証拠から得られる最良の分析である[37]。

実際、情報が漏洩したのは、チームAとBがミーティングを行った二日後で、ボストン・グローブの一面にこの実験の記事が出たのだった。ニューヨーク・タイムズのデイビッド・バインダーは、実験が完了したあかつきにブッシュのインタビューを含む全面的な記事の掲載を約束されていた。一二月二六日にバインダーの記事がニューヨーク・タイムズの一面を飾ったあと、この話題は拡がりを見せ、悪い方向に政治利用されていった。一週間後のワシントンポストに、リチャード・パイプスと匿名の政府高官及びチームBのメンバーによる「自画自賛話」が載った。チームBメンバーによる情報漏洩とその行動は、議会の委員会による聴聞の対象にまでなった。一九七八年二月に、上院情報特別委員会は「ソ連の戦略能力と目的に関するチームAとBによる国家情報報告」と題した報告書を発行した。パイプスによると、上院の報告書は、「チームBがPFIABと協力して特定の意図を提示し、カーター大統領に国防予算を増額させようとするものだったと批判していた」[38]。

上院情報特別委員会による最終的な報告書は、チームBの貢献にはあまり価値がなかったとしている。その理由は、PFIABやCIA局長がこのチームの構造を決めたことで、過去の国家情報評価書を批判することを中心に置いた狭い分析になっていたからだ[39]。

ブッシュはマスコミに対してこの実験を擁護していたが、のちにCIA長官を退任する日にチャーンに書き送ったメモの中で、チームBは「正確さよりも自分たちの目的を優先させ意図的にプロセスを操った」と述べていた[40]。チームBによる報告書は一八年もの間機密文書として公開されず、マスコミへの情報漏洩の真偽はわからなかった。チームBのメンバーによる強硬路線は、まもなくロナルド・レーガン政権に居場所を見つけることになる。一〇名のメンバーのうち六名がレーガン政権の要職に就き、残りのメンバーは大統領の軍事諮問委員となった。

チームBのトラウマ

チームBは、政策立案者に代替的な視点を提供することには、ほとんど役立たなかった。ウェルチにとって重要なポイントは三つあった。ソ連の対空防衛費、弾道ミサイルの精度、そして戦略的意図である。演習の結果はともあれ、重要なのはその三点だった[41]。ブッシュやその他の上層部はこのプロジェクトを支持し、チームBは任務に必要なすべての情報へのアクセス権を手に入れたが、いずれにしろ効果はなかった。

チームBの報告には欠陥があったかもしれないが、CIAとホワイトハウスはどちらにしても彼らの助言を行動に移す能力も意思もなかった。チームＢの結果にどう対応するかと聞かれたブッシュは、こう答えていた。「なにもしない。自分の部下の意見に従うだけだ」[42]。しかも、チームＢのメンバー構成は、多様性に欠け、型にはまらない考えをする人もいなかった。このチームは拙速に承認され、その活動範囲にも誤解があり、メンバーの振る舞いにも問題があった。

こうした苦い経験から、「チームＢを再現しないこと」がその後長い間貫かれることになってしまった。その後の一四年間にＣＩＡ副長官から長官への道を歩んだロバート・ゲイツは、次のように語っている。「ＣＩＡはチームＢを歓迎しなかった。というのも、それがＰＦＩＡＢの欲しがる答えを出すための試みだということが、あまりにあからさまだったからだ。そのため、その後長年にわたって代替分析自体にも歯止めがかかってしまった」[43]。事実、二〇〇〇年代のはじめに代替分析的なコンセプトが再び持ちあがったが、チームＢのトラウマから「競争分析」ではなく、「代替分析」という言葉が使われたほどだった。

二〇〇九年、下院情報問題常設特別調査委員会の上級メンバーを務めるピーター・フックストラ下院議員は、二〇〇七年に発行されたイランの核兵器開発についての国家情報評価書は間違っていたと公言した。「情報局の分析官は型にはまりすぎ、イランの核開発についてこれまでの局の見解を変えるつもりがないように見受けられる。この問題に対処するため、局の見方に対抗する評価を行うような、独立した専門家から成るレッドチームの立ち上げを提案する」[44]。国家情報局長だったデニス・ブレア元海軍大将はこのときなんの対応もせず、フックストラ議員の要求は通らなかった。

しかし、その三年後に国際原子力機関がイランの核開発に関する未解決の課題を詳しく記した報告書を発表する。かつてのチームBのメンバーで二〇〇一年には国防副長官を務めていたポール・ウォルフォウィッツを含む保守派の一部は、代替分析のアイデアを何度か提案していたが、前回の失敗のトラウマがあり、この提案には賛同が集まらなかった。前回のレッドチームの政治的なメンバー構成や、不明確な目標、マスコミへのリークがあだとなっていた。

ビン・ラディンによるアメリカ大使館爆破テロ

レッドチームは使い方を間違えるとまずいことになるが、集団思考を打破しなければならない時にレッドチームが用いられないこともまた、最悪の事態につながる。一九九八年八月七日、タンザニアとケニアのアメリカ大使館が爆破され、アメリカ人一一名を含む二二四名が死亡した。CIAはすぐにその犯人を特定していた。それまでに、ケニアのナイロビを本拠にするテログループを監視していたため、爆破がアルカイダとそのリーダーのオサマ・ビン・ラディンの仕業だとすぐにわかったのだ。

CIA長官だったジョージ・テネットはビル・クリントン大統領とその側近に、こう告げた。「大統領、スラムダンクです。間違いありません」[45]。イラクが大量破壊兵器を保有していると結論づけた時にも、テネットは同じ言い回しを使っていたため、のちにこのフレーズは有名になる。情報漏洩のリスクを減らすため、この報告書は十数名の限られた高官だけに渡された。高官たちは疑念を抱かれないよう毎日のスケジュールを変えず、ホワイトハウスのシチュエーションルームで会合を続けた。この少人数のグループは早速に、数か国のターゲットへの同時報復攻撃を決める。やられたことをそのままやり返し、テロ組織への対決姿勢を示して、ビン・

ラディンとその他のアルカイダのリーダーを殺すことが目的だった。

しかし後になって、攻撃目標のひとつが明らかに間違った情報に基づいて選ばれていたこと、また諜報機関内の反対意見は考慮されなかったことが表に出た。もしレッドチームが大まかにでも検証を行っていれば、この明らかな間違いは避けられたはずだった。

土壌サンプルをもとに製薬工場を攻撃

大使館爆破の数か月前から、先ほどの少人数グループに参加していた高官たちは、アルカイダが大量破壊兵器を手に入れようとしているという警告を、ＣＩＡから繰り返し受けていた。ＣＩＡによる二つの報告書は、スーダンにあるアル・シファ製薬工場がビン・ラディンとつながっており、ここから神経ガスが検知されたという情報をもとに、この工場で化学兵器が製造されていると結論づけていた。その証拠とされたのは、九か月前に採取された一種類の土壌サンプルで、それを取ってきたのは中東系ヨーロッパ人のスパイだった。[46]
彼は工場の警備をかいくぐり、地面からサンプルを採取したとＣＩＡの工作員に語っていた。このサンプルをエネルギー省の研究室で分析したところ、致死率の高いＶＸ神経ガスの製造に使われるＯ－エチルメチルホスホノチオ酸が通常の二倍の濃度で検出された。大使館爆破の二日前にＣＩＡが集めたその他の状況証拠から、国家安全保障会議のスタッフもまた、「オサマ・ビン・ラディンがスーダンの工場に投資し、ＶＸ神経ガスを手に入れていることはほぼ確実だ」と結論づけていた。[47]
大使館爆破事件の翌日、ＣＩＡは偶然に、通信傍受とアフガニスタンにいる内通者から、ビン・ラディンが八月二〇日にアフガニスタンのホースト州にあるザワール・キリ訓練キャンプで会合を招集するという確かな証拠を得た。テネットは例の少人数グループに、アルカイダのリーダーと二〇〇〜三〇〇名の兵士が一部パキスタンからも集まるだろうと伝えた。この情報を得た少人数グループはすぐに、その会合を攻撃することに合意した[48]。

この一か所の報復目標への大統領の正式な許可が下りる直前、CIAとアメリカ中央軍と国防総省の統合参謀本部に、アフガニスタン国外で追加的な攻撃目標を設定するように指令が下った。報復攻撃にあたっては二か国での目標を狙うことが、大使館爆破の直後に少人数グループによって決定されていたからだ。国家安全保障会議で東南アジアを担当していたブルース・リーデルは、次のように語っている。「末広がりのクリスマスツリーのように、次はどこを狙おうか？　とターゲットが拡がっていった[49]」。最終的に、報復目標は、スーダン、アフガニスタン、湾岸地域（おそらくイエメン）の三か国を含む約二〇か所にまで拡がった。

テネットの情報から、少人数グループはアル・シファ製薬工場がビン・ラディンと通じて化学兵器を製造していると思い込み、八月二〇日に行われるアルカイダの会合への巡航ミサイル攻撃と同時にこの工場への爆撃を行うことを強く支持した。ビン・ラディンが大規模道路建設の見返りとしてスーダン政府から受け取ったハルツームのなめし革工場も、最終的な攻撃目標に加えられた。

クリントンは予定通り、八月一八日からマーサズヴィニヤードでの夏季休暇に入っていた。クリントンの自伝によると、「なめし革工場は報復目標から外すことにした。アルカイダにとっての軍事的価値はなく、民間人死傷者をできるだけ減らしたかったからだ」とされている[50]。

八月二〇日朝、クリントン大統領は報復攻撃への最終承認を出す。アル・シファ工場爆撃のため一三発の巡航ミサイルが発射され、それ以外にも六六発がアフガニスタンの訓練施設に破壊的な損害を与えた。二〇名から三〇名のアルカイダ兵士が死亡したものの、ビン・ラディンと側近たちは生き残った。

反対意見が伝わらないCIAの縦割り構造

クリントンと少人数グループは、アル・シファに関するCIAの報告が根拠薄弱で決定的なものではないことを知らなかった。作戦守秘の懸念から、情報源や前提や結論がレッドチームによって検証されることはなかった。その上、情報分析はテロ対策センターに一任されていた。そのため、大量破壊兵器問題の分析を専門とし、この問題に関する諜報局間の調整役でもあったCIA内の大量破壊兵器不拡散センターは分析に関わらなかった。

不拡散センターの上級スタッフは、作戦実行の三六時間前にこの計画を知り、ただちに情報源と、特に土壌サンプル分析への懸念を伝えた。八月一九日に不拡散センターの局長と副局長はたまたま局内の食堂でテネット長官を見かけ、「アル・シファ工場の情報には深刻な問題がある」と警告した。テネットはなんとかすると確約した。[51] しかし、テロ対策センターは何も手を打たず、不拡散センターが情報分析を求められることもなかった。テロ対策センターのジャミ・ミシック副局長はこう振り返る。「これは、CIAの縦割り構造が招いた失敗だ[52]」。

その後、テロ対策センターの分析とテネットの提案は、厳しい批判にさらされることになった。国家安全保障会議の情報担当部長だったメアリー・マッカーシーは、アフリカ専門の分析官として長らくCIAで活躍し、当時ホワイトハウスとCIAの首席連絡官になっていた。マッカーシーから見ると、テネットの説明は説得力に欠け、判断を見直す必要があると思われた。マッカーシーは八月一一日付けのサンディ・バーガー国家安全保障補佐官に向けたメモで、こう警告している。「軍事作戦を考える前に、この施設に関してより信頼できる情報が必要だと思われる」。しかし、いつもながらこのメモが少人数グループに伝わることはなく、バーガーがマッカーシーに懸念を詳しく説明するように指示することもなかった。マッカーシーが巡航ミサイルによる攻撃計画を知ったのは、八月一九日の夜だった。[53]

国務省情報調査局もまた、他の諜報機関と同じく、アル・シファ工場についての情報を見直すよう指示を受けることはなかった。国務省情報調査局のアナリストでただ一人、八月一九日夜にホワイトハウスに呼ばれたのは、「スティーブ」という名の中東専門家で、彼の役目はミサイル発射後に打つ外電の準備を手伝うことだった。

攻撃後間もなく、国務省情報調査局のアナリストが声をそろえて、CIAの証拠はアル・シファとビン・ラディンを結び付けるにも、化学兵器の存在を示すにも十分ではないことを、副長官のフィリス・オークリーに訴えた。国務省情報調査局のアナリストは攻撃前に意見を求められなかっただけでなく、少人数グループは「情報をまったく検証しなかった。しかも、攻撃後の批判にもまったく備えていなかった」とオークリーは言う。[54]

アル・シファ工場についての反対意見は、不拡散センターだけではなくCIA内部にもあった。大使館爆破の数か月前に書かれた三ページのメモの中で、アナリストは例の土壌サンプルから確かな結論を出すことを疑問視しており、できれば別のきちんとした工作員を使って、アル・シファから追加のサンプルを採取することを勧めていた。[55]しかし、そうはならなかった。

ニューヨーク・タイムズのジェームズ・ライゼン記者によると、ジャック・ダウニング作戦本部運営副部長を含む三人のCIA高官が、「攻撃は間違っていた」と信じているという。(56) テネット長官がビン・ラディンとアル・シファ工場の関連をホワイトハウスに最終報告する前にも、CIA上層部が長官に会い、この攻撃を支持するかどうかで決を採り、過半数は「攻撃しない」よう警告していた。だが、分析官の土壌サンプルへの疑問も、ダウニングの懸念も、多数決の結果も、少人数グループには知らされなかった。(57)

最後に、アメリカ中央軍司令官で巡航ミサイル攻撃の担当者であるアンソニー・ジニ大将は当時を振り返り、中央軍の情報官はCIAが攻撃目標を選ぶ前にアル・シファの名前さえ聞いたことがなかったと語っている。ジニ大将は退役後CIAのコンサルタントとなり、アル・シファに関する情報を徹底的に洗い直した。(58) また、統合参謀本部では、議長のヒュー・シェルトン大将を除き、だれもアル・シファの爆撃について前日まで知らされていなかった。(59)

工場はビン・ラディンと何の関わりもなかった

アルカイダへの報復攻撃を議論した少人数グループが障害となり、意思決定者に反対意見が伝わらない構造になっていた。情報漏洩を避けるためという理由はもっともだが、数名のアナリストがいればレッドチームによる競争的な情報評価が行えたはずだ。それなら、情報漏洩の可能性は最小限にとどめられただろう。しかも、八月一四日から一九日までの五日間もあれば、不拡散センターの大量破壊兵器専門家や、土壌サンプルを検証できるエネルギー省の別の研究者を招いてレッドチームを立ち上げ、検証を行って少人数グループに結果を伝えることができたはずだ。もしそうしたレッドチームの予想があれば、少人数グループを説得し、最終的にはクリントン大統領にアル・シファへの攻撃を止めさせることもできたかもしれない。というのも、攻撃目標は八月一九日の深夜まで議論されていたからだ。ある時点で、ホワイトハウス高官が、アル・シファに関する情報を確かめるためジャネット・レノ司法長官に代わってテネットに連絡を取ろうとした。テネットはその夜は連絡を待つことになっていた。だが電話に出た彼の警備主任は、「長官はお休みになりました」と言って、テネットに電話をつながなかった[60]。

アル・シファ工場への爆撃は、外交上の大失敗だった。その後、この工場はビン・ラディンとはなんの関わりもないことが判明したのだ。CIAは攻撃後まで工場の所有者の名前さえ把握していなかった。所有者はサラー・イドリスというスーダン人のビジネスマンだった。しかも、神経ガスを含んでいるとされた土壌サンプルは、イドリスが工場を買収する四か月前に、通りを隔てた向かいの場所で採取されたものだった。クリントン政権高官の情報とは違い、この工場は秘密の場所でもなければ、警備が厳重でもなかった。その上、アル・シファ工場の設計者は、世界中で製薬工場を建てているアメリカ人で、神経ガスを作る装置などそこにはまったくないと証言した。さらに悪いことに、CIAが工場の中身についてアメリカ人設計者に問い合わせたのは、工場を爆撃してから一週間も経ったあとだった[61]。

攻撃の数週間後、クリントン政権上層部は最初の主張をすべて公に見直す必要に迫られた。結局、財務省は、イドリスがアメリカに保有する資産の凍結を解除することになった。イドリスがアルカイダとも大量破壊兵器とも関わりがないことをはっきりと認めたのである。

なぜレッドチームが招集されなかったのか？

九年後、テネットは自伝の中でこう述べている。「アル・シファ攻撃の判断については、諜報コミュニティの中でもまだ議論がある」[62]。現実には、本書のためにインタビューに答えてくれたアナリストや高官の間では、議論の余地はない。少人数グループがアルカイダや大量破壊兵器に関連しそうな目標をすべて爆破しなければならないと感じていたことは理解できると言う人もいたが、ＣＩＡの主張を裏付ける情報が正しかったと言う人はいなかった。また、このアナリストや高官たちは、もし求められれば決められた時間内に喜んで反対意見を出していただろうと認めている。政策立案者が結論を出した後で議論しても、意味がない。一九九八年八月二〇日以前にレッドチームが競争情報分析を行っていれば、伝統的な分析報告を検証し、裏付け、よりよい結論が出ていたかもしれない。

もちろん、レッドチームによる検証が行われていたとしても、少人数グループまたはクリントン大統領が気持ちを変えていたという保証はない。閉鎖的な意思決定構造と時間的な制約のために意味のある検証はほぼ不可能で、結果が改善されることはなかったかもしれない。伝統的な分析であれ、代替的な分析であれ、諜報機関による予測は政策立案者にとって重要な要素ではあっても、決定打になるとは限らない。

少人数グループは、アルカイダが大量破壊兵器を手に入れようとしているとの詳しい報告を事前に受けており、何も手を打たなかった場合にアメリカの都市が壊滅的な攻撃を受けることを恐れていた。また、アルカイダの大使館爆破に倣って、二か国の二か所を同時に攻撃することで、アメリカの決意を示しテロリストに再び同じ攻撃をさせないようにできると信じていたため、どうしても二番目の攻撃目標を決めなければならなかった。

それでも、レッドチームがあれば、少なくともCIA内外のアナリストの間に強い反対意見があることを知らせることはできたはずだ。最低でも、アル・シファへの攻撃を承認する前に、さらに詳しい情報を求めるように説得できただろう。しかし、この情報に大きな疑いを抱いていたアナリストの声は上層部に届かず、上層部は何も知らないままに結論を信じ込んでいた。

少人数グループのメンバーだった国防長官のウィリアム・コーエンは、後にアル・シファについてこう書いている。「諜報コミュニティの最上層部は、『標的についての結論にこれ以上ないほどの自信を持っている』と繰り返し語っていた[63]」。だがその確信は、間違いだった。

政府高官からアル・シファ攻撃の正当化に使えるような論点を集めるよう命じられたジャミ・ミシックは、こう語っていた。「もし不拡散センターのアナリストが加わって情報の見直しを行っていれば、意思決定者に、より包括的で詳細な評価を提供できただろう[64]」。

それでもまだ二番目の標的が必要なら、ハルツームのなめし革工場を狙うべきだった。なぜなら、それはビン・ラディンが実際に所有し、運営していた施設だったからだ。八月一九日になってはじめてこの決定を知らされた国務次官のトーマス・ピカリングは、次のように語っている。「もしレッドチームの分析があれば役に立ったはずだし、それを行わなかったのは間違いだった[65]」。

ここでレッドチームを使わなかったことは、少人数グループと諜報コミュニティの両方が自ら招いた失敗だった。少人数グループは、テネットから、情報が信頼できると信じ込まされていた。また、アルカイダともっとももつながりの深い攻撃目標が設定されたと思い込み、その根拠となる情報の信頼性に対してアナリストから繰り返し警告されていたにもかかわらず、レッドチームを招集することを考えもしなかった。

九・一一の二日後に立ち上がった「レッドセル」

二〇〇一年九月一二日の深夜、ＣＩＡ長官のジョージ・テネットは、首席補佐官のジョン・モーズマンと情報担当次官のジャミ・ミシックを本部七階の執務室に呼び出した(66)。前日の同時多発テロの混乱が残るなか、ホワイトハウス高官は本土への追加攻撃があることを確信し、予想されるシナリオを考えるようＣＩＡに依頼していた。

そこでテネットは伝統的な諜報コミュニティの見方に対抗するような、型破りな考え方を持つ人々のグループを立ち上げ、代替分析を通して今後の不意打ちに備えようと考えた。のちにテネットはこう書いている。「異星から来たかと思われるくらいに、型にはまらない人材を求めていた」。その夜のテネットの指示は単純だった。「知らないことを教えてくれ。上層部を不安にさせろ(67)」。

翌朝、ミシックとふたりの上級アナリストはＣＩＡ内にレッドセルを立ち上げた。それ以来、このユニットはＣＩＡ内で中立的に代替分析を行っている。これを「レッドチーム」と名付けなかったのには意図がある。伝統的なレッドチームが敵の意図や能力だけを評価していたのに対して、レッドセルの任務範囲ははるかに幅広いものになると思われたからだ。また、テネットが個人的に「セル」という言葉に神秘的な魅力を感じていたからでもある。以前にも、たとえば戦略評価グループのように代替分析を行うユニットは存在したが、そうしたユニットには本当に型にはまらない考えを追求する時間も自由もあまり与えられていなかった。レッドセルは間違いなくエリート的な立場とミステリアスな雰囲気を出すことに成功し、レッドセルの出す報告書は、諜報コミュニティ外の高官から、貴重な独自の視点を持つものだと見られている。二〇一一年から一二年までCIA長官を務めたデイビッド・ペトレイアスはレッドセルを次のように見ていた。「彼らは伝統的な前提を疑い、それに対抗することに非常に長けていたが、同時に、島から追い出されない程度にちょうどいいバランスを保っていた(68)」。これは他の高官にも共通する見方である。

立ち上げ当初のレッドセルは、当然ながらテロリスト関係の課題だけを扱い、たとえば「ビン・ラディンがアメリカ経済を沈没させるとしたらどうするか」、「ビン・ラディンの洞窟から世界を見たらどう見えるか」といったビン・ラディンの心を読み解くような分析を短い報告にまとめていた。レッドセルの立ち上げ当初のメンバー四、五人の中にはテロリストの専門家はおらず、ひとりだけが中東の専門家だった。最初のメンバーは分析力、創造性、思考傾向を基準にひとりひとり選ばれていた。下級アナリスト、政府の中間管理層、国家安全保障局のアナリスト、CIAの上級アナリスト、CIA工作員などが混じり合っていた。

レッドセルはワシントンの政策立案者の間の典型的な安全保障議論にそうものだったが、カルメン・メディナは「初期のレッドセルは男性と白人ばかり」で、「途上国の視点に欠けていた」と感じた(69)。ミシックは、テロリストの脅威を再考するための新鮮な視点を得ることがレッドセルの目標だったと言う。「既存の報告書を見て、それを違う枠組みで作り直せるような、創造性のある人材を求めた(70)」。

最初の四年間、レッドセルの共同リーダーを務めたポール・フランダーノは、こう打ち明けている。「テネットは、上級アナリストを怒らせるような仕事をしろと言っていた。もし上級アナリストが怒っていなかったら、我々がきちんと仕事をしていないということだった」[71]。実際、専門家でもない人間が、自分たちの仕事を疑うことにかんかんになる上級アナリストもいたが、レッドセルに嫉妬していただけだとのちに認めた人もいた。

また、レッドセルにまったく意味がないと思っていた人もいた。テロ対策センターで分析部門の副部長を務めていたフィリップ・マッドは、次のように語っている。「彼らが書く内容はもっともだったが、だから具体的にどうしてほしいんだ？　といつも疑問に思っていた」[72]。

「もし外国人がアメリカを『テロリズムの輸出元』と見ていたら？」

レッドセルは立ち上げ当初から、諜報機関の主流情報分析部門とはいくつかの重要な違いがあった。まず、レッドセルのアナリストのほとんどは、諜報コミュニティ内の多くの優秀な候補者の中から、長官たちが個人的に選んだ人材だ。大胆な分析を行い、文章力に優れ、歴史や世界の出来事に深い知識を持つ人材が求められた。また、「お砂場でお友達と仲良くできる」人間、つまり肩書や自我に囚われず、官僚制度の中でうまく立ち回り、どんな時にも自分を笑えるような、稀有な性格が必要とされた[73]。

他の諜報機関と比べて、レッドセルではこうした性格が大切だと言われる。それは、アイデアを育てて最終的な報告を出すにあたって、継続的な会話とフィードバックを中心とした協調的なプロセスが必要になるからだ。

レッドセルのアナリストはだいたい三か月から六か月の短期プロジェクトにつき、二年間の経験を経てＣＩＡか出身機関の主流ユニットに戻る。こうしてローテーションを行うのは、レッドセルを新鮮に保つためでもあるが、同時にできるだけ多くのアナリストに代替分析のテクニックを学ばせるためでもある。「型破りな分析手法を覚えてほしい」とあるＣＩＡ高官は語っていた(74)。

二つ目に、レッドセルは、独自の目標を設定し、注力すべき課題や国家や地域を自分たちで選ぶ。戦術的な質問に答えたり、スピーチを書いたり、政策立案者に説明したりする日常的な仕事からは隔離されている。そのうえ、ＣＩＡの他の部門と違って、国家情報優先の枠組みに従う必要もない。仕事の七五％は自分たちが考えた任務で、アナリストが今後の出来事の予定表を見たり、ツイッターやブログや論説を検索したり、仲間とブレインストーミングを行ったり、諜報機関や政府機関やシンクタンクや研究所から外部の専門家を招いたりしながら、課題を考えている。

年に二回のブレインストーミングは「アイデア・パローザ」と呼ばれ、世界を変えた意外な出来事を振り返り、今後数か月に起きそうな予想外の出来事を政策立案者にどう考えさせるかを話し合う。このセッションに何度か参加した国務省スタッフは、こう絶賛していた。「部屋に入ったとたん、ものすごいエネルギーを感じた(75)」。

レッドセルに入ってから、それまで何年も格闘してきた課題について執筆する時間と自由がやっと与えられたと言うメンバーもいた。アナリストは、長官の許可を得れば、そうした単独プロジェクトに就くことができ、たいていの場合には許可が与えられる。

時にはレッドセルが、諜報機関の高官やホワイトハウスから正式な依頼を受けることもある。朝会で提起された質問を通して非公式な形で仕事を依頼される場合もあれば、主流分析部門の長から、彼らの抱える課題や問題国家を新鮮な目で見てほしいと依頼されることもある。

たとえば、ある地域の情報官が、レッドセルに彼らの担当する国家のひとつへの再分析を依頼し、その国家が突然崩壊したらどうなるかを検証してほしいと頼む場合もある。二〇一〇年三月には、アフガニスタンでの国際治安支援部隊の活動に対する西ヨーロッパの支援をどのように維持するかを検証し、この戦争への批判を克服するにはオバマ大統領とアフガン人女性からのアピールが効果的であると助言した[76a]。

三つ目に、レッドセルの発行する報告書は、主流分析部門のものとは見た目も違っている。二〇〇一年に最初の報告書が発行される前に、表紙の題字ページの左上にラベルが貼られた。そのラベルは、この報告書が伝統的な分析ではなく、そう考えてほしくない旨を警告する注意書きだった。その後、この注意書きの文言は次のように統一された。「この覚書はＣＩＡのレッドセルがまとめたものである。レッドセルは、ＣＩＡ長官の指示により、極めて独特な『型にはまらない』取り組み方を通して、さまざまな分析課題についてのアイデアを刺激し、代替的な視点を提供することを任務としている」。

二〇一〇年二月に発行された極秘の特別覚書にも、この文言が付いていた。「もし外国人がアメリカを『テロリズムの輸出元』と見ていたら？」と題したこの覚書の全文は、ウィキリークスで公開された。当時のレッドセルの代表作と言えるこの三ページの覚書は、アメリカからの移民やアメリカ人自身による海外でのテロ活動のインパクトを描き、それまでの常識を打ち破った。アメリカをテロの輸出元と見る見方は今後ますます拡がり、テログループは積極的にアメリカ人を取り込むようになり、テロリストを自称するアメリカ国民を呼び寄せる国家が増える可能性がある、と覚書は書いていた。

出版業界のテクニックを取り入れる

レッドセルはその後、テロリズムに対応して政府上層部に警告を送ることを主眼とした寄せ集めのグループから、より構造化され幅広い範囲を網羅し、諜報コミュニティ内で広く受け入れられる存在に変わっていった。二〇〇四年に成立した情報活動改革テロリズム予防法には、レッドセルのメンバー自身も法案作成に加わり、これによってレッドセルはより正式な位置づけを得た[76]。人員数も倍増されて常に十数名は確保され、昇進を狙うアナリストや上級分析官にとってさえも、憧れの部門になった。諜報機関の高官やスタッフは、レッドセルを「いちばん動きのある場所」だと口を揃える。

レッドセルは、その斬新な報告書によって諜報機関のリーダーからの強い支持を集め、独創的な手法で、情報分析を読むひまもないほど忙しい政府高官の目を引き付けることに成功している。二〇一二年九月、ペトレイアス長官はレッドセルに「最も難しい課題に取り組み、我々にショックを与えてほしい」と指示を与えた[77]。諜報機関の上層部と政策立案者にショックを与えることを目的とした分析は、時として創造的になりすぎることもあった。

国家安全保障諮問委員を務めたスティーブン・ハドリーは、レッドセルが発行する報告書のタイトルがセンセーショナルすぎると感じ、これに反対していた。歴代のＣＩＡ長官にも「目を引くだけのタイトルは付けないでほしい。そのタイトルだけが頭に焼き付いてしまい、内容が追いつかないケースもある」とクレームをつけたという[78]。

レッドセルは、きちんと中身を読んでもらうために、出版業界から知恵を借りることにした。

二〇一二年四月、レッドセルのメンバーはフォーリン・ポリシー誌のスタッフと会い、見出しと画像によって読者の興味を引き付ける、「リスティクル」と呼ばれる手法を編集者から学んだ。当時フォーリン・ポリシー誌の編集長だったブレイク・ホーンシェルは、レッドセルとの会合をこう回想する。「彼らが自分たちと同じように読者の目を引き付けることを仕事にしているとは知らなかった。だが、私たちの記事がどうバイラル（拡散）されるのかを知りたがっていた。いわゆる『クリックベイト』と呼ばれる誘導テクニックに一番興味を持っていた」[79]。レッドセルのある報告書は、実験的にグラフィック小説の形になったが、これは結局正式に配布されなかった。面白いことに、初期のレッドセルは、そうしたテクニックを使って主流部門の報告書を違う形に変え、お色直しを施していた。

今後の課題点はどこにあるか？

現在のレッドセルは、主流部門との対立色が以前より薄まり、中身が見えやすくなっている。課題や地域分析に取り組む前に、時間に余裕をもって関係グループの長にその旨を伝え（といっても、関係部門長はレッドセルの仕事や報告に口出しできない）、驚かせることのないように報告書の完成予定時期までも伝えている。レッドセルのウォッチャーや読者もまた、その報告書が以前よりも「代替性や奇想天外さが薄れ」て、より実行性があり、現実の出来事に対応していることに満足している。

最近のレッドセルの仕事ぶりへの批判があるとすれば、彼らがジャーナリストやブロガーのように、追いかける意味のなさそうなトピックについても書く場合があるということだ。レッドセルを観察している人の大半がこのことを批判しているものの、同時に、レッドセルの分析がより厳格になったことも認めている。

これは他の諜報機関にも当てはまることで、イラクの大量破壊兵器の件で大失態を犯して以来、ほとんどの諜報機関はアナリストの前提を裏付ける証拠や情報源を積極的に開示するようになってきた。また、この数年で主流分析を行うライン部門もますます（といってもまだ数は限られているが）独自の代替分析を許可され、レッドセルの仕事の一部に食い込んでいる。

レッドセルの頭数が増えても報告書の数が減っているのは、より多くの証拠を提示する必要が出てきたこと、報告書がますます長くなっていること、そしてライン部門がレッドチーム的な分析を行うようになってきたことが理由だ。

読者からのもうひとつの共通した感想は、見出しは目を引くが、そのあとの分析自体はそれほど独特でもなければ、非凡でもないというものだ。だが、レッドセルの報告書は、平坦で退屈でどれも似たような主流部門の分析報告との比較で語られるべきだ。国防長官だったロバート・ゲイツは、レッドセルの分析に必ず目を通す理由をこう語っていた。「これまで一度も見逃したことはない。異なる視点を与えてくれる彼らの分析が、非常に役に立っているし、それが突拍子もないと感じたことはない」[80]。

ＣＩＡに所属していないある諜報関係の高官は、レッドセルが既存のトピックを別の視点で組み立て直していることを賞賛しながらも、「ある意味で、彼らの報告書が注目を集めるのは、レッドセルだからであって、付加価値があるからではない」と語っている[81]。二〇〇六年から二〇〇九年までＣＩＡ長官を務めたマイケル・ヘイデンは、レッドセルの報告書を「時にＳＦのようなものもある」としながらも、「非常に刺激的で、必ずじっくりと読んでいた」と語っている。[82] ＣＩＡの主流部門の報告書からはそうした刺激を受けることはないとヘイデンは言う。

失敗を許す環境を整える

実際には、どの代替分析チームにも言えることだが、レッドセルがどれほど刺激を与えているか、または型にはまらない考え方を普及させているかを測るのは極めて難しい。というのも、レッドセルの報告書が直接新しい政策につながったかどうか、あるいは高官の考え方を変えたかどうかを証明することはほとんどできないからだ。また、主流分析部門であっても、自分たちのアウトプットの効果を証明するのは、ほぼ不可能に近い。しかし、二〇〇一年九月以来、レッドセルへの仕事の要請は絶えることがない。ほとんどの情報分析官にとって自分の分析が高官に求められ、読まれることはプロとしての究極の目標であり、重要性の証明でもある。

レッドセルに賛同していたジョージ・Ｗ・ブッシュ大統領は、その報告書に逐一目を通し、大統領執務室にアナリストを呼んで個人的にこう質問していた。「これから厳しい質問をするが、見方を変えろと言っているわけじゃない。君の報告を理解したいんだ」[83]。ブッシュ政権とオバマ政権を通して、国家安全保障会議のメンバーたちもまたレッドセルの報告書を熱心に読んでいた。政策立案者は伝統的な分析に慣らされているため、諜報機関が予想外の独自な分析を出すと、それに興味をもち、熱を上げることさえある。

レッドセルは九・一一後のさらなるテロ攻撃に対処するために創設されたものだったが、読者の要求に柔軟に対応する力を見せて、こうした代替分析部門を維持する必要があることを証明してきた。政策立案者がレッドセルの報告書を読みたがるというだけでなく、ＣＩＡ内部やより広い諜報コミュニティにも、レッドセルの影響は感じられる。レッドセルが確立され歴代のCIA長官から支持されてきたことで、代替分析が今ではより広く受け入れられるようになった。さらに、長官たちは、レッドセルが政策立案者の求めに応じて進化することを認めてきた。レッドセルにさまざまな人材と役割を与え、「失敗を許す」環境を整え、それが伝統に囚われない大胆な分析につながった。

あるレッドセルのメンバーは、政策立案者へのインパクトに関して、「フィフティ・フィフティ」の打率を目指していると語っていた。「政策立案者に気に入られすぎたら、自分たちの目標を達成していないことになる」[84]。二〇一三年にCIA長官を退任したマイケル・モレルも、それまでに何百というレッドセルの報告書を読んできた。モレルもまた、レッドセルは三振覚悟でホームランを狙いに行くバッターのようなものだ、と評している。「一〇本の報告書のうち七本は駄作だとしても、三本は目が覚めるほど素晴らしい。だから駄作にも我慢して、レッドセルが丸くならないように、創造性を壊さない努力をしなければならない」[85]。この打率は、主流の分析報告よりもかなり高いものだと思われる。もちろん、レッドセルの報告書が政府高官や政策立案者の考えを変えられるかどうかは、高官たち次第だ。

そこは本当にビン・ラディンの隠れ家なのか?

世界一のお尋ね者、オサマ・ビン・ラディンの追跡劇は、これまでも報道記事やオバマ政権内部の高官インタビューによって、何度も詳しく報道されてきた。この追跡に直接関与した海軍特殊部隊の一人が書いたノンフィクションは、その後『ゼロ・ダーク・サーティ』として映画化されアカデミー賞を受賞した。そこにはビン・ラディン発見へのオバマ大統領の執念と、諜報機関のアナリストたちの過酷な仕事ぶりが描かれ、そうした努力に少しの幸運が重なって、ビン・ラディンと家族数名がパキスタンのアボタバードにある高い壁で囲まれた施設に住んでいることが突き止められたと描かれている。襲撃に先立って、その施設の内偵に多くのリソースがつぎ込まれ、状況証拠は次々と出ていたが、諜報機関はビン・ラディンがそこにいるという確証を得ることができなかった。二〇一一年三月の初めに、CIA長官のレオン・パネッタがオバマ大統領と側近全員の前で報告を行った時にも、ビン・ラディンがアボタバードの施設にいる絶対的な確証はなく、その確率は六〇%から八〇%にとどまることを個人的な推測として述べただけだった[86]。

目標が達成できなかった場合のことを考えると、二三名の海軍特殊部隊兵士、通訳、一〇〇匹の捜索犬をパキスタン領内に配置するのは、無謀に思えた。作戦が成功しても失敗しても、これによってパキスタンとの関係が悪化するリスクもあった。パキスタン政府がアメリカとの対テロ協力を弱め、連邦直轄部族地域でのCIAドローンの夜間飛行の承認を取り消す可能性もあった。そうなれば、物資の供給路線がさらに制限され、アフガニスタンでの作戦に支障が生じ、タリバンを助けることになりかねなかった[87]。

決定的な証拠がない場合、もし作戦が失敗すれば、パキスタンとの外交関係や対テロ協力が損なわれ、海軍特殊部隊の兵士を危険にさらし、死傷者を出す恐れもあり、国内での批判にさらされるとも考えられた。それらを総合すると、レッドチームによる代替分析を使って、CIAの分析を検証することが最善の方法だった。

ビン・ラディンを追跡していたアナリストのほとんど（主にテロ対策センターのタスクフォ

ースに所属していた）は、何年間もこの件に関わっていた。中には一〇年以上も追跡している アナリストもいた。彼らはこの件に長年あまりに深く没頭してきたことで、視野が狭まり、先入観を持ちやすくなっていた。望ましい結果を裏付ける証拠を抽出したり優先したりする一方で、望ましくない情報からは目を背ける傾向があったのだ。

その上、このタスクフォースは、それまで何年間もアルカイダの上層部を捕えて殺すことに成功してきた経験から、自分たちに絶対の自信を持っていた。たとえば、『ゼロ・ダーク・サーティ』の中でジェシカ・チャステインが演じたマヤという実在のCIA首席アナリストは、同僚にビン・ラディンがそこにいる可能性は九五％だと語り、その後海軍特殊部隊のチームには「一〇〇％の自信がある」と告げていた[88]。

マヤが所属した分析部門の上官は、その確率を少し低めに見ていたが、それでも八〇％の自信を持っていた[89]。代替分析を使って先入観のない分析を行い、最終判断を確かめたことについて、上院情報特別委員会の議長を務めたダイアン・ファインスタイン上院議員は、このように語っていた。「レッドチームによって検証され、検証され、また検証されつくした[90]」。

これほど重大な軍事作戦について外部のグループに情報の見直しを許可することには、もちろんリスクもある。極秘作戦を知る人が多くなれば、それが漏れてすべてが水の泡になる可能性も高くなる。その一方で、限られた高官だけにしか情報が許可されなければ、異なる洞察を与えてくれるような信頼できる外部の専門家との議論もできなくなる。しかも、知識豊富な外部者から切り離されると、意図せずして間違った結論を出してしまうこともある。アル・シファの一件が示す通り、残念ながら当時のアメリカはそうした失敗を繰り返していた。

四八時間以内にＣＩＡの分析の穴を見つける

オサマ・ビン・ラディンの居場所を裏付ける証拠を考えるにあたって、オバマ政権の高官の頭にあったのは、アル・シファ攻撃、一九八〇年のテヘランでのアメリカ人人質解放の失敗、一九九三年のソマリアにおけるブラックホークダウンの惨事といった悲劇や大失敗の記憶だった。

ビン・ラディンの捕獲と暗殺はオバマ大統領の最優先事項のひとつだったため、政権上層部は多少の情報の不確かさや作戦のリスクを許容するつもりだった。だがそれでも、彼らはあえて情報漏洩のリスクを負って、ＣＩＡの予測を検証することにした。そして上層部の中で二か月以上にわたる議論の期間を設け、レッドチームによる競争的な情報分析を行うことにした。

三つの異なるレッドチームが、情報源や予想されるビン・ラディンの行動を見直し、検証した。うち、二組が採った手法と結果は今も機密とされているが、多くの生々しい詳細は明らかになっている。一組目のレッドチームは、ビン・ラディンがアボタバードにいるという予測を最初に出した、ＣＩＡのタスクフォースが率いていた。彼らは数日かけてすべてのデータを洗い直し、それに合うような別の仮説があるかどうかを考えた。

二組目を率いたのはテロ対策センター長のマイケル・ダンドレアだった。[91] ダンドレアは、それまでビン・ラディンの情報分析活動に関わっていない、信頼できるアナリストを四人選び出し、それぞれ別々に意見を求めた。当時ＣＩＡ副長官だったマイケル・モレルは、ダンドレアが「ほかの賢い人がどう考えているか、またアナリストが何かを見落としていないかを知りたがっていた」と言う[92]。

この二組のレッドチームが考えた仮説の中には、ＣＩＡがこの施設を知るきっかけとなったアブ・アーメッド・アル・クワイティという「連絡係」と、この施設内にいた身元不明の長身男性の両方が、パキスタンで商売を営むアフガン兵士か、湾岸地域のドラッグディーラーだという説もあった[93]。二組目のレッドチームは、ビン・ラディンがここにいる確率を五〇％から八〇％と推測した[94]。

三組目のレッドチームを率いたのは、国家テロ対策センターだった[95]。このレッドチームについてはあまり一般に知られていないが、これは、さまざまな目的にレッドチームがどう利用できるかを示す好例だ。

このレッドチームは、襲撃が失敗した場合にホワイトハウスが言い訳をするために編成されたという一面もある[96]。二〇一一年の三月と四月、オバマ大統領の上級国家安全保障チームは何度も会合を開き、ビン・ラディンに関する情報、軍事作戦、政治外交面での影響を見直した。四月の会合の終わりに、国家テロ対策センター長のマイケル・ライターは、国家安全保障担当補佐官のトマス・ドニロンと大統領上級テロ対策補佐官のジョン・ブレナンにこう言った。

「もし失敗したら、レッドチームの責任にできる」。

ライターは、ビン・ラディンがこの施設にいる確率はかなり高く、以前のレッドチームの努力が失敗したことは知っていたが、「ＣＩＡが自分自身を検証することはできない」とも思っていた[97]。ライターの首席次官を務めたアンドリュー・リープマンもまた、以前にテロ対策センターの副長官を務めたこともあり、「追跡に関わった人が、正しい人物を見つけたかどうかを評価することはできない」と考えていた[98]。

ライターが提案した三組目のレッドチームを許可するかどうかは、ブレナンとモレルにかかっていた。作戦の二週間前の、ライターを含むほとんどの諜報高官の見解が出そろっていたこの時点で、レッドチームを招集するのは遅すぎるとも思えたが、ブレナンとモレルはもう一度別のグループに情報を検証させても損はないと考えた。もし失敗した場合には、それを「尻ぬぐい」に使えるかも知れなかった。[99]

そこでライターは、ビン・ラディンの追跡に関わっていない国家テロ対策センターの二人の上級アナリストと、CIAの一人のアナリストから成るレッドチームを立ち上げた。すべての関連情報へのアクセスを許可された三人は、四八時間のうちにCIAの分析の穴を見つけ、その施設にいる人物について別の仮説を証明するように指示された。

彼らは情報をはなから疑ってかかるように、明確な指示を受けていたわけではない。[100]ライターは、このレッドチームが「以前に指摘されていない穴を見つけたので、いくつかの前提に疑問が投げかけられた」と言う。具体的には、もしビン・ラディンが本当にその施設にいたとしたら、接触の手段が違っているはずだという点だった。三人のアナリスト全員の結論は、手に入る証拠に基づけば、ビン・ラディンがそこにいると考えられるというものだった。ライターはもう一歩踏み込んで、ひとりひとりにどのくらいの確率でビン・ラディンがいると思うかを訊ねた。一人目は七五%と答え、二人目は六〇%と答えた。しかし、テロ対策にもっとも関わりが深く、アルカイダ問題に通じていた三人目のアナリストは、わずか四〇%と答えた。[101]

四〇%という数字をどう捉えるか?

ビン・ラディン襲撃作戦、通称「海神の槍作戦」直前の、最終的な議論の段階で、ライターはオバマとその側近に三組目のレッドチームの分析を伝えた。国家テロ対策センターが率いたレッドチームはビン・ラディンの居所に関する最終的な検証で、意思決定者が聞く最後の分析だったことから、この報告はとりわけ作戦に大きな影響を与えるものだった。

ライターはアナリストの分析結果を要約したが、問題になったのは四〇%の確率だった。ライターはこれに対して、「過去一〇年間よりも三八%も改善された確率です」と指摘した。(102)オバマ大統領は、なにか新たな情報がこの予測に盛り込まれているかどうかを訊ねた。新しい情報はないとライターが答えると、オバマは、「コインの裏側ということだな。これ以上の確証は得られないと考えるべきだろう」と言った。(103)さまざまな予測と確率をすべて考慮にいれると、実際にビン・ラディンがそこにいる可能性は半々だとオバマは見ていた。(104)

オバマは全員に純粋な質問を投げかけた。多くの情報アナリストがそれぞれにどうしてここまで違う予想確率を出してくるのか、と。パネッタはCIAのナンバーツーだったモレルに答えを求め、モレルは、アナリスト個人の経験次第で、自信の度合いが違ってくるのです、と説明した。

一〇年近くもアルカイダ関係のテロリストを追跡してきたアナリストは、これまで成功が続いていたことで、自分の判断にかなりの自信を持っていた(先ほど紹介したように、『ゼロ・ダーク・サーティ』でマヤとされたCIAアナリストは、一〇〇%の自信があると高官に告げていた[105]。しかし、二〇〇二年のイラクの大量破壊兵器に関する大失態に関わったアナリストたちは、不完全な情報に基づいて結論を導くことに慎重だった。「その建物の中に情報源がいてビン・ラディンがそこにいると誓ったとしても、九〇％の確率とは言えない。人は嘘をつくし、相手が聞きたいことを話すものだからだ」[106]。モレルはのちにそう語っている。

結局、三組のレッドチームの評価はバラバラのままだった。国防長官のロバート・ゲイツは、評価が分かれたことは「健全であり、作戦を計画する上で現実的な役に立った」と言っている。とはいえ、「なにより説得力があったのは、さまざまな情報の不備があったとしても、今回はビン・ラディンを仕留める可能性が、前回の誤ったトラボラへの空襲以来もっとも高いということだ」とも語っていた[107]。

一方で、国防総省情報次官のマイク・ヴィッカースは作家のピーター・バーゲンに、国家テロ対策センターが率いた三組目のレッドチームの分析では「なにも変わらなかった」と語っている[108]。しかし、ライターは、「最後にもう一度全員の考えをはっきりさせる意味で役立った」と前向きにとらえ、ＣＩＡやアナリストのビン・ラディンに関する情報を疑っていたわけではないと述べている[109]。別の政府高官は、レッドチームの結果によって誰の意見が変わったわけでもないが、二〇一一年五月二日に海軍特殊部隊にビン・ラディン攻撃を許可した時点で、この判断に誰もがより納得していたという点で、意味があったと語っていた[110]。

レッドチームによる競争情報分析の価値は、新鮮な視点で伝統的な分析の長所と短所を見つけ、それを改善し、前提や結論を見直すことにある。レッドチームに入るアナリストは経験豊富で、諜報コミュニティの中で尊敬され注目される存在でありながら、同時に主流分析部門の外にいて客観的な見方のできる人物でなければならない。二〇一一年の三月と四月に行われたレッドチームの検証は、価値があり成功に終わったと言っていいだろう。主観の混じる予想を数字で表すことは、政策立案者に誤解を与えるとアナリストたちは強く信じている。それでも、今回の予想の確度は、複数の別々な情報源に基づいており、九・一一以来はじめて、これまでにないほど高いものだった。リープマンは、フィフティ・フィフティという確率について、こう語っている。「一〇年間ゼロ%だったものが、五〇%になったことに、全員が大きな意味を感じていた」[111]。もし海軍特殊部隊がビン・ラディンを発見できず、作戦が大失敗したとしても、国家テロ対策センター率いるレッドチームが検証を行っていたことで、ホワイトハウスがこの問題を徹底的に考え抜いたという証明になるはずだった。

第3章の結論

本章の冒頭で引用したとおり、一九七三年にロバート・ゲイツが要請した「経験豊富なアナリストによる大胆で型にはまらない視点」は、諜報コミュニティの中で支持されてきた。しかし、諜報コミュニティのアウトプットの大部分は今も主流の分析報告で占められ、レッドチーム的な分析は限られている。ゲイツはこう語っていた。「主流分析はインテリジェンスの本業であり、それが我々の得意分野だ。政策立案者はそうした分析に価値を置き、これに頼り、馴染んでいるし、これからもここに力を注いでいく」[112]。

代替分析チームの役割は、政策立案者に他の選択肢を考えさせ、主流分析官ができない形で未来を見せることにある。もしそれがあまりに突拍子がなく、役に立たないと思われれば、無視されてしまう。レッドセルの「どんなアイデアも大胆すぎることはない」というモットーは一見魅力的だが、その分析が大胆すぎると、多くの人に読んでもらえなくなる。

また、主流分析よりも代替分析が役立つと証明するのは難しい。ホワイトハウス内で七年間レッドセルの報告書を熱心に読んできたスティーブン・ハドリーは、こう語る。「政策立案者に『なるほど！』と思わせるような予想外の経験を提供できれば、それがいい仕事だと思う[113]」。

一九七六年のチームＢや二〇一一年のビン・ラディンの確率予想といった単発のレッドチームにとって、政策立案者が助けを必要としているのはどの課題なのかを特定し、どうしたら目的を達成できるかを見つけることが何よりも難しい。チームＢの事例では、大統領対外情報活動諮問会議（ＰＦＩＡＢ）がそれまで何年もソ連とのデタントに反対していたことや、このチームの構成そのものから、どんな結論が導かれるのかはあらかじめ目に見えていた。チームＢのケースは明らかに先入観を持って行われた代替分析の例だ。

ビン・ラディンのタスクフォースに対抗して確率予想を行った三組のレッドチームにもまた、厳格な事実評価を超えた明らかな動機があった。大統領と側近は自分たちの判断プロセスをより手堅いものにしたがっていたし、またビン・ラディンがそこにいなかった場合や作戦が失敗した場合に「言い訳」になるものを欲しがっていた[114]。もちろん、九・一一以来アメリカでもっとも重要な特殊作戦にレッドチームが用いられたことは、それが諜報コミュニティのなかで価値を認められるようになったことを示している。

最後に、アル・シファ製薬工場のケースでは、ＣＩＡの武器不拡散センターまたはエネルギー省の研究所の専門家たちによるレッドチームがあれば、土壌サンプルやビン・ラディンと工場との関わりを、より正確に理解できたはずだった。しかし、諜報機関の上層部の多くが指摘するように、インテリジェンスは政策立案者が考慮する多くの要素のひとつにすぎず、クリントン大統領と少人数グループがそもそも大量破壊兵器を懸念していたことや、対決姿勢を示すために二番目の標的に執着していたことから、いずれにしろアル・シファの爆撃が許可されていた可能性は高い。

課報機関のレッドチームはこれまで認知バイアスや組織バイアスを和《やわ》らげるような代替分析や競争情報予測に目を向けてきたが、国土安全保障分野はまったく違う種類の難題を経験してきた。次章では、士気と能力の高い敵に対する、自分たちの防衛手段を検証するための欠陥テストを行うレッドチームについて見ていこう。

第4章　もし自分がテロリストだったらどう考えるか？

レッドチームのテクニックのひとつに、欠陥テストがある。これは、仮想敵になりきって自身の組織を攻撃することで、戦略や運営のどこに弱点があるのかを見つけ出す手法のことだ。アメリカはこれを使って、国内四四〇か所の全ての空港で、テロリストの攻撃を事前に予想した危機対応計画を練り上げている。

レッドチームの経験から学んだ一番重要なことは、高い技術の壁があっても、少し監視していれば必ず抜け道が見つかり、どんな防衛システムでも破られるということだ。[1]

——ボグダン・ザコビッチ、連邦航空局レッドチーム元リーダー、二〇一三年

国際テロリズム研究の先駆者

一九七四年の春、スティーブン・スローンは、オクラホマ大学の政治学終身教授として、新興独立国家における政治暴力を研究していた。[2] 現地での調査は、危険を伴うものだった。一九六五年九月には、インドネシアのジャカルタで学生への洗脳活動に関する博士論文の取材中に、軍事クーデターが起きてスカルノ大統領が失脚した。「博士論文のトピックを変えなければなりませんでした。私の取材対象になった人たちが、次々に姿を消していたからです[3]」。スローンはのちにそう語っている。

一九七四年、スローンは妻のロベルタとイスラエルを訪れ、その経験を地元有力紙のデイリー・オクラホマに八回シリーズで寄稿することにした。[4] この執筆作業中に、中東でのテロリスト活動が激化したことで、スローンはそれまで存在しなかった研究分野に向かうことになる。それが、国際テロリズムだ。

当時この分野の研究を行っていたのは、ランド研究所のブライアン・ジェンキンスのような先駆者だけだった。「学者仲間は私の研究にまったく無関心で、『アメリカでテロなんて起きるはずがない』、『政治学の主流ではない』と言っていました」。一九七六年に、スローンは、あたりさわりのないように「比較政治の問題」と題したテロリズムに関するセミナーを初めて開いた。アメリカの大学でこうした授業が行われたのは、これが初めてだった[5]。

当時の国際テロリズム研究はまだ限られていて、主に二つの疑問に答えることを目的としていた。ひとつは、「彼らはだれなのか?」。もうひとつは、「彼らはなにを求めているのか?」。スローンは、ランド研究所にあるテロ事件のデータベースと、学生と共に作り上げた独自のデータをもとに、もっともな問いに答えようとした。それは、「彼らはなにをしているのか?」という疑問だ。

近代的なテロの活動面を調査していたスローンは、法執行やテロ対策に関わる人々のために、レッドチームによる現実的なシミュレーションを行おうと考えた。「テロリストの行動について書く以上のことがしてみたくなったんです」。

オクラホマ大学で舞台芸術を教えていたスローンの妻は、現実に近いシナリオを使って、法執行官が場面に応じてテロリストと人質に対応するための、即興テクニックの訓練をやってみたらどうかと提案した。参加者は登場人物のキャラクターになりきって、そのキャラクターがテロリストになった動機と目的を細かく描いてみることになった。シミュレーションの中で、ロベルタ自身が「ライラ」と名乗る拳銃を持ったテロリストの役を何度も演じた。スローンはこう語っている。「テロのシミュレーションをやってみようと思ったきっかけは二つで、ひとつは私自身が長年政治暴力を研究していたこと。もうひとつは妻を愛していたことだ[6]」。

七〇年代、警察は全くテロを想定していなかった

一九七六年九月、スローンはオクラホマ大学内警察署長のビル・ジョーンズを説得し、警察

官による現実の人質事件への対応を検証する、初めてのシミュレーションを行った。このシミュレーションは警察署内の射撃訓練場で行われ、特殊部隊の予備兵が忠実にテロリストの役を演じた。すると、この警察署が、このような事件にまったく備えがないことが、すぐに明らかになった。シミュレーションの最後には、「警察官の死体が地面にゴロゴロと転がり、署長のジョーンズは顔面蒼白になっていた」。二か月後、スローンはさらに複雑なシミュレーションを行った。大学内で人質事件が起き、大学内の飛行場にあるエグゼクティブ用の航空機に人質が搭乗させられ、警察に出動要請が出たというシナリオだ。テロリストは数名の人質を拘束し、拳銃を突き付けて飛行機に乗せたが、ニューヨーク市警のネゴシエーターが事態を鎮静化させて、死者は二人にとどまった。これは大きな成功と考えられた[7]。

一九七〇年代を通して、スローンは何本かの論文を執筆し、時に博士課程の学生だったリチャード・カーニーと共同で、法執行官がどのように現実的なレッドチームを行うべきかについて書いていた。当時頻繁に起きていた空港での人質事件や航空機のハイジャックといったテロに、地方警察がどう備え、対応すべきかを指導したり訓練したりするようなマニュアルはなかった。一九七三年から一九七七年の間には、一か月に三件もの割合で、飛行機のハイジャックが起きていた[8]。陸軍のデルタフォースや海軍のネイビーシールズといったテロ対策の特殊部隊はまだ存在せず、今では都市部や大学キャンパスで当たり前となったSWATも、それほど普及していなかった。

スローンとカーニーの記事は、地方紙や専門誌などの知名度の低いメディアに掲載されていた[9]。これらの積み重ねが書籍となり、一九八一年に『テロリズムのシミュレーション』として出版された。過去五年間に行われた一五回を超えるシミュレーションに基づいて、スローンは自身が観察し発見したシミュレーション訓練のテクニックを細かく描き、法執行官がテロ事件にどのように備えるかを根本的に改革し標準化したのだった[10]。その後彼はさらに研究を進め、二〇一二年にはロバート・バンカーとの共著で『レッドチームとテロ対策訓練』を出版した。この本の中には、テロリストのロールプレイングの際に使う即興テクニックについて、妻のロベルタが執筆した章もある[11]。

一九八一年に最初の本を執筆してから四〇年の間に、スローンは、多国籍企業、政府官庁、軍のテロ対策ユニット、地方警察など、世界中のさまざまな場所でテロ対策のシミュレーションを行ってきた。この手法を開発し、改善していくなかで、スローンは効果的なレッドチームのシミュレーションには、必ず四つの要素があることに気がついた。

一つ目は、組織の上層部にいる意思決定者がレッドチームを支持し、高官たちがシミュレーションでも現実と同じ役目を演じることだ。「大尉が大佐を演じてはいけないし、大佐が大将を演じてはいけない」。

二つ目に、チームの構成が極めて重要だということだ。元特殊部隊はテロリスト役に最適だ。というのも、彼らはシナリオがきちんとしていなくても、柔軟に強面の役を演じることができるからだ。大声が出せて臭い芝居のできるプロの役者は、人質役に向いている。「軍隊や警察での経験を自慢するようなマッチョな男性は避けた方がいい。彼らは自制心や常識がなく、演習の妨げになるからだ」。

三つ目は、シミュレーションの中に複数の法執行機関の間に起きる対立を組み入れておくことだ。実際、暴力的な犯罪現場に地元警察と州警察とＦＢＩが到着すると、必ず対立が起きる。

四つ目は、シミュレーション後の報告の中で前向きな点と浮かび上がった教訓を強調しながらも、欠陥をひとつひとつ細かく挙げて、どのようにそれを防げたか、あるいは緩和できたかを助言することだ。またスローンは、意思決定者である組織上層部に、レッドチームによる発見を無視してもいいが、もしテロ攻撃にあった場合には金銭的な損失や死亡者への責任は上層部がかぶることになると強く訴えている。

偽の身分証でも九三％の確率でアメリカに入国できた

スローンたちが作り上げてきたレッドチームによるシミュレーション演習は、大きな拡がりを見せている。今や、アメリカ中の法執行機関のあらゆる階層で、この演習が行われるようになった。人や物を守り、法を執行することにも評価や改良が必要であり、レッドチームはそうした厳格な評価を提供できる。連邦組織の中でそうした活動を最も積極的に取り入れているのが、国土安全保障省だ。その中の国家サイバーセキュリティ評価及び技術サービスチームは、二〇一四年度に三八四回ものサイバー公衆衛生試験を行い、様々な連邦機関のために毎年三〇回から三五回のサイバー侵入テストを行っている。[12] これには、毎月自動的に行われる公共アクセスポイントのテストや、政府機関の要請によって行われる二週間のマニュアル侵入テストもある。[13]

それぞれのテストの前に、レッドチームはその組織のセキュリティ責任者と会い、テストの範囲を決め、計画を練る。政府機関の一人が必ずチームリーダーとなり、三人から四人の専門家を二週間雇い入れる。ある政府機関への侵入テストを行ったところ、そのネットワークに九〇〇〇台を超えるコンピュータが接続されていたことが判明した。だが、その政府機関は、ネットワークにつながっているのは二〇〇〇台から三〇〇〇台だと思い込んでいた。また、別のケースでは、はじめは五〇〇〇台もの公共のウェブサーバーがあったが、レッドチームはこれを一〇〇台まで減らすことに成功し、サイバー攻撃につながる経路を劇的に減らすことができた[14]。

サイバーセキュリティだけでなく、物理的なセキュリティもまた、レッドチームのテクニックによって改善できる。米国政府監査院は、議会の要請と監査院長の承認のもとで、関係する政府機関の保安上の欠陥を表に出し、その改善を提案するような欠陥テストに資金を拠出している。一般に公開された情報だけを見ても、二〇〇六年には連邦捜査官が南北のアメリカ国境から放射性物質を持ち込むことに成功し、二〇〇七年には一九か所の空港に爆発物の一部を持ち込み、二〇〇九年には一〇か所の連邦施設に爆発物の一部を持ち込み、二〇一一年には警備の厳しい主要な港に爆発物を持ち込むことに成功した[15]。

元犯罪捜査官で構成される政府監査院のチームは、テストに入る前に、実行可能性調査を行ってターゲットになる連邦政府機関の保安体制をチェックし、自分たちがその仕事に適しているかを決める。その後、侵入テストのプロセスを厳格に記録し、警備された施設や地域に調査員がどのように侵入したのかを事細かに描く。最後に、テスト結果を評価し、対象組織からのコメントを付けて、助言とともに報告書を発行する[16]。

二〇〇三年から二〇〇八年までの間に、政府監査院は偽の身分証を使ったアメリカ国境での侵入検査を繰り返し行い、九三%の確率で侵入に成功していた。その範囲は、北はワシントン、ニューヨーク、ミシガン、アイダホから、南はカリフォルニア、アリゾナ、テキサスにまで及び、フロリダとバージニアの国際空港でも侵入が試みられた[17]。

二〇〇八年までに、政府監査院は、国境周辺で人員配置も監視もない地域に注目し始めた。北側の国境がある四州では国境周辺の州道に人員が配置されておらず、南側の三州では捜査員が放射性物質や禁制品の持ち込みに難なく成功した。市民が侵入捜査員の疑わしい行動を国境警備隊員に通報していたにもかかわらず、警備隊員がその居場所を見つけられずに、侵入を許してしまったケースもあった[18]。

また、二〇〇三年から二〇〇七年の間に政府監査院が行ったテストでは、国土安全保障省の税関国境警備局の欠陥も明らかにされた。捜査員たちは、メキシコから陸路で、カナダからはボートで身分証明書を提示することもなく国境を越え、アメリカ大陸の外からはバージニアとフロリダの空港から入国していた[19]。また、二〇〇六年の報告書では、放射性物質の入った貨物の検知に欠陥があることも指摘された。こうした欠陥に対応するため、税関国境警備局はレッドチームを使って、アメリカの陸海空の入国地点と検閲所で、国境警備隊がテロリストの入国と放射性物質の持ち込みを防げるかをシミュレーションすることにした。二〇〇六年から二〇一三年の間に、税関国境警備局の実地試験部は、八六の地点で一四四回のテストを行った[20]。

二〇〇九年以来、税関国境警備局の捜査員は、偽のパスポートや免許証や身分証を使って、繰り返し国境を越えている。国境警備隊員が疑わしいと思っている場合でも、捜査員は相手を説き伏せてアメリカ国内への入国に成功していた[21]。こうした偽のＩＤによる不法入国に対処できるよう、税関国境警備局は二〇一〇年に「基本に立ち返る」訓練コースを開設し、その効果を測ってきたが、まだはっきりした結果は出ていない。残念ながら、税関国境警備局によるテストの結果は機密情報とされ、一般には公開されていない[22]。

原子力発電所もテロ対策が不十分だった

米国政府監査院と国土安全保障省が九・一一以降国際テロリズムにより注意を払うようになったのと同時に、原子力規制委員会も国内の原発施設への保安体制を強化してきた。原子力規制委員会は、原子力発電所に対して「設計基礎脅威」を想定した保安基準を守ることを義務づけている。

「設計基礎脅威」とは、高度な訓練を受け、爆発物を装備し、放射能汚染を引き起こす意図を持った、自爆テロリストを含む複数名の集団による攻撃のことだ。施設の備えと保安体制の順守を試すため、原子力発電所では少なくとも三年に一度の対武力演習が必須となっている。対武力演習の目的は、テロ攻撃を想定し、施設の保安体制の弱点を発見することだ。あらかじめ合意された時間帯に、偽の敵が施設への侵入を試み、一連の重要な保安攻撃目標に損害を与えるようなシミュレーションを行う。

二〇一二年に、原子力規制委員会は二二か所の商業原子力発電施設と一か所の原子燃料サイクル施設に対武力検査を行ったが、そのうちの一一の施設には欠陥があることが判明した。ある演習では、ターゲットすべてが破壊されたり損傷を受けていた[23]。対武力演習によってテロ攻撃への守りが不十分であることが指摘された場合、施設は迅速に改善手段を取ることが求められる。

政府施設、発電所、化学工場、風力発電施設、コミュニケーション網、橋、高速道路といった重要なインフラの保安体制をテストする場合に難しいのは、予防的な保安体制の付加価値を証明することだ。目立った形で深刻なセキュリティ侵害が起きなければ、そうした投資は行われない。

たとえば、カリフォルニアのサンノゼにあるパシフィック電力会社の送電変電所への侵入事件を振り返ってみよう。二〇一三年四月一六日の午前一時、銃を持った二人の男が地下金庫に忍び込み、電話線を切断し、施設の監視カメラと動作センサーを止めてしまった。男たちは施設に火を付けて、シリコンバレーに電気を送っていた一七台の大型変圧器を止め、一五〇〇万ドルを超える損害を引き起こした。(24) 火事のために有害物質が放出され、あとでそれを封じ込めなければならなかった。

侵入者はこの変電所の構造や通信網を熟知し、セキュリティカメラを避けて、警察が到着する一分前に姿を消した。攻撃はかなり原始的で、使用した武器は、ワイヤーカッターと、暗視ゴーグルと狩猟用ライフルだけだった。(25) 薬莢《やっきょう》に指紋は残っておらず、現場には追跡可能な足跡もタイヤの跡も残っていなかったため、その後の捜査は不可能だった。現場では送電ルートを変更し、大規模な停電は避けられ、負傷者も出なかった。しかし、シリコンバレーの一部市民は節電を求められ、修復にはおよそ一か月がかかった。

電力会社はこの事件の情報に二五万ドルの懸賞金をかけたが、二年後になっても犯人は逮捕されず、警察は今も犯人の動機を測りかねている。(26) この侵入のあと電力会社は警備を強化したが、驚いたことに、この施設はふたたび二〇一四年八月にも窃盗犯に狙われた。(27)

当時、連邦エネルギー規制委員会の議長だったジョン・ウェリングホフは、この攻撃を、「アメリカ国内で起きた、電力網へのもっとも深刻なテロ事件」だと語った。(28) 政府高官は、アメリカの電力網がサイバーアタックに脆弱であることを、繰り返し警告している。しかし、パシフィック電力の送電変電所への攻撃は、国内の電力システムの物理的な弱点を明るみに出した。

アメリカでは、約二〇〇〇台の変圧器が三つの巨大なグリッドでつながっている。ひとつは東部、もうひとつは西部、そして最後がテキサスだ。パシフィック電力が襲撃以前に施設の物理的なセキュリティを検証するような欠陥テストを行っていたかどうかは定かでないが、この事件以来、電力会社も業界も、その欠陥を埋めるような手を打ってきた。二〇一四年六月に、パシフィック電力はこの事件に対応して、施設警備を強化するため三年で一億ドルをかける計画を発表した。

この発表の直前には、北米電力信頼度協議会が連邦エネルギー規制委員会に嘆願書を提出し、国内の高圧送電網の規制を強化して、物理的な襲撃を防ぐための標準策を設定し（リスク評価の強制化を含む）、テストで明かされた脅威や脆弱性を基にした警備計画を作り、その評価と計画への第三者認証を行うよう提案していた。[29] しかし、この提案には、どのような脅威に対して施設を守るべきか、どのような手段を使うべきかが描かれておらず、第三者の認証といっても、施設同士で認証し合えるようになっていた。[30]

もしレッドチームがテストを行っていたとしても、パシフィック電力への侵入と施設への損害が回避できたかどうかはわからないが、それが多くの警備体制の不備を表に出し、セキュリティに対する認識を向上させたことは間違いない。

国家安全保障分野のレッドチーム

国家安全保障とレッドチームとの相性がいいのは明らかだ。とはいえ、これから見ていくように、レッドチームの重大な発見が必ずしも聞き入れられるとは限らない。本章で紹介する国土安全保障分野のレッドチームの四つの事例は、これまで一度も語られたことがないものか、記事になっていたとしても限られた文脈で不完全に紹介されていたものだ。

一つ目の事例は、連邦航空局の悲劇的なストーリーだ。九・一一以前に航空警備の欠陥について繰り返し記録や報告がされていたのに、それらの報告は保安体制の改善につながらなかった。二つ目は最初の事例とは対照的な、二〇〇〇年代の半ばに行われたニューヨーク市の空港での携帯式防空ミサイルの脅威に対する欠陥テストだ。このテストの結果から、統合テロリストタスクフォースによる危機対応計画が作られた。

三つ目の事例はニューヨーク市警コミッショナーが率いた対テロ演習だ。市警の上層部とニューヨーク市の高官数名が、この演習に必ず参加していた。彼らは深刻なテロのシナリオについて事前には何も知らされない。現実の状況で、どう対応するかを評価するためだ。前コミッショナーのレイ・ケリーの賛同を得て、この演習はニューヨーク市警のテロ対策戦略に貢献してきた。

四つ目は、サンディア国立研究所のＩＤＡＲＴ（情報設計レッドチーム）の進化の事例だ。彼らは、一九九六年の創立以来、レッドチームの手法やテクニックを改善し普及させており、今では政府内でのレッドチーム活動の教育と認知度向上に大きな役割を果たしている。

空港警備の穴を見つける

スティーブ・エルソンは電話を切る前にこんな警告を送るタイプの人物だ。「気を付けろ。政府が君を殺そうとしているぞ」。こんなことを言われたら、普通は偏執狂だと思って無視するに違いない。だが、エルソンはキャリアのほとんどを政府に捧げ、アメリカ人を殺すための新たな方法を開発してきたのである。

海軍特殊部隊に二二年間勤めたエルソンは、軍事基地、原子力潜水艦、軍や政府高官が働く警備厳重な施設への侵入テストを行う特殊作戦チームを率いていた。たとえば、メリーランド州にある大統領保養施設のキャンプデイビッドに、武器を携帯せず侵入するといった「ソフト攻撃」を行ったこともある。「大統領役になった男が、何度も天国送りになっていたことを知って、シークレットサービスはショックを受けていた」とエルソンは言う。また、武力を用いた「ハード攻撃」のシミュレーションも行った。「司令官の自宅に侵入し、家族の目の前で司令官を拉致することもあった[31]」。

一九九九年に軍を退役したエルソンは、連邦航空局の特別評価チームに入った。このチームが、その後「レッドチーム」と呼ばれるようになる。このレッドチームは、一九八八年にスコットランドで起きたパンナム一〇三便の爆破事件をきっかけに、航空安全とテロに関する大統領諮問委員会の推奨により生まれたものだった。パンナムの事件では、二七〇名が命を落としていた[32]。この爆破事件では、リビア人工作員がスーツケースの中のカセットプレーヤーに爆弾を隠して持ち込み、それが飛行機前方の貨物室に置かれていた。飛行機の高度が三万一〇〇〇フィートに達すると、爆弾は自動的に爆発するようになっていた。

そのスーツケースはその便の乗客が預けたものではなく、マルタで預け入れられてパンナム一〇三便に移されたか、フランクフルト空港で別の荷物とすり替えられたものだった。当時は、すべての預け入れ荷物がその便の乗客のものであることを確かめる「荷物照合」制度はなかった。

　爆破事件の二か月前にフランクフルトのパンナムに航空局の保安検査が入り、こうした乗り継ぎ荷物の追跡システムがないことが指摘されていた。[33] パンナム一〇三便事件をきっかけに作られた連邦航空局のレッドチームは、現実的な欠陥テストを通してこのような問題を見つけ出すことを目的として、一九九一年三月に活動を開始した。

レッドチームによる覆面調査

　しかし、レッドチームはその初めから、空港や航空会社の保安体制に影響を与えることはできなかった。パンナム事件のような明らかな必要性に応えて設立されたチームではあったが、土台となる理念も、指針となる手引き書もなく、チームの活動も範囲も定義されておらず、発見をどう利用するかも指示されていなかった。

　初期のメンバーやスタッフへの取材から、また航空局の母体である運輸省の戦略文書から浮かび上がったのは、レッドチームの活動が、チームでもっとも地位の高いメンバーの性格や経験にゆだねられていたということだ。官僚制度を管理する方法はない。初めて「作戦コンセプト」が書かれたのは一九九四年になってからだったが、この文書には欠陥テストの種類、テスト場所の選定基準、レッドチームの報告の中身について具体的な記述はなかった。正式な法案に盛り込まれた文言もまた、同じようにあいまいなものだった。

一九九六年一〇月に成立したこの法案は、連邦航空局の監察官に、空港や航空会社の保安体制を定期的に抜き打ちで検査し、保安体制の有効性と欠陥を指摘することを義務づけていた[34]。だが文書化された指針はほとんどなく、レッドチームと連邦航空局の監察官との間でひととおりの理解があっただけだった。言うまでもなく、これが混乱を招き、レッドチームのメンバーも管理者も次々と交代していった。

だがそのうちに、レッドチームは連邦航空局の日常的な検査業務から独立し、四名から五名のエリート監査官から構成されるようになった。その任務は、航空分野のテロ活動を模倣し、航空会社の現行の保安手続きを覆面検査することだった。レッドチームのメンバーは、ＦＢＩとＣＩＡからテロ集団についての極秘調査資料を受け取っていたが、その情報は一般に流通しているものや捜査員による非公式な接触に頼っており、テロリストの戦術を模倣するための根拠としては質の低いものだった。

さらに悪いことに、チームはテストの場所を自分で選ぶことができず、上層部から書面で許可を受けなければならなかった。また、時には地方空港の保安チームが自分たちの保安手続きの見直しと評価を連邦航空局のレッドチームに依頼することもあった。国内外の空港で欠陥テストを行うことがレッドチームの仕事で、それは抜き打ちテストでなければならず、同時に商業活動を邪魔しないものでなければならなかった。これは非常に難しい条件だった。というのも、レッドチームは日常業務の邪魔になってはならないが、テロリストは明らかにそれが目的だからだ。

レッドチームはその発見を報告書の形式で記録することを義務づけられ、その報告書は民間航空警備部と共有された[35]。報告書の中身は民間航空警備部の現場ユニットに伝えられ、改善が必要な場合にはそこでどのような策を講じるかが決められていた（レッドチームによる発見が、空港や航空会社の保安責任者に直接伝えられることはなかった）。ここで、改善策を含む警告状あるいは改善勧告が送られることもあった。

または、連邦航空局が航空会社に五万ドル以下の罰金を科すこともあったが、たいていは航空会社の弁護士と当局の交渉によって金額は下がっていた。一九九六年には、連邦航空局が勧めた平均の罰金額は、国営の航空会社に対しては三万五六〇〇ドル、商業航空会社には一四万四〇〇〇ドル、個人に対しては六〇〇〇ドルだった。しかし、こうしたケースの八割で罰金は減額され、平均で航空局の勧めより七五％も低い金額にとどまっていた[36]。

連邦航空局はこのように罰金を科すこともできたが、実際にはレッドチームによる発見が直接罰金につながることはなかった[37]。重大な刑事上の過失があった場合には、運航許可を取り消すこともできたが、そうなったことは一度もなく、九・一一以前にはそうした手段は現実的ではなかった。

空港には何でも簡単に持ち込むことができた

一九九〇年代には、レッドチームは欠陥テストを行うにあたって一五ページから二〇ページに及ぶ計画を立て、時間軸、動き、チームメンバーの目標や、「運び屋」役の外部捜査員の役目などを細かく書き記していた。たとえば、「乗客」役の人間が二個の荷物をチェックインして、実際にはその便に搭乗しなかった場合、荷物照合に引っかかるかどうかを調べることもあった。また、飛行機の搭乗中にメンバーが乗降場所あたりをうろついて、地上職員が質問するか、またはそのメンバーの方を見るかをテストすることもあった。

地上職員はほとんどの場合どちらの行動もとらなかった。一番よく行っていたのは、よく見ればわかるような偽の爆弾や武器や狩猟ナイフを飛行機に持ち込むテストだ。当時レッドチームのメンバーだったエルソンと仲間たちは、空港警備は穴だらけで、どんなものでも「あまりに簡単に、何度でも」持ち込めたという[38]。

そうした欠陥はすべて細かく報告書に記載されていた。報告書は民間航空警備部に直接送られていたが、航空会社や空港に対してどのような改善指示や罰金や手続きがなされたかは、レッドチームには知らされなかった。自分たちの発見がどのように利用されているのかを知らないまま、レッドチームは国内や海外のハブ空港で同じような欠陥を指摘し続け、なにも手が打たれないという結論に達しただけだった。エルソンはこう語っている。「レッドチームの目的は、問題を見つけてそれを直すことだったはずだ。直さないなら、やるだけ無駄だ」。

こうしたセキュリティの失敗は、ボグドン・ザコビッチがレッドチームのリーダーを務めた一九九五年から二〇〇一年までずっと続いていた。ザコビッチはもともと沿岸警備隊と海軍犯罪調査局に所属したセキュリティの専門家で、一九八七年からは連邦航空局で航空保安プログラムのチームリーダーを務めていた。レッドチーム入りを要請された時にはすでに、連邦航空局がテロリズムの脅威に対してあまり敏感でないという印象を持っていたが、テロリストの行動を模倣し、抜き打ちテストによって航空セキュリティを改善することには熱意を持っていた。

しかし、「一九九〇年の初めに指摘された問題が、今も同じ空港でまったく同じように残っていることに気がついた。文字通り、なんの手も打たれていなかった」と言う。

六〇個の爆弾さえも発見できない空港の検査員たち

一九九六年に五か月にわたって行われた「マルコポーロ計画」は、とりわけ惨憺《さんたん》たる結果に終わった。あのパンナム一〇三便事件で爆弾入りのスーツケースが持ち込まれたフランクフルト国際空港で、レッドチームは六〇個の偽爆弾を持ち込む演習を行った。ザコビッチは貨物係の制服を着て、空港の身分証を手に入れていた。身分証を持っていたザコビッチは貨物が積み替えを待つトランジットエリアに入ることができた。別の工作員が、ザコビッチにわかるように目印をつけた荷物をチェックインし、それがベルトコンベアに載って下に落とされるとすぐにザコビッチに携帯で連絡を送った。ザコヴィッチは爆弾検知用のX線検知装置のところまで何気なく歩いていき、印のついた荷物が検査装置をくぐる瞬間に、その場所を通りすぎた。二〇フィート離れた場所からでも、モニターに爆弾の一部が映っているのが、ザコビッチにははっきりと見えた。

ザコビッチはテストの結果について次のように語っている。「もし彼らが爆弾を発見したら、私は身分を明かしてテストを行っていたことを告げるつもりだった。だが、彼らは結局ひとつも発見できなかった」。つまり、これはテクノロジーや装置の問題ではなく、検査員がモニターを見ていないというだけのことだった。一三回の失敗のあと、連邦航空局の監査官はフランクフルト発のアメリカの航空会社にこの惨憺たる結果を伝え、その後改善があるかどうか見ようとした。マルコポーロ計画は予定より早く切り上げられたが、その間に三一回の追加テストが行われた。パンナム一〇三便爆破事件の八年後、フランクフルト空港の警備は完璧な失敗例であることが判明した。レッドチームは四四回の爆弾持ち込み検査を行ったが、一度として爆弾が発見されることはなかった。

また、これほどひどくはなかったにしろ、レッドチームが欠陥テストを行ったすべての空港で、さまざまな警備の欠陥が明らかになっていた。レッドチームの発見は、他の連邦航空局の監査官による日常的な検査業務にも取り入れられた。一九九九年一一月、運輸省の首席監査官が特別評価チームの監査結果を議会に報告した。この特別評価チームによる侵入検査は、レッドチームの行うテストほど手の込んだ検査ではない。国内八か所の主要空港で行った一七三回の検査のうち、チームは一一七回も立ち入り禁止エリアに入ることに成功していた。禁止エリアに入ったあと、彼らは三五の航空会社の飛行機に乗り込んだ。「従業員が警備の責任を果たしていないことが、最大の欠陥だ[39]」。

上層部は改善に向けて全く動かなかった

レッドチームは欠陥を明るみに出すことに成功し続けていたが、ザコビッチはこのプロセス自体がだんだんと腐敗していると感じていた。連邦航空局の監査官が、地方の同局警備担当者に爆発物探知機のテスト予定を漏らした件も報告されていた。当の監査官はのちに、現場の係員が探知機をきちんとメインテナンスして、テストの時にきちんと動いているようにと考えて、意図的に漏らしたと認めていた。

連邦航空局の管理者はレッドチームに警備の欠陥を書き連ねないように依頼し、特に比較的新しいＸ線検査装置の画像診断プログラムの信頼性については記録しないように指示していた。[40]結局のところ、レッドチームのメンバーは次第に自分たちの任務から遠ざかっているような気分になっていた。空港警備や探知装置の欠陥を見つけても、その空港ではそれ以上のテストを行わないように命令されることが多くなっていた。

一方で、相変わらず検査へのフィードバックはないままだった。「管理者がなにをしていたのか、こうした問題についてどう思っていたのかは、今もまったくわからないままだ」とザコビッチは言う。レッドチームは問題を発見するよう任務を受け、それをいとも簡単にやってのけたが、上層部を動かして欠陥を改善することはできなかった。一九九八年八月、ザコビッチは自身の懸念を知らせるべく、一六ページにわたる詳細な書簡を書き、連邦航空局の上層部と運輸長官に送った。レッドチームのリーダーとしての時間を振り返り、ザコビッチはこう語っている。「警備の欠陥を正すためになにかの行動がとられたことは、私の知る限り一度もなかった」。

エルソンは引退したあと、当時まだレッドチームのリーダーだったザコビッチと共にレッドチームが発見した欠陥を政府に警告するキャンペーンを立ち上げた。一九九九年と二〇〇〇年にかけて、二人は運輸省の首席監査官、政府監査院の監査官、連邦航空局と航空保安を監視する委員会に関わる議会の上級スタッフに向けて報告会を開き、警告を発していた。エルソンは自宅のニューオリンズから自腹を切ってワシントンに飛んでいたが、空港のチェックインカウンターで乗客リストや手荷物チケットを盗んで報告会に持っていき、それがどれほど簡単かを示していた。エルソンとザコビッチの警告を、高官やスタッフは純粋な驚きを持って聞いていたが、航空業界は議会にも連邦航空局に対しても巨大な影響力を持っていたため、彼らにできることはほとんどなかった[41]。

のちに九・一一委員会に対して、連邦航空局の高官は、大手国内航空会社や業界団体が保安規制を制限し、厳格で現実的な警備テストの拡大に必要な追加予算が削られたと語っていた。事実、レッドチーム自身も当初は一八人で構成される予定だったが、結局八人を超えることはなく、そのため欠陥テストの数も範囲も限られることになった。

そして九・一一が起きる

連邦航空局の高官や議会上層部の関心を集めることができなかったエルソンとザコビッチは、二〇〇一年二月に自分たちの発見を公に発表することにした。エルソンがニューオリンズ国際空港で狩猟用ナイフをズボンに忍ばせて三か所の検査地点を通過したことや、ザコビッチのチームが一九九八年から一九九九年の間に九五％の確率で主要空港の立ち入り禁止エリアへの侵入に成功したことを、業界誌に載せたのだ[42]。過去の例を挙げると、一九七八年には、それほど現実的ではないテストでは、一三％の割合で武器や爆発物といった危険物が探知されており、一九八七年には二〇％と言われていた[43]。

エルソンはまた、もうひとつ別の警備テストの指揮も執った。ブライアン・サリバンという退役連邦航空局監査官が、地元のフォックステレビの要請を受けてボストンのローガン国際空港の保安体制をテストしたのである。

二〇〇一年五月六日に放送されたこの調査報道番組では、ターミナルBの乗客手荷物検査官が、禁止されていた武器を発見できなかったことが取り上げられた。しかも、フォックステレビのスタッフは事前にローガン空港の警備担当者に、以前の抜き打ち調査でも同じ検査官が危険物を見逃していたことを報告していた。

ザコビッチは、ローガン空港のあるマサチューセッツ州選出の上院議員だったジョン・ケリーの事務所に行き、上級スタッフにこの報告書をわざわざ手渡したが、なんの返事ももらえなかった[44]。九・一一のハイジャック犯はこの月の後半に空港警備の監視を始め、二〇〇一年六月の終わりにはグループのリーダーだったモハマド・アッタもローガン空港で監視を行っていた[45]。この年の九月一一日、ユナイテッド航空一七五便とアメリカン航空一一便がハイジャックされ、ワールドトレードセンターに衝突した。どちらの便も、ローガン国際空港のターミナルBから飛び立っていた。

九・一一の同時多発テロで二九九六名の命が失われてはじめて、エルソンとザコビッチが繰り返し指摘してきた保安体制の欠陥がとうとう受け入れられた。注目されるのが遅すぎたとも言える。九・一一のハイジャック犯は、国内航空会社と空港の生ぬるい警備体制を逆手に取っていた。レッドチームは何度も警告を出していたのに、連邦航空局の上層部はほとんどなにも手を打っていなかったのだ。

その数日後、連邦航空局はレッドチームを解体した。ザコビッチとエルソンはすぐ議会に戻り、同時多発テロの前に警告したのと同じスタッフに語りかけた。航空警備を改善し、今後の攻撃を未然に防ぐためになにができるかについて、今回はスタッフもはるかに熱心に聞き入っていた。会合の最後にザコビッチが「なぜ失敗したか、誰に責任があるのかについての捜査はいつ入るのか？」と訊ねた。すると、スタッフは毎度のようにこう答えた。「ボスはどんな手を使ってでも、九・一一の捜査を止めさせようとするはずです[46]」。

連邦航空局の監督ミスを内部告発

これではまたなにも解決されないと恐れたザコビッチは、特別顧問局に、内部告発の申請を行った。特別顧問局は独立した政府機関として、内部告発者を報復から守る役目がある。ザコビッチは四〇〇ページを超える報告書を提出し、連邦航空局自体が公共の安全に対する深刻な脅威だと述べた。「すべての政府機関のなかで唯一、九・一一を積極的に防ごうとしたのは、連邦航空局のレッドチームだけだった。それなのに、私たちはあからさまに無視されていた」と告発したのだ。

これに続く捜査では、運輸省の首席監査官が指揮を執ったが（利益相反の可能性もある）、ザコビッチの告発の一部は裏付けが取れなかった。民間航空警備部がレッドチームの発見を意図的に隠蔽《いんぺい》した件も、確証はとれなかった。連邦航空局の管理官と地域の民間航空警備部が航空会社や空港に改善命令や罰金を科していたにもかかわらず、違反事例を共有したり追跡するシステムはなく、従って「民間航空警備部が協調的な改善行動を促すことは難しかった」ことが、捜査によって指摘された。しかも、「目立った改善行動はなく、時間が経ってもテストで失敗が続いていたことを考えると、空港警備の改善は期待できなかった」と報告された。

二〇〇三年三月の特別顧問局からジョージ・W・ブッシュ大統領に宛てた書簡は、捜査結果を次のように要約していた。「連邦航空局のレッドチーム活動には運営の欠陥があり……その結果、公共の安全に著しく明白な危険が生み出された[47]」。

二〇〇三年と二〇〇四年に開かれた九・一一委員会の聴聞会と最終報告書の公開によって、

連邦航空局のレッドチームは突如注目を浴びた。二〇〇三年五月、ザコビッチは委員会の前でこう証言している。「九・一一事件の原因は、システムの失敗ではありません。これは失敗するように設計されたシステムでした。連邦航空局は、意識的かつ計画的に危険な警備体制を作り上げていました」。

連邦航空局の監督ミスを内部告発した結果、ザコビッチは数年間窓際に追いやられ、現在は運輸保安庁に勤務している。結局ザコビッチは中西部への異動がかない、連邦航空局の航空保安部門を引き継ぐことになった。結局ザコビッチは中西部への異動がかない、運輸保安局の一般航空部門で「首席セキュリティ専門家」として在宅勤務しているが、セキュリティ専門家としての彼の豊富な専門知識は活用されていない。「ちょっと有能な事務員みたいなものだ」とザコビッチは語っている。

エルソンはその後何年間か、地方の報道番組のために空港の検査所に禁止品を持ち込み、警備の欠陥を記録し、報告書を読んでくれそうな当局者には誰でも、すべて大文字でタイプした報告書を送りつけていた。飛行機に乗るときには、いまもまだ攻撃的なテロリストのように考え、欠陥を探してしまう。

たとえば、ワシントンＤＣのロナルドレーガン国際空港内のいくつかのターミナルでは、誰でもコーヒーを手にもって保安検査場の真向かいに座り、保安検査員が使っているテクニックや手続きを見られることが気になってしまうとエルソンは言う。それは、テロリストにとって検査場を偵察しどう潜り抜けるかを考える最高の機会になるからだ。探知機を通過すると、靴を履きなおすふりをして、検査員の行動をいつまでも眺めることができる。エルソンはいまもザコビッチと友達で、ザコビッチはエルソンを「誰よりも鋭く状況を認識し、落ち着きのある、賢いセキュリティの専門家だ」と言い、内部告発者としての苦労を顧みない「真のアメリカンヒーロー」だと語る。また、エリソンもザコビッチを「恐れ知らずだ。彼は国と家族と友人に尽くす人物。人命を救うことに対して、直観的な理解がある」と言う。

一〇年間、何の手も打たなかった連邦航空局

連邦航空局のレッドチームはその価値を完璧に証明していたにもかかわらず、九・一一後の国家安全保障の大改革の中で、再結成されることはなかった。運輸保安庁は二〇〇二年九月に監督庁のもとで独自の抜き打ち検査を改良しはじめた。監督庁には、独立したレッドチームと違って、幅広い空港と航空会社に応用できる標準化された厳格な検査体制がある。運輸保安庁の高官に知らせずに、少人数の検査チームが検査場から危険物を持ち込んだり、危険な手荷物を預け入れたり、立ち入り禁止エリアに侵入したりする。テスト後数日で、検査チームのリーダーが警備係と現場で顔を合わせて、結果を報告し欠陥を指摘する。その後、検査チームは運輸保安庁の管理者に結果を伝え、管理者が改善行動を命じるか罰金を科すかを決める。

二〇一三年、運輸保安庁の管理者であるジョン・ピストルは、検査官を「スーパーテロリスト」と呼ぶが、ザコビッチは嘲笑的に「ピンクチーム」と呼んでいる。というのもこのチームは「官僚が求める狭い範囲の要求に答える検査だけを行う部隊だから」だ。二〇一五年に複数の空港で行われた国家安全保障省による欠陥テストでは、七〇回のテストのうち六七回も武器や偽の爆発物の持ち込みに成功していた(48)。

実際のところ、航空警備がどれほど厳格でも、犯罪者やテロリストが繰り出すありとあらゆ

る斬新な手法をすべて防ぐことは不可能だろう。もちろん、疑わしいテロリスト組織の情報に基づいて、保安手続きは常に進化し続けている。たとえば、標準的な探知機では探知できない、電子機器の殻に覆われた非金属製の爆弾といった新しい危険物に対応するため、二〇一四年六月に運輸保安局は新たな追加的手段を導入した。現在、海外の特定空港からアメリカ行きの便に搭乗する場合には、搭乗前に電子機器のスイッチを入れることが義務付けられている。電源の入らない電子機器は持ち込めず、乗客は追加の検査を受けなければならない[49]。

しかし、こうした基準をもってしても、十分ということはない。二〇一二年、エヴァン・〝ツリーフォート〟・ブースという人物が、空港ターミナルの保安検査場を通ったあとに購入した品物と持ち込みを許された小さな多目的ツールを使って、極めて殺傷力の高い武器を作る様子を細かく動画に収め、インターネットで公開した。彼が公開した武器の中には、遠隔操作で爆破できるスーツケース型爆弾、ヘアドライヤーとヘアバンドと磁石クリップと、九ボルトの電池と、雑誌とテープと糸ようじで作った銃、レッドブルの缶を使った弾薬も含まれていた[50]。

パンナム一〇三便爆破事件、上院委員会による発見、民間航空会社に繰り返し出されていたテロの脅威についての警告にもかかわらず、九・一一以前のアメリカ政府にとって、空の安全は優先事項ではなかった。連邦航空局が安全を守る責任を負っているはずだったが、与えられた権限にも予算にも限りがあった。これは航空業界が議会に大きな影響力をふるい、業界と当局の上層部が癒着と言えるほどの近しい関係にあったことが原因だ。レッドチームの発見が必ずしも「隠蔽」されたわけではないにしろ、管理当局からは軽く見られていた。というのも、当局は航空セキュリティ全体は昔よりも改善されていると思い込んでいたからだ。少なくとも連邦航空局ができることはやっていると考えていた[51]。

九・一一委員会は、連邦航空局の政策計画担当官であるブルース・バタワースのレッドチームに関する意見を、次のように要約している。「バタワースは、航空会社やその他の関係者が、テストで明らかにされた情報をありがたがらなかったとほのめかした。彼らは知りたくなかったのだ」[52]。事実、テロの脅威に対応できるような民間航空の警備強化は見られなかった。連邦航空局のレッドチームは一〇年間の活動を通して繰り返し警備の欠陥を証明し、それを記録し、上司に適切に報告していたが、なんの手も打たれなかった。

さまざまな階層の管理職はレッドチームの使命に賛同しておらず、官僚たちは繰り返し明らかにされた悪い知らせを受け入れようとはしなかった。九・一一以前の連邦航空局におけるレッドチームの例は、対応に失敗して危機を引き起こしたケースだが、国土安全保障分野のレッドチームのほとんどの事例は、そこまで悲惨ではない。

航空機へのミサイル攻撃を防ぐ

二〇〇二年一一月二八日、アルカイダ関連のテロリストが、ケニアのモンバサにあるモイ国際空港から離陸したアルキア・イスラエル航空のボーイング七五七旅客機にSA-7地対空熱追尾ミサイル二発を発射した。おそらく七五七型機に搭載された防御システムのおかげで、どちらのミサイルも命中しなかったが、紛争地域以外で民間旅客機がミサイル攻撃を受けたのは、これが初めてだった。もし命中していれば、二七一名の乗客全員が死亡していただろうと思われる。

この攻撃で、テロリストが使用したのが携帯式防空ミサイルシステム、すなわちMANPA

Dだ。当時、世界中に七五万台のMANPADが存在するとされていた。ブラックマーケットではわずか五〇〇〇ドルでこれが手に入り、その多くが国家に属さない組織や人々の手に渡っていると考えられた[53]。乗客の命への脅威と、一〇〇〇億ドル規模の航空産業への心理的な脅威は、計り知れなかった。二〇〇三年一〇月、国務長官だったコリン・パウエルはこう語った。「空の安全に対するこれほど深刻な脅威はほかにない[54]」。

二〇〇四年一二月、情報活動改革テロリズム予防法が議会を通過した。これにより、国家安全保障省は、国内四四〇か所の空港すべてでMANPADに対する欠陥テストを行い、議会に報告することが義務付けられた[55]。具体的には、テロリスト集団が携帯式ミサイルによってどのように民間旅客機を撃ち落とすかをシミュレーションすることになった。

運輸保安庁が招集した評価チームは、FBI、シークレットサービス、国防総省の代表者で構成された。このチームはまず、八〇か所の主要空港を優先させることにした。これらは国内でもっとも大きく旅客数の多い空港で、攻撃のリスクも高いとされる空港だ。

二〇〇四年から二〇〇八年の間に一〇か所の空港が二度の検査を受けていた。ニューヨークのケネディ空港とラガーディア空港もその中に含まれていた[56]。九・一一以前の連邦航空局によるレッドチームとは違い、今回の評価チームによる発見や改善勧告は地元警察にも連邦法執行官にもはるかに受け入れられていた。

テロリストの動機と目標から発射地点を予測する

ニューヨークの空港を検査することになった四人組のレッドチームはまず、民間航空機にミサイル攻撃を仕掛けるようなテロ集団の動機と目標について考えることから始めた。こうした複雑で重要な作戦は衝動的に行われるものではなく、膨大な準備が欠かせないと思われた。テロの工作員はおそらく合理的で戦略的な人物で、明らかな政治的意図を持っていると考えられた。

まずは、テロリストが旅客機を狙えるようなミサイルの発射場所の範囲を特定しなければならない。入手の簡単なSA－7地対空熱追尾ミサイルで、離着陸または旋回中の飛行機を狙える場所は、空港周辺の数百マイル四方の範囲に限られる。しかし、SA－18のようなより進んだミサイルなら、その範囲が数千マイル四方に拡大する。(57) どちらの武器にしろ、その範囲は広く、複数の管轄にまたがっており、検査も防衛も難しかった。そこで、レッドチームはテロリストについてもっとも可能性の高い四つの前提を立てて範囲を絞り、警備を強化すべきエリアに集中することにした。

まず、攻撃グループは、それぞれ担当の決まった少人数のメンバーで構成され、射撃手を守る係と、攻撃を撮影する動画係がその中にいると考えられた。実際に引き金を引く人間はテログループにとって貴重な存在で、訓練を積んでいて、戦闘経験が豊富ながら、疑われずにアメリカに入国できるほど賢く柔軟な人間だと思われた。ということは、テロ組織としては射撃手を安全に撤退させる必要があるため、射撃手は武装メンバーに守られ、逃げ道に近いエリアから攻撃を行うと考えられた。

次に、テロリストには政治的な目的があり、どの航空機でも標的にするわけではないため、アラブ系やイスラム系の航空会社ではなく、イスラエルかアメリカ系の航空会社を狙うと思われた。ということは管制官の情報を遠隔傍受しながら、離着陸する航空機を識別する必要がある。二〇〇三年まで、ほとんどの主要空港では管制官の生の航空無線をインターネットで聞くことができたのだ[58]。

三つ目に、攻撃にはあらかじめ計画が必要なので、テログループは、空港の風向きに左右される航空機の離着陸パターンを、事前につぶさに監視するだろうと思われた。そのためメンバーの一部は事前に何週間、あるいは何か月も、目立たない場所から滑走路を監視するはずだった。

四つ目に、テロリストは航空機の着陸時ではなく離陸時を狙ってミサイルを発射すると思われた。離陸時の航空機は大量の燃料を搭載しており、したがって負荷も大きい。すると上昇率が下がり、操作性も大きく制限され、ミサイル攻撃後に旋回して同じ空港に戻るのが極めて難しくなる。逆に着陸時にMANPADを発射した場合には、熱に誘導されてエンジンにあたる可能性が高く、パイロットの対応によって飛行機が比較的安全に着陸できることも考えられる。また熱誘導ミサイルなら、着陸時よりも離陸時の方が熱の放射跡が残りやすく追撃しやすい。

以上の四つの前提から注目すべきエリアは限られた。つまり、離陸する飛行機を狙える射程範囲にあり、自由に出入りが可能で、姿を隠しやすい場所、ということになる。ケネディ国際空港の場合には、滑走路との間に障害物のない丘の上のクイーンズ墓地が、ミサイル発射に最適な場所だとわかった。ラガーディア空港の場合は、フラッシングベイに浮かべた高速艇や、当時ブロンクスにドナルド・トランプが建設中だったゴルフ場が、魅力的な射撃場所になると思われた。

これらの場所とそれ以外の目星をつけた多くの場所に、四人組のチームが訪れ、GPSでマッピングを行い、ヘリコプターで上空から偵察を行った。それから、予想されるテロリストの思考と行動に基づいて、これらの場所を魅力順に上から順番をつけた。もちろん、賢いテロリストが、さらに裏をかいて、より人口の密集した地域からミサイルを発射することも考えられた。しかし、その場合でも、発射場所に証拠が残ることは確実だった。ミサイル発射の焦げ跡、化学物質の残滓、使い捨てのバッテリー冷却材などだ。そのため、レッドチームが特定した、開けた場所の方がはるかに合理的で、そちらに注意を絞るべきだと思われた。

海外の二七五か所の空港でも調査を実施

連邦航空局や先ほどの事例が示すとおり、レッドチームの発見は、政策や計画に取り入れられて初めて役立つものになる。連邦航空局のレッドチームとは違い、MANPADの欠陥テストは継続的に航空セキュリティの危機対応計画に取り入れられ、更新されている。もし実際にテロリストによる計画が諜報機関から報告された場合には、この危機対応計画が、ニューヨーク地域の統合テロリストタスクフォースによって実施されることになっている。統合テロリストタスクフォースは、FBIが率いるタスクフォースで、五〇名の連邦、州、地域の特別捜査官や刑事で構成され、テロリズムに関する情報収集と分析を行い、テロの脅威を明らかにし、それに対処している。

航空脅威に対する危機対応計画は、どの政府機関が攻撃を予防し、それに対応するかという管轄の問題を整理する役目も負っている。たとえば、ニューヨークのジャマイカ湾からミサイルが発射された場合には、沿岸警備隊が対応するが、その土地を所有しているのはニューヨークとニュージャージー州の港湾管理局だ。一方で、墓地やゴルフ場を巡回するのは民間の警備会社だが、通報に応じて最初に出動するのは地元警察だ。ミサイルの煙の痕跡からおよその発射場所を見つけられるのは、空港の管制塔にいる航空管制官だろう。その後、検査チームが最初に特定した発射場所の範囲内のどこからミサイルが発射されたかを、担当捜査官が突き止める。また、テログループはおそらく武装を固め、射撃手を逃がそうとするため、捜査官は銃撃の危険を自覚し、すでに判明している逃走経路に注目しなければならない。

二〇〇〇年代半ばにはじめてニューヨーク市の空港で二度のＭＡＮＰＡＤに対する検査を行って以来、毎年評価は見直されてきたが、結果は一貫していた。離陸時の航空機をミサイルで狙う場合の発射地点や物理的な特徴は変わっていない。また、もっとも可能性の高い発射地点や逃走経路の所有者や法的管轄も変わっていない。

ニューヨークの空港へのＭＡＮＰＡＤの脅威が諜報機関から警告されれば、この検査結果から導かれる予防策がただちに発動され、潜在的な発射地点の施設警備が強化され、地元警察が対応策を採ることになっている。危機対応計画はまた、目つぶし用レーザー兵器といった、他の脅威にも対応している。二〇〇〇年代半ばには、そうした脅威に対応するレッドチームのシミュレーションは行われていなかったため、ＦＢＩと連邦航空局とニューヨーク市警は、現実的な偶発事態への対応策のないままに、単なる直感に頼って動いていた。レッドチームのシミュレーションは、その後引き続きすべてのＭＡＮＰＡＤの防衛計画に役立っている。現在は、海外でのＭＡＮＰＡＤによる旅客機への攻撃に、より大きな懸念が集まっている。過去一〇年間、運輸保安庁は、アメリカへの直行便が出発するおよそ二七五か所の海外の空港で、同様のテストを行っている。

テロリストの兵器の進化に合わせてシミュレーションを繰り返す

当然ながら、包括的なレッドチームの活動によって明らかになる点は多い。ＦＢＩとニューヨーク市警によると、二つの空港のシナリオは、室内演習でも、現場訓練でも、十分に検証されたことはなかったという。あらゆる関係者を巻き込んだレッドチームによる演習が、発射地点のパトロールや攻撃後の対応の欠陥を表に出すことは間違いない。空港警備員にしろ地元警察官にしろ、しょっちゅう人員が入れ替わることは、今後もセキュリティの課題である。しかし、さまざまな脅威に対応するための時間も資源も有限なので、もっとも重大な脅威に対応できるようリソースの優先順位は変わるべきだろう。二〇〇二年のイスラエル旅客機への攻撃未遂によってＭＡＮＰＡＤへの懸念は高まったが、その後時間が経つうちに関心も薄れてきている。

しかし、数千個のミサイルが非国家主体の手にあることを考えると、アメリカの空港へのこうした攻撃の可能性は、二〇〇二年と変わらず今も現実的なものだ[59]。しかも、非国家主体やテロリストによる携帯式ミサイルを使ったヘリコプターや旅客機への攻撃は、イラクやソマリアやシリアやエジプトといった紛争地域に限られるとはいえ、このところ増加している。

二〇一四年の四か月の間に、東ウクライナでは分離主義者が一二機の軍用機を地対空ミサイルで撃ち落とした。二九八名の乗客・乗員の命が奪われたマレーシア航空一七便の事件が起きたのは、その後の七月一七日だった。これらのミサイルは、レーダー誘導装置のついた最新のシステムから発射されており、移動に手間のかかるこうしたシステムをだれにも気づかれずにアメリカに持ち込むことはほぼ不可能だと思われる(60)。

二〇一四年一〇月、イスラム過激派のISILは、携帯式地対空ミサイルを使ってアパッチヘリを打ち落とすための手引きをインターネット上で公開した。「発射場所の選定：なるべく高い場所がいい。ビルの屋上か、発射後に砂煙が起きないような、地面の固い丘の上など」と指導していた(61)。軍用機および旅客機への脅威の拡大を見た国家安全保障省の高官は、二〇一四年七月に、レッドチームによるMANPAD攻撃に対する空港でのテストと予防策に再び目をむけた(62)。レッドチームの重要な原則は、適切な頻度でこれを行うことだ。さもないと、組織は硬直し現状に満足してしまう。殺傷力の高いテクノロジーが進化し、その脅威が拡がっていく中で、現実に即したシミュレーションが繰り返し行われることが求められている。

ニューヨーク市警のレッドチーム

インドのムンバイで二〇〇八年一一月二六日に始まったテロ攻撃では、三日間で一七四名が亡くなり、六〇〇人を超える負傷者が出た。パキスタンに本拠を置くイスラム系テロ組織のラシュカレトイバに属する一〇名の工作員は、複雑な同時作戦を展開し、駅と、二軒の高級ホテルと、外国人の集まるカフェと、ユダヤ人のコミュニティセンターに攻撃を仕掛けた。混乱と誤情報のために、インド警察がテロリストと交戦を始めたのは二八時間もたってからで、すべてのテロリストが殺されるか逮捕されるまでに、さらに三〇時間がかかった(63)。

この撃ち合いが終わってから数時間後、ニューヨーク市警の上層部三人は犯罪現場の情報を集めていた。市警の捜査官は警備隊と会合を持ち、報道を注視し、攻撃場所の写真を撮った。

ニューヨーク市警のインテリジェンス部門は、数日のうちに、詳しい時系列、武器、戦術、テロリストの手法、攻撃者や死傷者の最新情報などを説明した四九ページにわたる「ムンバイ襲撃事件分析」をまとめた[64]。

ニューヨーク市警のコミッショナー、レイ・ケリーはすぐに、この奇襲スタイルの攻撃がニューヨーク市にとって新たな脅威となることを見てとり、市警はそれに十分な備えができていないと考えた[65]。天井に銃弾の穴がひとつもないことからも、ムンバイの犯人が、高度な訓練を受けており、忍耐強いことは明らかだった。興奮した未熟な人間なら、自動拳銃を高い位置に何度も打ち込んでしまう。だが、この攻撃では、どの場所でも頭の高さに三つの弾丸跡が発見されていた。つまり、テロリストたちは良く訓練され、規律を持って銃を発射していたのだ。事件の翌日には、ムンバイの分析をもとにして、レッドチームによる室内演習を早期に行い、ニューヨーク市警の上層部の対応と意思決定を検証することが決まった。

幸い、ニューヨーク市警のテロリスト対策部門にはすでに、そうした演習を組み立てて実施できるような少人数のグループがいた。このグループが、コミッショナーの指示のもと、室内演習の準備を担当した。重要なイベント（ボストンマラソンでの爆破事件の反省から、感謝祭のパレードやニューヨークシティマラソンといった大規模イベントを想定した）での複雑な脅威（放射性物質の紛失など）や、新たな種類の侵入者（一匹狼的な攻撃者）に備えることが目的だった。

この演習は、毎年平均で四回から八回行われている。二〇一三年一二月にコミッショナーに就任したウィリアム・ブラットンのもとで開かれた最初の演習は、二〇一四年二月にニュージャージーで行われるスーパーボウルの試合中でのテロを想定し、訓練された狙撃手とバックパック爆弾と放射性物質による脅威がシナリオに組み入れられていた。二〇一四年一〇月に行われた二回目の演習では、正体不明のドローンが登場し、ニューヨークシティマラソン中に不審な交通事故が発生してランナーが足止めされ、セントラルパークで爆弾が爆発するというシナリオだった。どちらの演習にもビル・デ・ブラシオ市長が積極的に参加した。それとは対照的に、マイケル・ブルームバーグは市長時代に一度も演習に参加しなかった。

二時間の室内演習

ニューヨーク市警の室内演習は、一連の仮想シナリオに対応する予防策を検証するための、典型的なレッドチームの例だ。この演習のシナリオは、「ボブ」と呼ばれるニューヨーク市警の三三歳のベテラン警官が、テロ対策局長の監督のもとで、同署のインテリジェンス部門の高官からの情報を得て書いている。(66) シナリオがコミッショナーに渡されるのは演習の数日前だ。シミュレーションが本物らしく行われ、参加者が事前に準備できないように、トピックやシナリオを事前に知ることができるのは、ほんの三人か四人に限られている。また、シナリオを書く「ボブ」とテロ対策局の局長は、参加者の担当分野と武力水準に関する情報を集め、予期せぬ危機が起きたときに本当は持っていないはずのリソースを使うといった「八百長」がないかどうかを確かめている。

ニューヨーク市警の高官と指揮官（一〇人の三つ星警官とそれに近い数の二つ星警官）、市警以外の関係組織の高官（消防署、緊急対応部署、輸送機関など）、民間企業の関係者（ゴールドマンサックスの保安担当者や、ランナーの非営利コミュニティであるニューヨークロードランナーズ）も、演習に参加する。参加者たちはそれぞれ、演習が数日後の午後遅い時間に行われることを、週の頭に告げられるだけだ。どんなシミュレーションになるのかを探り出そうとする参加者もいるが、それが事前に知らされることはない。

この演習は、会議室の中で行われる。通常は、ロウアー・マンハッタンにあるニューヨーク市警本部の一四階のエグゼクティブ司令センターがその会場になる。演習はほぼ二時間で行われ、ケリーはコミッショナー在職中すべての演習に参加した。「部下にこの演習の重要性をきちんと示すことが大切だった」。ケリーと指揮官は四六時中日常業務に追われていたため、この演習は「想像を拡げられる唯一の時間」としてかけがえのない機会だった。[67]

参加者は中央テーブルの周りの、指定された座席に座ることになっていた。座席の配置は、コミッショナーに最も近く、シミュレーションに一番関係の深いテロ対策局長が戦略的に決めていた。演習のシナリオは指揮官や政府組織高官にとって不意打ちになりかねないため、彼らは偶発事項に対する計画をすべて事前に見直し、会議室に必要な資料を持ち込み、うろたえることがないように演習に備えていた。こうした資料の中には、制服警官と私服刑事の階級を含む個人情報や、現実に稼働できるパトカーやレッカー車の数などが含まれていた。テロ対策局長のジェームズ・ウォーターズは、この設定を次のように語っている。「演習の直前には、緊張感が高まっていくのが目に見えてわかる。ヘルメットをかぶり、マスクをつけ、さあ、突入だ、という雰囲気になる[68]」。

正解がないように意図的に設計されている

回を重ねるにつれ、この演習には決まったパターンができてきた。まずはコミッショナー（と市長のデ・ブラシオ）が全員を歓迎し、その日のシミュレーションの戦略目標を簡単に説明する。次にナレーターがこれから起きる出来事の背景や、最近のニュースや現実的な評価に基づくシナリオを語り、事件の発生を宣言したところで、演習が始まる。たとえば、ケネディ国際空港で発砲が起きたとの通報から、演習が開始される。

シミュレーションが緊迫するのは、予期せぬ障害、または不意の出来事が起きた時だ。ナレーターが、複雑さも危険度も異なるさまざまな出来事を演習の中に挟むが、それについての情報は不完全であったり、限られていたりする。こうした突発事項は、二段階から四段階で提示され、部分的に解決されることもあれば、激化することもある。

たとえば二〇一四年一〇月の、ニューヨークシティマラソンを想定した演習では、三フィートの翼を持つ身元不明のドローンが、出発点近くで、有名ランナーの周辺上空を旋回していることが報告された（二〇一四年にはドローンに関するそうした事件が四〇件も起き、ニューヨーク市警が捜査に関わっていた）。ドローンを発見するために、ただちにヘリコプターが現場に向かった。すると、ドローンはどこかに飛んで行ったが、まもなく別の身元不明のドローンがやってきた。局長補佐が、パトロール警官に携帯と双眼鏡を持たせてドローンを操縦している見物人がいないかどうかを見回らせることに決めた。

最後に、スタテン島に駐車した黒いバンの中に二人の不審者がいることが報告される。彼らは質問を受けるが、答えは不十分で懸念は解消できない。ドローン愛好家が航空写真を撮っているだけの可能性もあれば、一般市民の安全を脅かす可能性も捨てきれなかった。ニューヨーク市警やその他の公共機関の指揮官や高官がどう反応するかは、その前の出来事をどう見るかに大きく影響されていた。ある人にとっては日常的な交通事故に見える出来事でも、別の人にとってはテロに見えることがある。

ニューヨーク市警の高官は、この現象を、『スタートレック』に出てくるコバヤシマル・シナリオのようなものだという。つまり、正解がないように、演習が意図的に設計されているということだ[69]。むしろ、この演習は、市警の指揮官や政府高官に、次になにが起きるかわからない状況の中で、与えられた情報に基づいてどのように資源を配分し危機に対応するかについて、限られた時間内に難しい判断を下すよう強いるのが目的だ。

よく練られたシナリオならその部屋の全員が少なくとも一度は意思決定に参加することになり、そこで重要な決定を下す際に誰が萎縮してしまうのか、誰が最終的な決定権を持つのかが明らかになる。間違った答えを出しても罰を受けるわけではないが、全員の目が自分に集まると、正解を出そうと誰もが大きなプレッシャーを感じる。ほとんどの指揮官や高官はすばやく自信を持って決断を下すが、時折、見落としがあれば批判されることもある。

「問題を解決したと思わせない」

ウォーターズ局長はこう語っている。「我々のモットーは、問題を解決したとみんなに思わせないことだ。演習の後に自分に不満を持ち、いらだち、自問し続ける方がいい」。たとえば、あるシミュレーションでは、全員が突然トランシーバーも携帯も使えなくなったらどうするかをテストした（参加者たちは、警官をスクーターに乗せてメッセージを伝えるような即席のシステムを作り上げた）。別のシミュレーションでは、架空のＣＮＮの報道を受けて、市警の広報部長が、署員のだれもが答えとして使えるようなシンプルで一貫した報道用の返答を作ったこともあった。逆に、最も劇的な事例としては、二〇一三年に行われたニューヨークシティマラソンのシミュレーションで、最後に市の緊急警備体制を圧倒するような出来事がシナリオに入れられた。マラソンの途中に何万人というランナーに手渡されていた水に毒が混入していたことに捜査員が気づくという筋書きだ。

翌年、二〇一四年一〇月に再び行われたマラソンのシミュレーションには、ニューヨークシティマラソン主催者を招いたため、複数の給水バックアップ体制があり、実際に水に有害物質を混入するのは非常に難しいことがわかった。また、主催者は偶発事件に備えていつでもレースを中止できるよう計画しており、必要な場合にはコースを変更してセントラルパークの西側にゴールを設けることができるようにもなっていた。演習に参加したニューヨーク市警高官の多くにとって、こうした偶発事件は未知のものであり、レッドチームによるシミュレーションでしか経験できない協力や情報共有の要素が含まれていた。

シナリオの最初から最後まで、「ボブ」は参加者の助言やアイデアをすべて逐一書き留める。演習の終わりに、ボブが毎回起きたことを要約し、関係部署や機関がやるべきことのすべてをリストアップする。この「やるべきことリスト」はスプレッドシートにまとめられ、テロ対策局が必要な対策が実行されたかを監督し、追跡する。もし次の演習の前に目立った懸念要因があれば、まだ実行されていないことのリストがコミッショナーに行き、助言が実行されたかをコミッショナーがじきじきにその部署に問い合わせることになっている。たとえば、二〇一四年のマラソン演習が終わったあと、コミッショナーのブラットンは、緊急時に主催者が採るであろう対応策を、マラソンコースに配置する警官に必ず事前に知らせておくよう署の上級スタッフに命じた。

ニューヨーク市警は武力でテロリストに劣っていた

この室内演習は、二〇〇八年のムンバイ事件がきっかけだった。ムンバイでの攻撃が終結するちょうど一週間前の一二月四日金曜日の朝一〇時、五〇〇名を超えるニューヨーク市警の職員や警官が集まり、まだムンバイにいた三人の上級捜査官による二時間の報告を聞いた。その三時間後、四〇名の指揮官、副コミッショナー、諜報関係の高官、後方スタッフなどが、エグゼクティブ司令センターに集まり、ムンバイと同じような事件がマンハッタンで起きると想定したシミュレーションを行った。

二つの都市に明らかに共通するのは、その地理と交通状況だった。ニューヨーク市警情報局の分析ユニット長を務めるミッチェル・シルバーは、こう思い出す。「ムンバイは、マンハッタン島とそっくりだと思いました[70]」。この演習では、サウスストリート・シーポートに集結したテロリストたちが複数のチームに分かれて徒歩やタクシーで市内全域に散らばり、あるチームはメイシーズデパートに人質を取って立てこもり、同時に別のチームがグランドセントラル駅の広い構内の中に爆弾を仕掛け、市民を射殺していく想定になっていた。

ナレーターがこうした出来事を、まるでパトロール警官の報告かメディアの報道のように読み上げる間、緊急サービスユニットと呼ばれるニューヨーク市警のＳＷＡＴチームはブロンクスの訓練センターに作られた仮のデパートで、人質事件の演習に参加した。エグゼクティブ司令センターに陣取った高官たちが、にらみ合いとなった人質事件のシミュレーションを大きなスクリーンで見ている間、上級警官が八階の会議室に呼び出されて、その時点で何人の警官が実際に配置につけるのかを訊ねられた。

テロリストが交渉で人質を手放すつもりがないのは明らかで、人質交渉に注意を引き付けている間に、別のテログループが少し離れた高級ホテルで市民を殺害する計画になっていた。また、高度な訓練を受けた複数のテログループがマンハッタン全域に散らばっていたため、ニューヨーク市警の緊急サービスユニットは頭数でも武力でも、テロリストにかなわないことが明らかになった[71]。

ナレーターが予定された事件を読み上げていくうち、複数の攻撃に対応して特殊作戦部隊が武装した隊員を出動させたが、そのうちに誰も残っていないことに気がついた。部隊の中で出動できる人員のリストを眺めたケリーは、ぶっきらぼうに全員に告げた。「私の見間違いでなければ、二〇分前にもう誰もいなくなった」。

この室内演習での発見から、ムンバイのようなテロ攻撃があった場合に備えて、ケリーはニューヨーク市警の能力を強化するような二つの大きな変更を行った。まず、ニューヨーク市警もムンバイの地元警察と同じように、テロリストに武力で劣っていたことが、演習から証明された。市警の緊急サービスユニットには四〇〇名の武装警官がいるが、複数地点での数日にわたる攻撃には不十分だと思われた。その後数週間にわたって組織犯罪統制局に所属する二五〇名の麻薬取締官がM４とミニ14の自動小銃の射撃訓練を受け、要請があれば階段やエレベータ前などで援護射撃が行えるようになった。重火器の保管場所も、市内全域の市警施設の中に作られた。それに加えて、テロ攻撃が起きた場合に非番の警官を呼び出せるような自動電話連絡システムも設置された[72]。

次に、ほとんどの緊急サービスユニット隊員は、テロ攻撃の混乱の中で敵に対応する際、高級ホテルや空港ターミナルの場所や見取り図を詳しく知っているとは限らないこともわかった。そこで、隊員たちは市内中心部の主なホテルを訪れ、それぞれの設計図やビデオなどを集めていった。そうすれば隊員にもロビーのレイアウトや、コンピュータサーバーや電力室の位置といった基本的なことがわかる。[73] こうした変革はいずれ行われていたかもしれないが、ムンバイの事件をきっかけにした演習によって、その必要性が上層部にはっきりと見えてきたのだった。

レッドチームは組織に恒久的なインパクトを与えられるか?

このムンバイ発の演習から浮かんだ重要な指摘は、組織武装したテロ攻撃に対抗するためのニューヨーク市警の準備にただちに取り入れられた。[74] また、このシナリオが現実の深刻な事件になる可能性もあったため、ムンバイを模した追加の演習がその後二年にわたって引き続き行われた。[75] そのうち一度のシミュレーションは、コミッショナーのケリーと署長のジョセフ・エスポジトが負傷警官をベルビュー病院に見舞い中に、爆弾が爆発するというシナリオだった。演習のナレーターは、「お二人はまだ死んでいません。行方不明者扱いとされています」と本人たちに告げた。

ケリーと上層部によると、テロ対策局の監視と評価方法はまだ十分でなく、演習から浮かびあがる指摘をすべて実行できていないという。それでも、高官のほとんどはテロの脅威や重要課題を熟知し、常に警戒を怠りなく備えるという意味で、演習は重要だと繰り返し強調していた。ニューヨーク市警の演習は、極めて現実に近いシミュレーションを通して、破壊的な出来事に対する上層部の対応を検証している。しかし、ほかのレッドチームにも言えるように、それが組織に恒久的なインパクトを与えるかどうかは、その発見と指摘がきちんと聞き入れられ実行されるかどうかにかかっている。

マンハッタンプロジェクトにルーツを持つサンディア国立研究所

レイモンド・パークスは、自身のリンクトインのプロフィールにこう記している。「僕自身は悪者ではありませんが、レッドチームで悪役を演じています[76]」。現在の職業は「だれかと一緒になにかを見つける仕事」と記載されているが、パークスはその評判からも経験からも、アメリカ政府の最前線にいるレッドチームメンバーの一人と言っていい。コンピュータ犯罪が法律で取り締まられる前、高校生だったパークスは、旧式のテレタイプ端末から初めて政府のコンピュータに侵入した。「スタートレックゲームに飽きて、ほかにどんなことができるか試してみようと思ったんだ[77]」。

空軍士官学校を卒業すると、勝手に大陸間核弾道ミサイルの発射分析を行い、不法な発射を防ぐための手続きや設計に欠陥と抜け穴があることを証明した[78]。幸いなことに、許可なく発射分析を行ったパークスには、地下の弾道ミサイル室での三日から四日にわたるシフトがなくなった。「ミサイルシステムを出し抜く方法を研究しつくしていた僕を、使う方の担当にしちゃまずいと思ったんだろう」とパークスは言う。現役兵を退いたあとは、空軍兵器研究所で核保証問題を専門にする予備兵として働いた。「どこかの悪いやつが、どうやって核兵器を入手したり使用できるかを探り出し、そんなことが絶対に起きないようにすることが、僕らの役目だった[79]」。

パークスはその後、情報設計レッドチーム、通称ＩＤＡＲＴの創立メンバーとなる。ＩＤＡＲＴは、ニューメキシコ州のアルバカーキにあるサンディア国立研究所の中に設置された特殊プロジェクトを専門にする少人数ユニットだ。連邦航空局が航空業界に義務づけているような、国家安全保障のレッドチームと違い、ＩＤＡＲＴはよりさまざまな人々に受け入れられ、その意見は高く評価されている。サンディア研究所のルーツは、世界初の核兵器を開発したマンハッタンプロジェクトに遡る。歴史上唯一使用された二発の核兵器を開発したのも、この研究所だ。それから七〇年後、この研究所の第一のミッションは、核兵器の指揮命令システムの安全と効果を確立することにある。

サンディア研究所にある一万フィートもの長さのロケットスレッドは、時速数千マイルの速さを実現でき、核攻撃の際の加速、軌道、確度などのシミュレーションを行うことができる。この研究所に設置された風洞では、Ｂ61－12核弾頭の尾部の性能を評価している。二〇二四年までにすべての核弾頭がＢ61－12に置き換わる予定になっている[80]。サンディア研究所は昔から、国家安全保障、国土安全保障、エネルギー利用に関わる幅広いミッションを追求してきたが、その一番重要な役割は、大統領が核兵器の使用を許可した場合にそれを確実に使える状態にしておくことだ。

核兵器を使える状態にしておくということは、つまり、損傷を受けたり、盗まれたり、許可なく不法に使用されたりしないよう守り抜くことだ。その中には、稲妻や台風といった自然災害から守ることも含まれるし、外国の軍隊やテロリストや犯罪者といったより危険な脅威から守ることも含まれる。パークスが以前、空軍基地で行った調査も、それが目的だった。

核兵器を守るスキルを応用する

ＩＤＡＲＴもまた、核兵器の不法利用を防ぐというサンディア研究所のミッションの中から誕生したものだ。一九九〇年代のはじめ、ＩＤＡＲＴの創立者マイケル・スクローチは、こう語っていた。「サンディアの中で敵方の視点に立ち、脅威に備えようと考える人が増えていたが、それをはっきりと定義づける構造やプロセスや手法がなかった。すべてが行きあたりばったりだった」[81]。スクローチは複数の分野にまたがる五人から六人のメンバーで構成されたチームを作り、過去数十年の間にサンディア研究所に蓄積されてきた様々な敵への対策やリスク評価技術を集結させようと考えた。

彼はさまざまなスキルや手法を持つ科学者やエンジニア、専門分野に精通した技術者、分析やモデリング手法のスペシャリスト、そして既存の枠にとらわれない思考家を選んだ。スクローチは「周囲にいる、勘がいい人や非常に明晰な人」をレッドチームに集めようと決めた。彼の長期的なビジョンは、「レッドチームを、スキルの程度がさまざまに違う人々にも使えるような汎用ツールにすること」だった。これを達成するためには、しっかりと定義され、反復可能で、時間の経過とともに改善できるような柔軟なレッドチームのテクニックを開発することが必要だった。

そこで、一九九六年、当時情報オペレーションセンター長だったサミュエル・バーナドの指示のもと、自前の少額の研究開発費を使って、スクローチはＩＤＡＲＴを立ち上げた。バーナドは当時をこのように振り返っている。「ＩＤＡＲＴの始まりは、核兵器を外に出さないよう必死に努力していた人たちの集まりで、彼らは機密情報にもアクセスできた」[82]。

バーナドはスクロースチに、レッドチームのさまざまなテクニックをサンディア研究所に集めて、アメリカが直面するもっとも危険な脅威への対抗策を考えるよう指示した。特に、情報システムと生活インフラは重要で、その八五％は民間企業が所有していた。「サンディアには、だれでもすぐに利用できるテクニックがあった」とバーナドは言う。「ただし、それを核兵器から民間企業向けに方向転換して、民間企業のセキュリティに利用できるようにする必要があった」。

ＩＤＡＲＴの活動は主に三つの分野を対象にしていた。サイバー領域、物理的な施設（周波数も含む）、そして人間である。彼らのレッドチームの定義は、サンディアで育まれた知的な能力とスキルを反映していた。それは、「敵を想定した、防衛目的の、合法的な評価」だ。

ミッション・インポッシブル部隊

ＩＤＡＲＴのレッドチームの活動には、初めから三つの制約があった。まず、サンディア研究所には、非核兵器関連の予算がほとんどなく、核兵器以外の活動は細々と行われていた。従って、レッドチームのプロジェクトはすべて外部の資金によってまかなわれていた。

次に、ＩＤＡＲＴが民間のレッドチーム企業と競合することは、法律で禁じられていた。もしクライアントが比較的簡単なコンピュータネットワークへの侵入テストを要請した場合には、多くの民間のサイバーセキュリティ企業も同じことができるため、そうした要請を断らなければならなかった。ＩＤＡＲＴはサンディア研究所独自の専門性の上に成り立つようなレッドチームのプロジェクトだけを引き受けてきた。たとえば、国家や国土安全保障に関連する高度に複雑なシステムの欠陥テストや、もしもの場合に重大な結果が生じるようなシステムの代替評価などだ[83]。

三番目に、サンディア研究所は国家核安全保障局に属しているため、核兵器関連以外の活動には国家核安全保障局の許可が必要になる[84]。国防高等研究計画局のような政府関連のプロジェクトの場合には許可が下りやすいが、ＩＤＡＲＴは民間企業向けのレッドチームプロジェクトを行うこともある。ただし、それは特定のプロダクトに興味のある政府スポンサーのいる場合に限られる。

ＩＤＡＲＴの初めての任務は、テキサス州サンアントニオにある統合司令作戦センターの依頼によるものだった。このセンターは、国防総省の指示で、情報システムに関する先進コンセプト技術実証を任され、敵によるシステム侵入の手法をすべて特定する責任を負っていた。このセンターは、ＩＤＡＲＴのセキュリティ評価能力が自分たちよりはるかに優れていることに気がついた。

ＩＤＡＲＴの評判は瞬く間に拡がり、「ほかの政府機関のレッドチームができない仕事を、ＩＤＡＲＴに送ってくるようになった」とスクローチは言う。ＩＤＡＲＴの仕事量は、最初の八人から一〇人のメンバーではこなせないほど多くなっていった。そのため、核となるチームの規模を拡大する必要に迫られた。スクローチは、「レッドチームは少人数で、これをできる能力のある人はそれほど多くなかった。そうした人材はすぐに底をついた」と言う。

のちに、スクローチは三つの資質を求めたと語っている。「専門知識があり、枠にはまらない考え方ができ、情け容赦なく評価を下し倫理に反する行いができること」だ。この最後の資質を持つ人はなかなかいないとパークスは言う。「新しい分野の専門家を見つけるのは簡単だったが、ハッカー的なマインドの方がはるかに重要で、それを持つ人は見つけにくかった」。IDARTでは、サンディア研究所の専門家で構成されるもっとも信頼のおける最高のレッドチームを、一九六〇年代から七〇年代に放送されていたテレビ番組の『スパイ大作戦』にちなんで、「ミッション・インポッシブル部隊」と呼んでいた。

「アメリカの電力網をすべてシャットダウンすることは可能ですか?」

政府や民間企業の間で特にIDARTが高い評価を受けている分野が、遠隔監視・制御システムソフトウェアの評価だ[85]。SCADAと呼ばれるこのシステムは生活に欠かせないインフラ設備の遠隔管理や運営を可能にするものだ。SCADAは人間とインフラ設備のインターフェースとして、遠隔地からモーターを切ったり、排気口を閉じたり、暖房のスイッチを入れたりすることを可能にする。それゆえに、犯罪者やハッカーにとっては、常に魅力的なターゲットになってきた。

一九九〇年代の半ばを通してSCADAシステムへの脅威は増していたが、民間の施設所有者や運営者は、そうした脅威や、それがもたらす深刻な結果について聞きたがらなかった。バーナドは言う。「企業経営者は、『だが、我々のコンピュータはパスワードで守られているから大丈夫』なんて呑気に構えていた」。企業の上層部は、「サイバー攻撃を脅威とは見なしていなかった。数十人のテロリストがAK47を持って丘を駆け上がってくるような、目に見えるものではないからだ」とバーナドは付け加えた[86]。

そこで彼は、エネルギー省と原子力規制委員会の管轄下にある重要インフラ施設を評価するためのテスト場とスーパーコンピュータのシミュレーションをサンディア研究所にいくつも立ち上げた。こうしたセキュリティテストは、リスク評価の手法を開発するためにＩＤＡＲＴとの協力で利用されている。民間産業が自らの弱点を理解し、賢くおカネを使って脅威から身を護ることに、これらの手法は役立つものになる。

二〇〇三年に公共放送サービスの『フロントライン』というシリーズ番組の中で「サイバー戦争」が取り上げられ、スクローチはインタビューを受けた。「あなたのチームがもしその気になれば、アメリカの電力網をすべてシャットダウンすることは可能ですか？」そう聞かれたスクローチは、「その質問にはお答えできません」と答えていた。[87]

ＩＤＡＲＴはまた、多国籍金融機関、外国の公益企業、シンガポールの公共交通システム、国内の原子力発電所、インターネットセキュリティ企業などの欠陥テストも行ってきた。九・一一の直前には、悪意あるサイバー攻撃に対して、これにハックし返すことを目的としたソフトウェアの評価を行ったこともある。[88]政府機関に対しては、たとえば数年にわたる国土安全保障省のコンテナセキュリティの欠陥テストを行ったり、国防高等研究計画局（ＤＡＲＰＡ）が支援するウルトラログプログラムの評価を行ってきた。ウルトラログプログラムとは、情報システムへの非対称サイバー攻撃による損傷を修復し、戦時の混乱状態の中でシステムを正常に機能させるための、ネットベースのロジスティクス構築システムだ。[89]

一九九八年から二〇〇〇年の間に、ＩＤＡＲＴは政府と民間を含む様々な場所でコンピュータネットワークや情報システムに三五回侵入を試み、三五回とも成功した。すべてのクライアントに事前に検査を予告し、準備の余裕を与えていたにもかかわらず、侵入は簡単だった。時には、ＩＤＡＲＴの侵入手法を事前に細かく説明していた場合もあった[90]。しかも、侵入に使われたのは、そこそこに優秀な敵ならだれでも使えるような、一般的な手法だった。高い技術を持つハッカー、ディノ・ダイ・ゾヴィは、二一歳でＩＤＡＲＴに入った時のことを次のように語っている。「いつも、技術的には低いような、一般公開されているツールを使ってハッキングを行うことで、だれにでも侵入できることを証明していました。僕は若くて、高度な攻撃を仕掛けたいと思っていましたが、今ではなぜそうしていたかがよく理解できます[91]」。

三五回のテストで三五回成功したといっても、環境はそれぞれ異なり、必要とされるレベルは違うため、その価値を正確に証明することは難しかった。またこのテストは現状を一時的に判断するためのものであって、長期的な運用の状況は常に変化しており、このテストでは改善にかかる費用や労力はわからなかった[92]。

レッドチームの取り組みと手法を広める

こうした特定のプロジェクトの他に、ＩＤＡＲＴは国家安全保障や国土安全保障の関連機関にレッドチームの運用方法を教え、政府内でその認知度を広めることに大きな役割を果たしてきた。二〇〇〇年代半ばには、ＤＡＲＰＡ傘下の組織に設置するコンピュータシステムの欠陥テストを行った。この組織はＩＤＡＲＴのハッカーを恐れるあまり、レッドチームの任務の範囲を制限し、ハッカーの侵入をシステム全体のほんの一部に限った。しかし、ハッカーたちはすぐに抜け道を見つけ、システム全体へのアクセス権を手に入れてしまった。

スクローチとチームメンバーは、防衛システムに穴を開けるのはたやすいことだと気づいたが、相手の組織が仮想敵からの現実的な脅威を模倣するような任務をＩＤＡＲＴに与えなければ、こうしたテストに意味がないこともわかった。単に情報システムに侵入するのではなく、政府や企業の管理職にレッドチームのプロセスを正確に教え、それをどう使うか、また使うべきでないかを教えるのが自分たちの責任であり義務である、とＩＤＡＲＴのメンバーは信じていた。

そこで、二〇〇六年にはＤＡＲＰＡプロジェクトで余った資金を使って、「プログラムマネジャーのためのレッドチーム活動」と題したパンフレットを作成した。ここで紹介した四段階のアプローチは、いつレッドチームを使うか、またレッドチームを使ってなにをテストすべきか（レッドチームの種類、たとえば設計評価なのか、行動評価なのか、侵入テストなのかといったことも含まれる）、誰がレッドチームに入るべきか、その発見に基づいてなにが実行できるかについての指針になった。[93] このパンフレットを政府のプログラムマネジャーに送り、情報システム評価をＩＤＡＲＴに依頼する前に、この指針に従うよう依頼した。今も、政府機関の高度機密システムを作るプログラムマネジャーの間で、ＩＤＡＲＴはその明確さと使い易さに定評がある。

この努力と並行して、二〇〇五年から二〇〇七年の間にＩＤＡＲＴは大きなカンファレンスを三度開き、政府の専門家にレッドチームの取り組みや手法を教えてきた。このカンファレンスは、さまざまな政府組織の科学者とエンジニアとプログラムマネジャーが集まって、レッドチームの取り組みと手法を共有し、まだレッドチームを始めていない人たちにそのコンセプトを紹介する、はじめての機会だった。[94] それ以来、彼らのプロダクト、手法、指導は、アメリカ政府内だけではなく、他の組織にもレッドチームを拡げることに役立っている。[95]

「解読不能」のCDを読み取る

それでもなお、ＩＤＡＲＴが国家安全保障と国土安全保障に関連するコンピュータネットワークと情報システムのテストを中心的な使命にしてきたのは間違いない。その任務のほとんどは機密扱いなので、情報は限られているが、このレッドチームが大きな影響を与えた有名な事例を二つは挙げられる。最初の例は、二〇〇四年ごろに、ある民間企業が、高度な機密情報の伝達用に使う、上書き不能のコンパクトディスクを政府に売りつけようとした件だ。インターネットにつながったネットワーク上に保存された情報は、たとえファイアウォールで守られていたとしても、盗まれやすい。そこで、高度の機密情報を守る手段として、インターネットにつながっていないコンピュータでＣＤに情報を書き込み、それを相手に送って、その人だけが情報を解読できるようにする手法が考えられた。ＣＤは解読不能なように暗号化されているため、もし予想外の相手がＣＤを手に入れても、中身を読むことはできないとされていた[96]。

そこで、空軍のプログラムマネジャーが、このＣＤの欠陥テストをＩＤＡＲＴに要請した。すると、ＩＤＡＲＴの二人組チームはすぐに、暗号の鍵を見つけて、ＣＤの中身を解読した。空軍のプログラムマネジャーはこの報告を受け、このＣＤシステムの購入を見送った。セキュリティの穴を埋めるような策が推奨され、それはＣＤに簡単に取り入れられるものだったが、この企業がふたたび政府機関に売り込みに来ることはなかった。ＩＤＡＲＴは数年後にコミュニケーションシステムの穴を発見したが、それは別の防衛関連の請負業者が買ったまったく同じシステムの欠陥で、推奨された手当がまったくされずに、政府に売られたものだった。

統計局の情報は流出しているのか？

もうひとつのＩＤＡＲＴの成功例は二〇一一年のものだ。労働省の労働統計局は、正式発表前の経済統計が流出しているのではないかと疑っていた。特に四半期ごとの就労者数と賃金を報告する「雇用統計」は、市場トレンドの先行指標として、メディアや投資家が注目する数字だ。もしアルゴリズム取引を行うトレーダーがこの情報を事前に不法に入手していたら、市場の反応を予想して抜け駆けすることができる。二〇〇七年以来、証券取引委員会やＦＢＩを含む多くの規制機関が、不法なデータ流出の可能性を疑っていた。そしていよいよ労働省の高官がＩＤＡＲＴに、雇用統計が発表される労働省本部の地下室への侵入検査を要請した。朝八時から八時半の間に、主要メディアの限られた記者たちがデータとともにこの部屋に閉じ込められて、記事とその背景情報を準備する。そして八時半ちょうどに労働統計局スタッフがマスター制御盤のスイッチを入れ、記者たちは各自のＰＣをそれにつなぎ、同時に記事を配信することになっていた(97)。

ＩＤＡＲＴのチームは、これが国家安全保障にかかわることではないとして、労働省の要請を何度か断った。パークスはこう語っている。「彼らはなにか悪いことが起きるかもしれないと言い続けていたが、僕たちは上司に自分たちの仕事はほかにあると言い続けていた」。しかし、労働省や他の規制当局があまりにも熱心なので、レッドチームのメンバーも次第にその情報の経済価値を認めて評価を行うことに合意した。また、以前にも国家予算の四分の一が配分されることを理由に、社会保障局の情報に関する同じようなセキュリティ評価を行ったこともあった。

労働統計局のレッドチームプロジェクトは、「クリーン・スウィープ」と名付けられ、警備厳重な地下室とデータ発表の手続きにおける欠陥を特定し、その穴を埋めるような助言を行い、必要ならその実行を助けることを目的とした。IDARTの手法に従い、まず計画段階がテストの始まりになる。初めにIDARTのプロジェクト責任者であるハン・リンと、プロジェクト主任のスコット・マルオカが、労働省との協力により、予想される脅威、最悪のシナリオ、目標と実施事項、レッドチームの活動範囲と制約を要約し、プロジェクトの手引きを作った。

次の段階はデータ収集で、レッドチームはすべての関係書類と公開情報を見直し、労働省と労働統計局のスタッフと面談を行い、建物とその周辺をくまなく調べ、統計発表のイベントに立ち会った。サイバーセキュリティ、仮想敵のシミュレーション、物理施設デザイン、電子的監視システムなどの専門家五人からなるレッドチームは、検査に必要なアクセス権と労働省からのサポートを与えられた。予算と時間に限りがあったため、検査の範囲は「報道発表の最中に警備の厳重な施設から経済データをどのように持ち出すことができるか」という点に限られ、この経済指標を計算するITシステムからの流出の可能性と、内部者が漏洩させている可能性については検査の対象ではなかった。IDARTは、この二つのソースが「流出源としてもっとも可能性が高い」と結論づけ、すべての脅威を現実に特定するには、検査範囲が狭すぎると考えていた。[98]

労働統計局の敵は、「利益重視で高度な技術を持つ個人か、かなりのリソースを投下できる組織」であると考えられ、最悪のシナリオは、名誉や権威の失墜につながる情報やシステムの悪用や誤用だと思われた。[99] 記者の使うツールが、タイプライターから専用の通信回線になり、それが、個人のパソコンとモニターとルーターになっている現状に、メディア規制がついていっていないことも、大きな問題だった。しかも、報道機関の社員や契約社員が、メインテナンスや修理のために通信室に入ることを許されていた。「それまでに、セキュリティに対してゆるい文化が築かれていた」とパークスは言う。レッドチームは、情報が流出する可能性が一番高いのは、隠れた無線通信か、通信インフラの穴によるものだと結論づけた。

テストがひと通り終わると、レッドチームは労働省で暫定的な分析を行い、労働省のオペレーション担当者と労働統計局の責任者にプレゼンテーションを行った。二〇一一年八月に発行された最終報告書と技術的な詳細を書いた補助資料の中で、レッドチームはその発見を提示しただけでなく、リスクを減らすような対応策を挙げていた。その中には、外部からコンピュータやＩＴ機器を部屋に持ち込まないことや、無線通信を遮断するような構造を確保することが含まれていた。また、ボンドバイヤー紙、ナスダックＯＭＸ、ＲＴＴニュースといった媒体は部屋に入れないことになった。これらの媒体の主な目的は、高速トレーダーにデータを送ることで、オリジナルの報道コンテンツを作ることではなかったからだ。[100]一年後、ＩＤＡＲＴはこの建物に戻り、レッドチームが提示し労働省が実行したリスク回避策を検査した。そして、「報道発表施設でのセキュリティ体制が大幅に改善された」ことを発見した。[101]パークスは言う。「きちんと実行されていた助言もあれば、そうでない点もあった」。たとえば、大手報道媒体はまだ各自のコンピュータを使うことが許されていたが、雇用統計の発表三〇分前には彼らを地下の部屋から出さないことが徹底されていた。

レッドチームがクライアントに提供する三つの価値

ＣＤと労働統計局の事例はどちらかというと成功事例だが、他のレッドチームと同じように
ＩＤＡＲＴもまた、その努力が実際どの程度の費用や人間の節約になったのかを数字で表すことに苦労している。さらに、ＩＤＡＲＴのレッドチームは、プログラムマネジャーの要請があった時だけ、特定のプロジェクトについて仮想敵の脅威やそのコストと影響を評価する。予防的なセキュリティ政策の価値を証明するのが難しいことは間違いないが、それでもＩＤＡＲＴのレッドチームは三つの点でクライアントにその価値を証明しているとスクローチは考えている。

まず、以前は無視されていた領域で、リスクを下げるような新しい考え方を提示し、「なるほど！　確かにそうだった！」と思わせることができる点だ。次に、欠陥テストによってセキュリティの不備を証明できる点だ。それが、より包括的で体系的な防衛策への話し合いにつながる。最後に、これが「尻ぬぐい」に使えることだ。ＩＤＡＲＴの報告書があれば、プログラムマネジャーがわざわざ最高の人材を雇ってシステムを評価しようと決めた証拠になる。「議会やメディアに質問されたら、この報告書を盾にして『最善を尽くしました』と言える」。もちろん、その真の価値はレッドチームの発見が実行された時にのみ引き出されるもので、クライアントにそれを強いることができない無力さも、ＩＤＡＲＴのメンバーは認めている。

パークスは、予防的なセキュリティと情報防衛の有効性を証明することに努力してきたが、その方法論に欠陥があり包括的な結論を引き出すことができないと感じるようになってきた。

システムやドメインの欠陥が明らかで、それが簡単に直せる場合には、成功は明らかだ。だが、比較的安全で重要性の低いシステムに長い時間をかけても、テストの効果はわからない。そうであれば、明らかな欠陥があり敵の侵入を招きやすいようなシステムに時間を使った方が効果は高いはずだ。

レッドチームの活動は、クライアントと合意した範囲に限られ、その範囲が適切でないことを後から証明するのは難しい。二〇〇一年九月一一日の同時多発テロの直後、パークスはある新聞記事を目にした。生物学的特徴を検知するような生物センサーが、ワシントンＤＣの全域に取り付けられたという記事だった。その三年後、当時ポータルシールドと呼ばれていたそのシステムの評価を、ＩＤＡＲＴは依頼された。[102]パークスはこう語っていた。「僕たちは、センサーを追加することでシステム設定を改善する方法を提案し、政府のプログラムオフィサーはそれを真摯に実行した。自分がなにかを発見して、相手がそれを実行してくれたら、それが大きな充実感になる」。

第４章の結論

スティーブン・スローンのような先駆者の時代から、国土安全保障分野に関わるレッドチームは、テロ攻撃回避や犯罪予防における自分たちの有効性と必要性をわかってもらうことに苦労してきた。連邦航空局のレッドチームは本書の中でも最も悲惨な事例だ。彼らは、空港での保安手続きの欠陥を現実的に検証し、一九九八年のパンナム一〇三便爆破事件のようなテロ攻撃から、航空機や乗客を守ろうとしたが、その計画は完全に無視された。連邦航空局のレッドチームは弱かった。それは議会に手足を縛られた連邦航空局自体が弱かったからだ。レッドチームの報告書を受け取った連邦航空局の上層部は、そのショッキングな発見を利用する意思も能力もなく、国内の航空会社に重要な改善を命じることも圧力をかけることもできなかった。最悪なことに、彼らは最終的な目的もなくレッドチームを作り、その発見を活用する機会をレッドチームにも航空会社にも与えなかった。

本章で紹介した他のレッドチームは、議会や上司によって命じられたか、緊急の必要性が一般に認められたものだったため、より受け入れられやすかった。MANPADに対する欠陥テストは、二〇〇二年にイスラエルの航空機が狙われたことがきっかけで行われた。この未遂に終わった攻撃によって、アメリカの空港における保安の重要性は以前より認識されるようになった。テロリストの動機や、テロリストが使いそうな戦術とテクニックを自分たちに当てはめてみることが、最も有効な備えになると思われた。

ニューヨーク市警の室内演習には、組織トップの支援があった。こうした演習は、指揮官が現実に直面する偶発事件や決断をテストする最適な方法だと、コミッショナーのレイ・ケリーは考えている。この演習が一〇年間続いてきたのは、新たなテロ脅威への対応や、なにかがうまくいかなかったときの対策などを検証できる柔軟性が組み入れられているからだ。

同じように、IDARTが続いているのも、それがもともと核兵器と重要インフラシステムという専門性を持っていたことと、サンディア研究所独自の多様な専門家が集まって、政府や民間産業へのさまざまな脅威をテストするように方向を転換してきたからだ。民間セクターでもそうだが（各企業については次章で詳しく紹介する）、IDARTも自分たちの重要性を正当化することに苦労してきた。IDARTを立ち上げたサミュエル・バーナド本人もまた、こう語っている。「レッドチームの必要性を立証しようと思えば、対策を取らない場合の弱点、脅威、その深刻な結末を証明しなければならない[103]」。

第5章　会社の中にレッドチームを持つ

トップが下からの率直な意見を求めて、ホットラインやご意見箱を設けてもほとんど役には立たない。また、社員は上司との衝突を回避しようとするため、やがて沈黙が一番安全で、ストレスが少なく、理にかなった行動だと考えるようになってしまう。こうした組織の問題を打破するには、どうすればいいのか？

大惨事への対策に本気で経営陣を関わらせるには、向かいのビルを燃やすのが一番いい。[1]

——ダン・アーウィン、ダウ・ケミカル警備主任、二〇〇〇年

民間企業ではいかに活用されているのか？

前章では、政府の国家安全保障ニーズにレッドチームがどう対応してきたかを描いたが、そのテクニックは、限られた範囲ではあるが、民間セクターにも取り入れられてきた。中でも、もっとも一般的に使われているのは、システムや施設のセキュリティを検査したり、企業の戦略的決定からどんな結果が出るかをシミュレーションするような、いわゆる「欠陥テスト」というテクニックだ。

しかし、民間セクターは、そうしたテストや検証に関して、もっとも開かれていないセクターだと言える。もちろん、企業とそれを評価する外部のレッドチームが、テストで明らかになった弱点を隠したり、誤魔化したりするのは無理もない。外部のレッドチームはほとんどの場合コンサルタントで、クライアントの業績を上げたという成功例しか表に出さない。事業改善に失敗したなどという事例を話してくれることはない。もし失敗例を出したとしても、たいていはクライアント側の問題とされる。

また、コンサルタントはたいてい、ライバルを中傷するものだ。お互いの違いを深く知りもせず、競争相手を叩きたがる。しかも、外部のレッドチームは機密保持契約を結んでいるため、活動内容を話すことはほとんどできず、そのため効果を証明することも難しい。

企業が外部のレッドチームを雇う目的は、他社にない情報をもとに、比較優位やそこから生まれる利益を実現することなので、ほとんどの企業とその社員がこの手の情報を共有したがらないのは当たり前だろう。(2) 多くの企業では、秘密厳守が必須とされているし、現在や未来の計画についての情報をライバルが入手してそれを有利に利用されるようなことはもちろん避けたがる。

また、当然ながら、企業は投資家が逃げないように、あるいは規制当局から疑いの目を向けられないように、自分の欠点を隠したり、誤魔化したりする。機密情報の扱いに慎重な課報コミュニティや軍よりも、企業と外部コンサルタントの方がわざとあいまいな態度をとり、自分たちの行動や成果を誤解させるような情報を流すこともある。

こうした姿勢のために、民間セクターのレッドチームを分析するのは難しく、企業にとってのレッドチームの本当の必要性も見えづらい。この章のはじめでダン・アーウィンの言葉を引用したが、近くに燃やすビルがない時には、経営陣は最悪のシナリオを想定できない。結局は、その企業に成長と生き残りの能力があるかどうかによって、市場が企業戦略と計画の成功と失敗を決めることになる。

もし企業が間違った道を選んだり、ハッカーやライバル企業の脅威に屈したりすれば、利益や市場シェアや評判の損失という形で、市場がその行いを「矯正」することになる。もし矯正されなければ、遅かれ早かれ、その企業は失敗し倒産するだろう。直近の国勢調査によると、全企業における廃業率は一〇%にのぼっている。(3)

しかし、結果を見ただけでは中身はわからない。考えうる限り最良の戦略や防御を実行しても、自分たちにはどうしようもない理由で莫大な損失を被ったり、大失敗することもあるからだ。深刻な自然災害、規制当局からの大きな圧力、消費者嗜好の急変、また技術的なブレークスルーといった、まったく予想外の出来事によって、攻撃にさらされやすくなり、最良の計画でも無残に失敗してしまうこともある。最善の戦略や防御の手段が、企業にとって価値創造の源泉になるとは限らず、それによって敵が攻撃してこないことにもならないのだ。

レッドチームを実践するコンサルタント企業

とはいえ、予想外の出来事や市場調整の悪影響を減らすよう、企業は手を打っている。その中には、代替分析、欠陥テスト、シミュレーションといったさまざまな形のレッドチームの利用も含まれる。こうしたサービスを特定の産業向けに提供するコンサルタントの数もますます増えている。

たとえば、シリコンバレーにある法律コンサルタントのレックス・マチーナは、知的財産権訴訟の当事者となったテクノロジー企業のために、訴訟の結果を予想し和解の選択肢をシミュレーションする仕事を専門に行っている[4]。シカゴにあるシーベン・エネルギー・アソシエイツは、エネルギー監査を通して、クライアントのエネルギー管理の弱点を洗い出し、五％から一〇％の節約につなげたり、エネルギーモデリングと呼ばれる建物のエネルギー消費の代替分析を通して、設計の効率化と節約の最大化につなげている[5]。

イギリスの多国籍企業、ＢＡＥシステムズは、遠隔侵入と現地侵入の両方のテストを行い、クライアントのネットワークが敵に対してどれほどしっかり守られているかを評価している[6]。二〇一四年のはじめには、マレーシア科学技術イノベーション省と手を組んで侵入テストを行い、この国のサイバーネットワークを検査した[7]。フロリダ州タンパにある情報セキュリティ企業の360アドバンストは、サイバー侵入テストを通して脆弱性を評価したり、その対策を指導したりしている。その目標は、PCIDSS（クレジットカード産業データ保護基準）やHIPAA（健康保険携帯責任法）といった法令の順守のために「決められたことをチェックする」だけでなく、悪意あるハッカーからきちんと自分たちを守ることにある[8]。

ここに挙げた四社は自分たちの仕事をレッドチームとは呼ばないかも知れない。というのも、民間セクターのこうした実践者は軍によるレッドチームの定義に必ずしも合わないからだ。しかし、こうしたコンサルタントが行っていることは、まさしくレッドチームの実践と言っていい。この分野のコンサルタントにとっては、これから詳しく紹介する民間セクターの三つのレッドチームの事例が役に立つだろう。

最初の例は、外部コンサルタントによるビジネスウォーゲームの実践例だ。予想外の困難や緊急の戦略的決定に直面した企業を助け、ライバル企業がもっとも取りそうな対応をシミュレーションし、新しい戦略が健全かどうかを確かめることが、その目標だ。

次の例は、ますます拡大しているサイバーネットワークへの侵入テストの例だ。善意のハッカーが悪意のハッカー役を演じ、企業のコンピュータネットワークやソフトウェアプログラムへの欠陥テストを行う。善意のハッカーによるベライゾンのフェムトセルへの侵入例は、「責任あるハッキング」によってどう弱点を洗い出し解決策を提示するかを表すものだ。

最後に、サイバー領域の欠陥を表に出しその欠点を修復するハッカーと同じように、リアルの世界でセキュリティの専門家が警備厳重な建物に侵入するテストの例を紹介する。社員への信頼を逆手にとったり、セキュリティシステムの裏をかいたりするこうしたテストは、ほとんどの建物でどれほど警備が緩いかを示すもので、あなたが毎日働いている建物もその例外ではない。

この章では、民間セクターでのこうした生々しいレッドチームの実例を紹介する。民間企業の階層主義や先入観によってレッドチームの効果が弱まることもあるが、これらの例は、これまでにないような実践者の目線で鮮やかに描かれている。

自前のレッドチームの難点

産業界でのレッドチームの利用例として一番多いのは、深刻な結果につながる戦略的決定を助けることだ。戦略的決定とは、企業の重点領域（投資、事業売却、企業使命など）や事業範囲（製品、活動、市場など）を変えるような、大きな決断を意味する。[9] 経営陣にとって悩ましいのは、相反する情報を分析し、内部と外部のさまざまなステークホルダーの利益を調整しなければならないということだ。しかも、どんな結果が出るのかはわからないし、客観的な統計で予想することもできず、先行きの不透明な中で、決定を下さなければならない。

「この世界は直線的ではない。そして、その複雑さをうまく乗り切っていけるかどうかは、膨大な量の情報を素早く処理し、要点を抽出して瞬時に決断が下せるかどうかにかかっている」と言うのは、カルテックス・オーストラリアのCEO、ジュリアン・セガールだ。[10] 企業は先の見えない中での決断の難しさを認識し、社内のさまざまなフレームワークや手法を使って、これを克服したり、緩和しようとしている。言い換えれば、自前のレッドチームを行っているということだ。

数十年にわたって、ベンチマーキング、顧客管理、バランスドスコアカード、といった無数の手法が開発され、勧められ、それぞれに優位性が訴えられてきた。社員の意思決定に最もよく使われているフレームワークは三つあるが、どれも帯に短し、たすきに長しと言ったところだ。

その一つ目は、戦略的プランニングだ。これは、望ましい目標を描き、それを達成するまでの段階をひとつずつ特定するプロセスだ。これが極めて難しいこともある。経営陣の目の前にやるべきことが山積みになっていればなおさらそうで、この手法は単に目標リストを作ることだと勘違いされがちだ。[11] 一九五八年に社会学者のジェームズ・マーチとハーバート・サイモンは、この現象を次のように命名した。「グレシャムの法則：日常業務は目標を駆逐する」[12]。第2章で描いた、部隊を率いる軍の指揮官と同じで、経営陣は目の前のことに追われ、将来を見直したり計画する時間が取れない。戦略的プランニングとは目的達成への道のりを確かめることだが、レッドチームはその計画のどこに欠陥があるのかを洗い出したり、なにを目的にすべきかを考え直したりするためのものである。

二つ目は、戦略的プランニングを補足するために、下級管理職が使う「オープンフレームワーク」と呼ばれるコンセプトだ。これは一九九一年にウィリアム・トルバートが発表した概念で、第2章で紹介したように、レッドチーム大学でも教えられている。「オープンフレームワーク」とは、問題解決や新しい機会開拓のために、制限のない議論や創造性を奨励するような実験的な場である。[13] 意外なアイデアや刺激的な意見を引き出すような、さまざまなメソッドを使ってグループディスカッションが行われる。「四つの見方」もそのメソッドのひとつで、社員が潜在的な敵を含む複数の役割を担い、それぞれの文化、社会制度、力関係、歴史的逸話、経済などを四分割の表にまとめていく。

もうひとつのメソッドは「事前検証（プリモーテム分析）」と呼ばれるもので、計画の土台となる各要素の前提を分析し、その計画の穴や弱点を洗い出すものだ。このアプローチは「方向づけされた創造性」とも呼ばれ、ビジネススクールでも教えられているし、大企業の部長クラスにはこの目的とプロセスに通じている人も多い。

企業が自らの盲点を見つけ、事業計画の中の欠点を診断し、批判的に自身を考えるための手法や原則を開発・分析している研究者は産業界にごまんといる。そのせいで、社内の情報専門家や戦略アナリストがこうしたフレームワークを使いこなして現在の計画や今後の戦略的決定を見直すことができるはずだ、つまり自分たちでレッドチームのようなことが行えるだろうと考える企業人は多い。「オープンフレームワーク」は多くの点で役に立つが、組織バイアスと社内文化の壁によってそのインパクトは抑えられる。社内のインサイダーには客観性がなく、自分自身にレッドチームの技をかけることはできない。それなのに、レッドチームが実際に行われたと誤解してしまうのだ。

三つ目は、戦略的プランニングと「オープンフレームワーク」の根底にある前提だ。これらは、すべての社員が戦略上の欠陥や業績の妨げになるものを見つけ、それを上司に報告できるような文化を企業が奨励できるという前提の上に成り立っている。経営理論の文献では、フラットな組織階層がいいアイデアを引き出して戦略の改善を助け、経営陣は意思決定の責任から逃れられることになっている。だが、社員が上司に正直な意見を言うことはほとんどない。社員にとって、そんなことには意味がなく、報復を恐れることさえあるのだ。その恐れは当然だ。社ある経営者は、こう語っていた。「『悪魔の代弁者』が正しいこともあるが、社内の反対勢力から返り討ちに合うだろう。自分が議論に勝ったということは、負けた人間がいるということだから[14]」。

今挙げた、情報処理と戦略的意思決定のための三つのアプローチはすべて、階層組織にありがちな組織バイアスに邪魔されることになる。そうしたバイアスから、社員は上司が必要とする情報を伝えず、上層部が勧める戦略や計画に、率直に反論することもない。

企業の人間は、社員全員をレッドチームメンバーにすることができ、自分で自分を評価したり、企業文化を覆すことができると自信満々に語る。だが、経営陣、戦略コンサルタント、ビジネススクール教授によると、社内で現実的なレッドチームが実行されることはなく、あっても省略されたもので効果がないという。第3章で紹介したが、CIAのレッドセルを創立した元副長官のジャミ・ミシックは、二〇〇五年以来リスク管理の専門家として働いている。ミシックは、企業のレッドチームについて、こう語っている。「民間企業が社内でレッドチームを行うのは、至難の業だ[15]」。

なぜ社員は会社の問題を上司に指摘しないのか？

どんな上司も、わざとイエスマンで周りを固めているわけではない。その必要はないのだ。ほとんどの人はそのうちに「イエス」と言うか、黙っているか、反対意見を出したとしても、あまり影響のないことやどうでもいいことしか言わなくなる。アンケートによると、社員のほとんどは積極的に声を上げず、ホットライン、ご意見箱、オンブズマンといった正式な制度があっても、あまり役に立たない[16]。マッコーム・ビジネススクール教授のイーサン・バリスは、こう語る。「匿名のご意見箱があったら、その職場では意見をおおっぴらに口にできないという証拠です。それに対処したいという会社側の気持ちを反映しているだけですから」[17]。

二〇〇九年に一〇〇〇人の成人を対象に行われたコーネル全国社会アンケートでは、回答者の五三％が、自分のアイデアや問題を上司に話したことは一度もなく、四一％はそれが時間の無駄だと思い、三一％は悪いことが起きるのではないかと心配していた[18]。また、反対意見は特に問題だと見られていた。上司は「反抗的な」部下を仕事のできない人間として分類し、「賛同者」に比べて忠実でないと見なすからだ[19]。

もちろん、普段は会社の欠点を同僚と率直に議論し、懸念を共有している社員でも、問題を「上」に指摘することはない[20]。バリスたちは、次のように語っている。「リーダーに意見が届けば、業績は上がります。ですがその声が脇に置かれると、業績は下がります[21]」。

現実の世界で、社員の声が上にあがらない理由は、調査からも人々の日常的な経験からも明らかだ。自分が職場で自由に意見を言えるか、それともそれは危険で、意見を言う意味もないと感じるかを自問してみるといい。たとえば、戦略的計画や内部プロセスの盲点を警告するかどうかを考えたとき、同僚には率直に話せても、実際に対処の権限がある上司には話せないだろう。

正式な命令や指導のもとで仕事をすることに慣れていくうちに、経営陣の声のトーンやその場のやり取りを通して、また暗黙のルールを通して、誰も指摘しない問題を指摘していいかどうかを、社員は学んでいく。もしあなたが自分に正直なら、どんな職種の社員にとっても、ほとんどの場合は沈黙が一番安全で、ストレスが少なく、もっとも理にかなった行動だとおそらく自覚しているはずだ。

ある多国籍テクノロジー企業が、五万人の社員を対象に社内アンケートを行ったところ、およそ半数が、会社の運営手法に対して意見したり、異を唱えたりすることは安全ではないと感じていた。そこで、経営大学院で教鞭を執るジェームズ・デタートとエイミー・エドモンソンは、その会社の五つの異なる部門のあらゆる職階から無作為に一九〇人の社員を抽出して、なぜ意見を言うのが怖いのかを知ろうとした[22]。

改善策をあえて出さなかった例だけを調べてみた二人は、口を開かない大きな理由は、状況や文脈にかかわらず、クビになるのが怖い、コミュニケーションスキルがない、リーダーがそうした意見を嫌うと思い込んでいる、といったものだった。それは地位が高い人も同じで、声を上げてもあまり変わらないし、キャリアにマイナスになると思っていた。そして、社員たちはみな、「アイデアの良し悪しより、誰がそれを言ったかの方が重要だ」と考え、ライバル会社と同じアイデアなら安心だと思っていた。

その企業の国際金融担当部長は、こう認めていた。「社員が経営陣に選択肢を提案することはない。怖がっているからだ。社員は経営陣が本当に知らなければならないことはなにか、とは考えず、どんなことを聞きたがっているのかを推しはかろうとする。だから問題が積み上がっていく[23]」。

どんな企業にとっても問題が解決されないまま放っておかれればそれが雪だるま式に膨れあがり、予期せぬ難事が起きて戦略的な決定を下さなければならなくなったときには、問題が一気に増幅される。ここまでくると、手元の不完全な情報に基づいて戦略計画を少々調整したり改善するだけでは、もう追いつかなくなる。この重大な決定を強いられる時点で、経営陣は新しい戦略か、代替的な戦略をとるしかなくなる。しかし、先ほど挙げた理由で、ほとんどの経営陣はしなくても済む失敗をしてしまう。

一九八一年から二〇〇六年までの七五〇社の上場企業の倒産例を詳しく調べてみると、もし落とし穴に気づいていたらその四六％は倒産せずにすみ、さらに多くの企業が打撃をそれほど受けずにすんだと思われる。[24] この調査の著者は、こう強調していた。「実行力がないから失敗するのではないことがわかりました。タイミングや運のせいでもありません。大失敗の多くは、ダメな戦略が原因だったのです[25]」。

戦略的意思決定がなされたあとでも、多くの人がそれに満足できないケースは多い。さまざまな産業における二二〇〇人の経営幹部を対象にした二〇〇九年のマッキンゼーによる調査では、戦略的意思決定の際に、管理職は「矛盾する証拠」を十分に探していなかったことや、「反対意見」に十分な注意が払われなかったことに不満を持っていた。[26]

ビジネスにおけるウォーゲーム

ここに外部のレッドチームが果たす重要な役割がある。それが、ビジネスウォーゲームを使って、短期的に業績を上げるという手法だ。[27] ビジネスウォーゲームとは、構造化された、調整役のいるロールプレイングのようなもので、少人数の管理職や社員が、ライバル、つまり競合会社や、規制当局者、保険会社、見込み客などの役を演じる。その一番の目的は、さまざまな戦略的決定によって生じる費用と結果をシミュレーションすることだ。ウォーゲームならではのメリットは、特定の部署や既得権益とはまったく関わりのない外部のファシリテーターがシミュレーションを指導し、みんなの総意で演習が行えることだ。これに真剣に参加する管理職や社員のほとんどは、はじめは居心地が悪かったと語っている。しかし、問題への答えを探すうちに、自分では思いも寄らなかった解決策が導かれ、最終的には役立ったと言う。

また、経営者から新人まで、すべての参加者は社外のだれかの役を演じなければならないため、認知バイアスや組織の慣習が抑えられる。ウォーゲームは、官僚的な文化の根付いた階層組織に特有の、斬新な考え方やこれまでにないアイデアを疎外するもの、つまり今どきのほとんどの企業に共通の障害を減らしてくれる。

ビジネスウォーゲームの成功に欠かせない二つの要素は、経営者と社員に現実の地位を忘れさせるような強い個性を持ったファシリテーターの存在と、この演習のロジックを納得し受け入れている経営上層部の存在だ。ウォーゲームの実施を助けるファルド・アンド・カンパニーのケン・サウカによると、最高のファシリテーターは、徹底的な社内インタビューを通してクライアント企業に根付いた偏見や先入観を見つけ出し、その市場、競合企業、規制構造に特有の言葉遣いや専門用語に精通するほど調査を行っているという。

また、ファシリテーターは地に足のついた性格で、口数の多くない社員からアイデアを引き出し、コンセプトや戦略を捉え、実行可能な形で企業にそれを提案できる人物でなければならない。サウカはこう語る。「ウォーゲームの間に、それまで考えもしなかった戦略を、企業自身が四つから五つ思いつくことができれば成功だ[28]」。

他の形態のレッドチームにも言えることだが、ウォーゲームを実施し、それが意味のあるインパクトを持つには、上層部の賛同、理想的にはCEO自身の賛同が欠かせない。賛同を得ることが難しい理由は二つ。認識不足と費用の問題だ。ほとんどのCEOはインサイダーで、組織文化やその価値観に何十年間もどっぷり浸かっている[29]。だから、変化が必要だということをまったく認識していないし、部下からその必要性を知らされることもなければ、自分の権威を傷つけるような外部コンサルタントの視点も受け入れたがらない。レッドチームを現実的に、かつインパクトのあるものにしようと思えば、ＣＥＯの影響力を制限しなければならない。多くのＣＥＯは、手綱を手放したがらない。しかも、組織の欠陥が表に出ると、誰かを責めたがる[30]。

また、ウォーゲームの費用もばかにならない。脚本の決まった単発の演習なら二万ドル程度だが、調査と組み立てに時間のかかる複雑なウォーゲームなら、五〇万ドルもの費用が必要になる。十数回も演習に参加した、ある金融サービス企業の経営者は、こう語っていた。「残念ながら、レッドチームが一番役立つような、企業が追い詰められた時に限って、そのお金がない[31]」。

企業がウォーゲームを行うのは、次の四つの場合のいずれかだ。まず、新製品を立ち上げる場合。ウォーゲームは、タイミング、マーケティング、価格設定、差別化、ライバルの反応といった、新製品の成功を占う要素を見極める助けになる。とりわけ、数十億ドルと数十年を新薬の開発と試験に費やしている大手製薬会社にとって、こうした演習は非常に役に立つ。その新薬が未開拓の消費者に訴求し、すでに成熟した市場で競争できるかどうかが、成功と失敗を分けることになる。経営陣は、失敗につながるすべての要因を知りたいはずだ。

次に、ウォーゲームが必要とされるのは、予期せぬ大事件や破滅につながる大失敗が起きた時だ。たとえば企業の評判や財務に関わる問題、自社に不利な判決、規制の変更などがあると、経営陣は震えあがり、外部の助けを借りてでも、これまでと違う戦略を構築しそれを検証しなければならないと考える。

三つ目は、新任の部長が、前任者と自分を差別化するために、ウォーゲームを使って新しいコンセプトや強調点を打ち出す場合だ。新任の管理職は、雇用契約の一部として着任後にウォーゲームを依頼するための資金確保を条件としている場合もある。

四つ目は、あまりないことだが取締役会が経営陣にウォーゲームの実行を命じる場合だ。これは、業績改善のためというよりも、経営陣をつぶさに監視し、解雇の対象になり得ると警告することが目的だ。

ビジネスのウォーゲームは、大きく分けて二種類ある。ひとつは主に統計モデルに基づくもので、もうひとつは調整役のいる議論に基づくものだ。マーク・チャッシルは、さまざまな統計に基づくシナリオを実行する、経験豊富なウォーゲームの専門家だ。上級管理職の中には「もともと数字を信頼していない人もいる。人間が直観で感じることをコンピュータは見逃すに違いないと思い込んでいる人もいる」と彼は言う。

経営陣の多くは、自分たちのビジネスが唯一無二のもので、独自の複雑さを持ち、外部者がその全体像を理解することはできないと考えている。だが、チャッシルはこう語っている。「ほとんどの場合、どの企業も変わらない。顧客が購入の決定権を持ち、企業には費用構造があり、さまざまな選択肢がある」。ほとんどの企業が同じ種類の問題を抱えているので、チャッシルたちは数か月で競争環境と未来の選択肢をモデル化し、複雑なシミュレーションを行うことができる。

正しい文脈で正しいデータを使おうとしない企業は、自分たちをあえて不利な立場に追いやっている、とチャッシルは言う[32]。また、定量化によって、無意識の判断が避けられるという追加のメリットもある。

「気づきの瞬間」が必ず訪れる

「未来についてのデータはない」といつも語っているチャッシルだが、ウォーゲームを通してシミュレーションの結果を定量化することで、事業部門と商品部門の方向性の違いを解決できると考えている。データは違いを鋭く浮き彫りにすると同時に、時として中立的な第三者として仲介者の役割を果たすこともあるのだ。

かつて、新規参入ライバルの脅威に直面した大手通信会社のウォーゲームを行ったとき、その企業の経営陣は二つの異なる戦略の間で意見が分かれていた。社内の伝統的な戦略ツールには、競争環境における力関係を組み入れられず、意見はまとまらなかった。そこでチャッシルは、ライバル会社の行動と反応を組み入れて、それぞれのシナリオから想定される結果をシミュレーションした。すると、どちらの戦略に従っても、その通信会社が市場シェアを失うことになると予測された。

市場に有力な新規参入者が現れた場合、シェアの低下は避けられない。しかし、このシミュレーションからは、どちらの戦略を採るかで、予測される売り上げに大きな違いがあることがわかった[33]。

チャッシルは、典型的なウォーゲームでは意思決定のプロセスを少なくとも二度繰り返す。初めての回では、参加者は望み通りの結果が出るように必ず戦略に調整を加え、失敗を避けようとする。「それは、彼らが愚かで、偏狭で、ぬるま湯につかっているからではない。それで十分だと考えているからだし、これまでいつもそうやってきたからだ」。だが、それがあまり目標達成の足しにならないことや、むしろライバルとの競争に不利に働いてしまうことが、シミュレーションを通して明らかになる。

二回目には、小細工をしてもあまり意味がなく、またむしろやらない方がいいことがわかっているので、参加者は結果を操作しようとしない。参加者はここで実際に戦略を立て、ライバルと闘う。「そこで、『ああ、今までこれは思いつかなかった』という瞬間が必ず訪れる。耳や目をわざと塞いでいなければ、きっと気づきがある」。

こうした気づきを意図的に無視するようなクライアントはほとんどいない。というのも、チャッシルに依頼するクライアントは、新しい考え方を積極的に受け入れ、それを歓迎するタイプだからだ。「そのアイデアが新しいというだけでなく、全員で思いついたということが重要だ」とチャッシルは語る(34)。

ライバル会社の反応を予測する

ベンジャミン・ギラードは別の手法を使う。数字に頼らないウォーゲームだ。プロクター・アンド・ギャンブル、マース、プラット・アンド・ホイットニー、その他フォーチュン五〇〇企業のために何百回となくウォーゲームを行ってきたギラードは、一般読者向けのウォーゲームの本も執筆している(35)。ギラードは、調整役のいる議論を通したウォーゲームの信奉者で、イスラエルの元諜報部員らしく、理路整然とした議論を推奨する。データに基づくシミュレーションを使わないのは、数字が苦手だからではなく、それが意思決定者に正確な全体像を提供するものではないと考えるからだ。「コンピュータに数字を打ち込んだとたん、現実から仮想世界に移動してしまう」[36]。

ギラードは、二つの理由から企業が「オープンフレームワーク」を利用するのは難しいと考えている。まず、経営陣のほとんどは視野が狭く、自分たちの会社が世界の中心にあり、他社の行動や反応は関係ないと考えていること。次に、経営陣が既存の戦略を過信しているということだ。そんな場合、自分たちだけでウォーゲームを行っても、実際には「確認ゲーム」にしかならない。

ギラードのクライアントは、口コミ経由か、以前の会社でウォーゲームを行っていたという場合が多く、難しい局面に直面してギラードに依頼してくる。企業が強い圧力を受けている場合には、ウォーゲームの不愉快な経験も受け入れ易く、その結果に基づいて積極的に変わろうとする。そうした苦境にある企業は、ウォーゲームの費用を出しづらいこともあるが、そんな時こそ「革命が起きうる」瞬間だ[37]。

ギラードはさまざまな種類のウォーゲームを行っているが、一番よく行うのが競合反応シミュレーションだ。これは、ハーバード・ビジネス・スクールのマイケル・ポーター教授による四分割分析をもとにした、ある事業戦略に対するライバル会社の反応を予測するためのシミュレーションだ[38]。

参加者はライバル会社の役割を演じ、戦略的な選択にどう反応するかをテストされる。ほとんどの経営上層部と管理職は自分たちをライバル会社より優秀だと思っているため、なかなかライバルを理解したり相手に共感することができない。ライバルの役を演じさせるため、ギラードはライバル会社のロゴのついたTシャツを参加者に着させたり、ライバル会社の商品を持ち込んだりする。ライバルの市場地位、経営陣の原動力となるもの、またライバルの盲点などを学ぶ必要もある。ポーターの四分割を順番に検証していくことで、参加者はライバルの視点でものを見はじめ、ライバルの反応についての新しい洞察が生まれる。

数えきれないほどこの演習を準備し、ファシリテーターを務めてきたギラードは、自身の役割を残酷なほど率直に、「部屋中の全員、特に経営陣を間抜け呼ばわりすること」だと言う。経営陣が役割をきちんと演じていない時には、参加者にこう念を押す。「私が市場で、あなた方のクビを救ってあげようとしてるんだ。この役に真剣に取り組まないなら、クビになると思った方がいい」。そして、「いつもは言えないことを議論できる安全な場所はここしかない」と告げる[39]。

ウォーゲームの後半では、予想したライバルの反応に基づいて新しい戦略を作る。この段階もまた難しく、ギラードが担当した企業のほとんどは、そのような新しい戦略をはっきりと示すことができていなかった。どの産業でも、目標（ほぼ全員がなにかをわかっている）と戦略（その目標を達成するための原則や行動指針）をはき違えている企業や組織は、少なくない。ウォーゲームの用語や手法に慣れたこの時点で、参加者はやっと自由に議論をするようになり、新しいアイデアや提案が生まれる。ギラードは、次のようになったら成功だと言う。「誰かが本当に良い、具体的なアイデアを提案し、部屋中がいきなり静かになる。その瞬間、全員がやり遂げたことに気づく。どんなウォーゲームでも、この『なるほど！』という瞬間を起こすのがひと苦労なんだ[40]」。

経営陣のエゴが自由な議論を妨げ、そういう瞬間が訪れないこともある。それを避けるために、上級経営陣はオブザーバーとして参加させ、提案された戦略の中でもっとも優秀だと思うものに最後に投票してもらう。「その戦略から導かれる最良の方策の概要を、経営陣に具体的に提案してもらうんだ」[41]。理想的には、その概要を経営チームがさらに業務計画に落とし込み、経営評価委員会に提示するといい。

ギラードはまた、ウォーゲームの事後分析を二ページにまとめ、経営陣が直視したがらない企業の明らかな盲点をそこに書き出す。ギラードによると、なんらかの事件や予想外の外的ショックがない場合には、大企業のウォーゲームは五年に一度でいいという。戦略見直しのために毎年ウォーゲームを行っている企業があるとしたら、それは形式だけになっている可能性が高い。

社員全員を個人戦略家にする

ウォーゲームは、経営陣や社員が自分たちだけでは得られない洞察を集合的に得ることに役立つ。こうして得られた洞察が情報収集や調査につながり、新事業の明確化や特定の任務や仕事の計画、そして最終的には戦略の改定につながる。ビジネスにおけるウォーゲームのほとんどは、企業文化を変え、全員が個人戦略家のように考えることを目指している。実際、ウォーゲームに参加してみると、それが短時間であっても、より戦略的に考えられるようになったことが自覚できた。

しかし、たとえウォーゲームに大きな効果があったとしても、その影響はいつかは消える。社員は日常業務に戻り、そこでは以前と同じような、組織の慣習や階層の圧力や決められた役割分担が待っている。他のレッドチームと同じように、ウォーゲームを行うコンサルタントもまた、対象組織の行動を変えることはできない。定性的であれ定量的であれ、ウォーゲームが組織にインパクトを与えるのが難しい理由は、ほかのレッドチームと同じだ。

経営陣がウォーゲームの範囲を制限し、企業がいちばん弱っている時に内部プロセスや人的な問題を隠そうとすることもある。ウォーゲームが始まったあとに、オープンなはずの議論に経営陣が口を挟み、意図した結果に導こうとする場合もある。ファシリテーターがプロセスの不正を報告し、管理職がクビになったケースもある。

ＣＥＯがすでに密室で決めた決定を裏付けるためだけに、外部にウォーゲームを依頼することもよくある。そんな八百長のようなシミュレーションを避ける方法のひとつは、最初の会話で企業側の意図を嗅ぎ取ることだ。ウォーゲームの失敗のほとんどは、上層部が悪い知らせを聞きたがらないことに原因がある。

レッドチームが発見した悪い知らせをもとに策を講じるかどうかは、ひとえに実行の権限を握る企業経営陣にかかっている。ほとんどのＣＥＯは、創造性を重んじることが、なにより大切なリーダーの条件だと口を揃える。[42] しかし、企業の意思決定に関する研究を見ると、企業経営陣が際立って創造性に欠け、視野が狭く、個人としても、企業としても、その競争力を過信していることは明らかだ。少なくとも、彼らは自分たちだけは失敗しないと思っている。一方、個人の力の限界や過剰な自信を自覚している数少ない企業経営者にとって、ウォーゲームは、情報過多や、ますます複雑になり熾烈さを増す競争への、有効な解決策を提供してくれるものになる。しかし、これ以外にも、企業が利用できるレッドチームの形態がある。それが、防衛システムやセキュリティの効果を検証する、「欠陥テスト」だ。

深刻化しているサイバー攻撃の被害

レッドチームは、民間企業のサイバー分野のテストと、もともと相性がいい。サイバー領域への不法侵入から生じる莫大なコストと影響を考えれば、なおさらだ。企業は日常的な不法侵入をなんとしてでも隠そうとしているが、こうした攻撃の頻度と深刻さが増していることは明らかだ。サイバーセキュリティの専門家を対象にした無記名のアンケートでは、きちんとした侵入テストを行わないことの代償は大きく、お金の面でも時間の面でも、ますますそのコストは高まっていることが指摘されている。

カスペルスキー研究所が三九〇〇名のIT専門家を対象に行った二〇一四年の調査によると、データセキュリティ事件による損失額は、従業員一五〇〇名未満の企業では平均四万九〇〇〇ドル、一五〇〇名を超える企業では七二万ドルに及んでいる(43)。アメリカ企業五九社を対象にポネモン研究所が二〇一四年に行った同じような調査では、サイバー攻撃を解決するのにかかった時間は平均で四五日、費用は一六〇万ドルとされる。前年の平均解決時間は三二日、平均費用は一〇〇万ドルだった(44)。

侵入者の八六%は社外の人間、一二%は内部の人間で、二%は内部者と外部者の協力によるものだった(45)。かつては従業員数が二五〇〇名を超える大企業が深刻なサイバー攻撃の主な対象だったが、今では中小企業からもデータが盗まれたり、大企業への入口として第三者ベンダーが攻撃を受けるケースが増えている(46)。

最近の三つの事例をここで見てみよう。二〇一三年、高級デパートのニーマン・マーカスのシステムにマルウェア（不正プログラム）が仕掛けられ、二〇一三年六月から同年一〇月末までの支払いデータが流出し、三五万名の顧客が影響を受けた[47]。この攻撃により、ニーマン・マーカスでは二〇一四年の第二四半期に四一〇万ドルの費用が発生したと推測される[48]。二〇一四年五月には中西部にあるスーパーマーケットチェーンのシュナンクス社が、犯罪ハッカー集団によるデータ流出を明らかにした。会社側は四か月以上もデータ流出に気づかず、被害額はおよそ八〇〇〇万ドルにも及んだ[49]。

もっとも有名な事件は、二〇一三年のブラック・フライデーに大手スーパーのターゲットで起きた大規模なデータ漏洩だ。この事件では、犯罪者集団が少なくとも四〇〇〇万件にのぼる顧客のクレジットカード番号を入手した。ハッカーはまず、ターゲット店舗の空調を管理していたファジオ社のネットワークに侵入し、そこからターゲットの社内ネットワークに入り込んだ。直接の被害額は六一〇〇万ドルと言われているが、事件から八か月もたたずに最高経営責任者と最高テクノロジー責任者が解雇され、その損失は一億四八〇〇万ドルにものぼった[50]。

体内に埋めこまれた医療機器も簡単にハッキングできる

このような侵入が増加し、経営陣の認識が高まるにつれ、アメリカにおけるサイバーセキュリティ関連の費用はこのところ爆発的に上昇している。二〇一四年のアメリカ政府のサイバーセキュリティ費用は一二七億ドルにのぼり、二〇一六年には一四〇億ドルが要求され、二〇二〇年まで年率六%の増加が予想されている[51]。一方で民間セクターのサイバーセキュリティ費用は二〇一四年に七一一億ドルに達し、二〇一六年までにおよそ八六〇億ドルに増加すると言われる[52]。サイバー分野の二つのトレンドを考えると、こうした費用は今後もますます上がり続けるだろう。

そのトレンドのひとつは、「モノのインターネット」だ。ますます多くの機器がインターネットにつながり、ハッカーたちにこれまでにないほど多くの侵入のチャンスを与えている。インターネットに接続された機器の数は、二〇一三年の一三〇億台から、二〇二〇年までには五〇〇億台を超えるまでに跳ね上がると予想されている[53]。ほとんどすべてのインターネット接続機器に搭載されているチップやセンサーは、ユーザーにこれまでにない利便性をもたらすが、同時にハッカーにとっては、一般に開かれた無数の侵入口となる。「攻撃の入口」は、自宅や車に設置された電子機器だけではなく、生死にかかわる医療機器にも拡がっている。セキュリティの研究者は、ペースメーカー、神経刺激装置、インシュリンポンプといった、体内に埋めこまれたワイヤレス機器を、三〇〇フィート以内の場所から簡単にハックし操作できることを、繰り返し証明している[54]。

二つ目のトレンドは、ハッキングがコモディティ化し、誰にでも手のとどくものになっていることだ。サイバー闇市は、マルウェアや侵入キットの増加によって拡張し、ますます複雑になっている。自動攻撃に使われるマルウェアは、二五ドルから二〇〇〇ドルで手に入る。二〇〇六年から二〇一一年までの間に、市場で発売される新しい侵入キットの数は年間一件から一六件に増え、それ以降の二年間にその数はさらに倍増している[55]。

汎用品を使ったハッキングのもっとも有名な例は、先ほど紹介したターゲットのデータ流出事件で、この時使われたマルウェアは一七歳のロシア人ハッカーが開発したブラックPOSと呼ばれるものだった。この少年ハッカーはソースコードを一八〇〇ドルから二〇〇〇ドルの間で売ったとも言われ、盗まれたクレジットカード情報から出る利益の一部を得たとも言われている。

ハッカー集団は単にこの少年からマルウェアを買い、ターゲットの空調管理請負会社から侵入して、ターゲット本体に到達しただけだった。ブラックPOSは特に最先端のプログラムではなかったが、外部の請負会社とターゲットのウィルスセキュリティプログラムはこれを検知できず、ターゲットは連邦捜査官から侵入を知らされることになった[56]。

ホワイトハットによる「ペンテスト」

懸念されるトレンドはあるが、民間企業へのサイバー侵入のほとんどは防ぐことができ、いくつかの防御策を実行すれば少なくとも危険を減らすことが可能で、これにはそれほど時間もお金もかからない[57]。問題は、こうした予防策で対応できるのが、古いタイプのよく知られた攻撃か、比較的単純なサイバー攻撃の場合に限られるということだ。サイバー領域では、最良の防御策でもいつかは破られ、時代遅れになっていく。攻撃側が絶えず新たな戦術を開発し、狙ったネットワークに侵入してくるからだ。

また、本書のために調査したすべての企業でもそうだが、サイバーセキュリティの向上は、経営陣、社員、ITスタッフの日常業務の一部となっている。すると自社のネットワークセキュリティ設定や手続きが当たり前のもののように思われ始める。悪意の攻撃がなければ、現状のままでいいと勘違いしてしまうのだ。もちろん、民間セクターのサイバー防御に明らかな欠陥があることは、悪意ある優秀なハッカーによってこれまで繰り返し証明されている。

この溝を埋めるため、社内の向上策を、レッドチームによる欠陥テストで補うケースが増えている。こうした検査は侵入テスト、いわゆる「ペン（ペネトレーション）テスト[58]」と呼ばれ、「ホワイトハット」と呼ばれる善意のハッカーによって実行される。ハリウッドの西部劇で正義の味方がかぶるカウボーイハットの色から、この呼び方が生まれた。ホワイトハットに対して、悪意を持って、相手の許可なくコンピュータネットワークやソフトウェアコードに侵入するハッカーは、ブラックハットと呼ばれる。

この区別は単純すぎるかもしれない。というのも、もっとも優秀なホワイトハットが、職業として合法的にハッキングを行うようになる以前に、ブラックハットだったこともある。今でも、昼間は仕事として侵入テストを行い、自由時間に政治的または思想的な理由で、あるいは単なる趣味として、非合法なハッキングを行っているハッカーもいる。

アイデンティティの流動性はハッカーの特徴で、ひとつの分類に彼らを縛りつけるのは難しい。私はハッカーたちと何度も会話を交わす中で、表現は多少違っていても、彼らを動かしているのは、合法であれ非合法であれどんなハックができるかを試してみたいという内面から湧き出る好奇心だと感じた。だがその衝動は年齢と共に和らいでいき、あてのない探検で少ない収入に甘んじるよりも、安定ときちんとした給料を求めるようになるのだ。

どのような戦術を使うかはハッカーによって全く異なる

コンピュータハッキングが華やかでワクワクするものというイメージは、およそ現実とかけ離れている。ハッキングの能力は、ただ座ってじっとコンピュータ画面を眺め、時にはエネルギー飲料の力を借りて、パターンを認識し、どこに欠陥があるかを見つけられるかどうかにかかっている。ハッカー自身はその仕事を、外国語の部分的な原稿から意味のある本を創ろうとする編集者や、宗教的な文言を羊皮紙に書き写す中世の修道士に似ていると言う。だが、強力なソフトウェアのおかげで自動化できる仕事も増えてきた。ネットワークに大規模スキャンをかけて欠陥をみつけたり、ソースコードを一行ごとに見直したりする作業は自動でできるようになっている。それでも、人間がマニュアルでハックしたりソースコードを読み取ったりする方が、自動化されたプロセスより多くの深刻な欠陥を見つけられることも確かだ[59]。

　また、最高のハッカーが多少内にこもる傾向を持ち、普通の人よりも集中力が高いことも、ハッカーの世界では常識になっている。さらに、ハッカーの九割は男性で、女性を歓迎しない雰囲気があることは間違いない[60]。侵入テストのコースを数年にわたって教えてきた、あるサイバーセキュリティの専門家は、女性専用の授業を受け持ったこともある。彼は次のように語っていた。「侵入テストを行うには、女性は賢すぎるんです。コンピュータエンジニアになるために厳しい訓練を終えたら、女性は、組織の価値を高める仕事をしたいと考えます。なにかを壊したり、欠陥を指摘しても、価値を高めることにはなりませんから[61]」。

　ハッキングは科学ではなく芸術だとも言える。個人の経歴やスキルによって、どんなアプローチをするか、どんな戦術を使うかはまったく違ってくるからだ。もし二人のハッカーに、ひとつのウェブサイトについてセキュリティ欠陥をできるだけ多く見つけてほしいと依頼したら、重複する欠陥は五〇％くらいだろう。ソフトウェアのソースコードの欠陥を探す場合なら、重複はそれより少ないはずだ。

　ハッカーはそれぞれに特異な経路と背景でこの仕事についており、侵入テストの実行者としての一般的な業界の基準はない。認定エシカルハッカー（ＣＥＨ）の訓練と証明書はあるが、五日間のコースを受講して、四時間のテストを受け一二五問に答えれば、資格が取れる。侵入テストの大御所はみな、ＣＥＨのコースは形式的で不十分で時代遅れだと考えているし、履歴書にこの資格を書かない方がましだとさえ言う。[62] 二〇一四年二月、ＣＥＨのスポンサー団体であるＥＣカウンシルのウェブサイトがハックされ、エドワード・スノーデンのパスポートとＣＥＨへの応募書類がホームページ上に掲載された。[63]

ハッキングの闇市場での最大の買い手はアメリカ政府

ハッキングのトレンドは、カンファレンスの様子を見ると、よくわかる。かつては少数のハッカーが技を見せ合い、名を上げ、コミュニティ意識を共有する場だったが、カンファレンスの数は大幅に増え、参加者数もうなぎのぼりに上がっている。

二〇〇九年には、アメリカでハッキングに特化したカンファレンスは五つしかなかった。二〇一四年までにその数は三七に増え、そのうちサイバーセキュリティに関するものは一七もある。[64] 同じ期間に、最も大規模な二つのカンファレンスの参加者は、素人の多い「デフコン」では一万人から一万六〇〇〇人に、またプロの多い「ブラックハット」では四〇〇〇人から九〇〇〇人に増えている。[65]

だが、長年の参加者によると、これらの集まりは、純粋に参加者を教育し、情報を共有する場というよりも、プレゼンターが自分の最近のハッキング事例をメディアに取り上げてもらうために発表する場になってしまい、どんどん退屈で平凡になっているという。

また、侵入が公にされていない事例、または対象組織が侵入に気づいていない事例、いわゆる「ゼロデイ攻撃」と呼ばれるハッキングが非常に増えていることもある。[66] 以前なら、カンファレンスで高度なハッキング事例が自慢げに発表されていたが、今はそうした技が公開されず、ブラックマーケットで、弱みのある企業や、関係政府機関や、犯罪集団に密かに売られている。この「ゼロデイ攻撃」の市場はまったく不透明で、有害なハッキング技術の平均価格は四万ドルから二五万ドルとも言われ、その最大の買い手はアメリカ政府だと考えられている。[67]

「デフコン」を立ち上げ、その後「ブラックハット」のカンファレンスを創設したのが、ジェフ・モス（通称ダーク・タンジェント）だ。[68] 四〇歳のモスは、この分野の生みの親でハッカーの良心とも言われ、インターネットのルールを設定する国際組織のアイキャン（ICANN）で最高セキュリティ責任者を務めた。ブラックマーケットの拡大について、モスは次のように語っている。「初期の頃には、ハッキングで金儲けはできなかった。今では、闇市で大金を儲けられるので、公の場で共有されることが少なくなった。そうした流れからカンファレンスも少し下火になっている。一番面白い侵入事例やアイデアがあまり表に出てこないからだ」。

そのうえ、コミュニティが急激に大規模になり、専門性も細かく分かれてきたため、仲間意識が希薄になり、望ましい行動規範も共有されなくなってきた。「昔は有名なハッカーはみんな知り合いだったが、いまではまったく違う。サイバーセキュリティの世界はこれ以上拡がりようのないほど大きくなり多様化してきたが、それでもますます拡がっている[69]」。

ゴールドマンサックスはホワイトハット企業を二社雇う

企業が侵入テストを依頼する理由は、次の三つのうちのいずれかだ。不法侵入を受けて損害を被り、それに対処しようとしている場合。他社への侵入事例を聞いて、セキュリティを意識するようになった場合。そして規制当局または保険会社から侵入テストを命じられた場合だ。

三番目のケースはこのところますます増えている。

たとえば、アメリカの商品先物取引委員会は、金融機関に、少なくとも二年に一度は第三者機関を雇ってセキュリティ手段、システム、政策、手続きを検査させ監視させることを義務づけている。(70)

ＨＩＰＡＡ（健康保険携帯責任法）は、ヘルスケア企業に「電子的に守られた医療情報の機密性、一貫性、利便性へのリスクと欠陥に対する正確で徹底した評価を行う」よう命じている。国立標準技術研究所によると、これには、「合理的で適切な侵入テスト」が含まれるとされる。(71)二〇一三年一一月、ＰＣＩデータセキュリティスタンダードの最新基準が発表され、そこにも新しい侵入テストの条件が含まれていた。(72)

サイバー領域におけるデータ、ネットワーク、プライバシーの流出による経済的損害を補償するような、サイバーセキュリティ保険も拡大し、二〇一三年から二〇一四年にかけて保険料は倍増している。(73)このような保険には、「効果的で最新の」セキュリティの維持が求められ、そのために侵入テストを行う企業もある。

ホワイトハットによる侵入テストの効果は、この種のテストへの企業の積極性に左右される。規制当局や保険会社に強いられてテストを行う場合、チェックリストを確認するだけの通り一遍な狭い範囲の検査になりがちだ。たったひとつのＩＰアドレスを指定され、決められた時間内に侵入を行うような、現実とはかけ離れたテストを依頼されたホワイトハットもいる。

しかし、悪意ある事件のすぐあとで侵入テストを行う場合や、業界への脅威を認識して行う場合、企業は現実的で包括的な評価を受け入れ、発見に対して積極的に耳を傾ける。フォーチュン五〇〇企業のほとんどはソフトウェアやウェブサイトの発表前に、外部の侵入テストを依頼する。たとえば、ゴールドマンサックスは重要な資産であるアプリケーションやウェブサイトに対して二社のホワイトハット企業を雇い、別々に独立した侵入テストを課している。[74] 限られたIPアドレスを一度だけテストする場合には一〇〇〇ドルほどの費用で済むが、大企業や非営利組織のための無制限の継続的なテストになると一五万ドルを超えることもある。[75] サイバー攻撃による経済的なコストや評判の失墜が拡大するなかで、企業は運用費用を低く抑えなければならない。すると、企業の大半は予防的な手段には最低限の費用しかかけず、義務付けられた最低限の侵入テストで済ませることになる。[76]

ホワイトハットの侵入テストにはさまざまな形態があるが、大きく分けて次の三つに分類される。ひとつは、侵入者がターゲットについてウェブサイトやソフトウェアの名前以外にはなにも知らされないブラックボックステスト。次に、侵入者がネットワーク設定やデバイスをすべて承知しアクセス権を持つような、ホワイトボックステスト。最後に、侵入者が一部の知識とアクセス権を持つようなグレイボックステスト。どれを選ぶかは、なにを一番守りたいか、どのような敵が一番心配か、その敵がどこまで情報を集めて悪意あるサイバー攻撃に使うかによって異なる。

どのようにクライアントのネットワークに侵入するか？

企業のコンピュータネットワークへの侵入テストは、次の四つの段階を踏むことが多い。最初の段階では、電話や面接や最高情報責任者や情報セキュリティ管理者への調査を通して、テストの範囲を決める。その組織がなぜ侵入テストを依頼したのか、テストに投入できるリソースと時間はどのくらいか、推奨された改善策を実行するのか、サイバー攻撃のどのような影響が一番心配なのか、ほかの企業と同じように経済的損失と評判の下落が一番の懸念なのかといったことを、侵入者は学んでいく。誰がなにをテストするのか、いつ行うのか、対象組織の中で誰に事前に知らせておくのか、最低限の人数でいいのかなど、テストのルールを決めるのも、この段階だ。テストの種類と範囲によって、侵入チームの構成が変わり、それによってネットワーク専門家、オペレーティングシステム専門家、データベース専門家、携帯デバイス専門家、司令塔としての管理職などが集められる。

次の段階で、侵入者は対象組織の下調べを行い、一般に流通しているソフトウェアプログラムを使って、ネットワークのマップを描き、オペレーティングシステムを診断し、アクセスできる公の入口を探す。ホワイトハットは、どんな会社でもネットワーク管理者をすぐに特定し、リンクトインやＳＮＳやその他の一般に公開されているデータから細かい個人情報を集め、ソフトウェアを使って可能性のありそうなパスワードのリストを作り、そのリストでログインを試み続ける。指紋や声や顔や目といった第二認証が必要な場合には、それを回避したり迂回するような手を打つか、管理者の指紋や声や顔や網膜を投影するようなソフトウェアを設計する。また時間に余裕がある限り、全従業員のメールアドレスや電話番号、サーバー室の位置、オペレーティングシステムの種類、バージョン、業者の情報など、さらに多くの情報を手に入れる。

第三段階が、侵入テストだ。ここでホワイトハットはほぼ必ず、なんらかの不正な方法を使ってアクセスを得る。たいていは、人による明らかな判断ミスがその原因になる。ベテランのホワイトハット、デイビッド・ケネディによると、クライアントのネットワークに侵入する方法は二つあるという。(77) 可能性の高い順番に挙げると、第一は、IT管理者が使い続けているデフォルトのパスワードを使うことで、第二は従業員にフィッシングを仕掛けることだ。たとえばなりすましメールを送って、偽のURLに誘導することもそのひとつだ。こういう手に騙されないように従業員はサイバーセキュリティの講習を受けているが、ホワイトハットはそれも考慮に入れてやり方を変えてきた。国家安全保障局でハッカーとして働き、侵入テスト企業を創業したブレンダン・コンロンは、ある小さな企業へのフィッシング攻撃を、このように語った。「フィデリティ退職年金を装って一〇〇人の社員にメールを送ったところ、五〇名はそれを即座に開き、自分の個人情報をすべて入力した」(78)。これは珍しい話ではない。

時として、クライアント企業にファイアウォールや侵入検知システムがあることもある。そんな場合には、アイデアと努力が一層必要になり、より進んだ技を使うこともあるが、結局ホワイトハットは必ず侵入経路を見つける。(79) たとえば、ITヘルプデスクのボイスメールにアクセスできたら、怒った社員が残した直近のボイスメールを消して、その社員にヘルプデスクのスタッフだと偽って電話を返し、ユーザーIDとログイン情報を聞き出す。もしくは、オフィスのコピー機が個人の端末からPDFファイルを直接メールできる設定になっていたら、コピー機にトロイの木馬を仕掛けて、デスクトップコンピュータにアクセスする。

また、セキュリティカメラにアクセスし、社員がコンピュータにログインする映像を拡大して(ショルダーサーフィンと呼ばれる)、ネットワークへの無制限のアクセスを得たケースもある。これらは二〇一〇年のことであり、今では、はるかに進んだ侵入方法や経路が数多く存在している。ホワイトハッカーがこうした技を知り得るなら、犯罪者や悪意のハッカーがこれを知らないはずはない[80]。

最終段階では、ホワイトハットがどんな欠陥を見つけたかスクリーンショットや原稿とともにまとめて、緊急性とコストの順に対応策をリストアップし、要約と共に報告書を提出する。ほとんどの最高情報責任者や、時には最高経営責任者は、要約以外の部分をほとんど読まず対応策のところまでページをめくって、こう訊ねる。「で、全部でいくらかかるんだ？」。

めったにないことだが、たまにホワイトハットの成し遂げたことをすべて却下する経営陣もいる。ホワイトハットがブラックハットよりはるかに優秀で、最先端の技術を使っていると思い込んでいるからだ。モスは語る。「上層部が我々の仕事をばっさり切り捨てることもある。たまたま我々の運が良かったか、ネットワークの調子が悪かっただけだと言うんだ」。ホワイトハットが自分たちの主張を証明するため、ＣＥＯのデスクトップのマルウェアを機動させ、ハックされたことを全社に知らせたこともある。

ホワイトハット企業は必要なだけ何度でも追加の侵入テストを行うことを提案する。フォーチュン五〇〇企業では、少なくとも毎年一度は必要だと助言している。対象組織は発見された最も深刻な欠陥のうち四分の三は改善するが、それほど深刻でない欠陥にはほとんど対応しないというのが、ホワイトハット企業の共通の認識だ[81]。

セキュリティ対策に十分なリソースを与えられるか？

ホワイトハットによるレッドチームは、必ず関係者全員をイラつかせることになる。ホワイトハットは絶対にクライアント企業への侵入に成功し、しかもどちらかというと原始的でだれにでもできるようなレベルの低い技を使ってそれをやりとげるからだ。

実際、ホワイトハットにとって仕事は簡単すぎて、仕事以外では、はるかに斬新で非合法すれすれのハッキングを行っている。侵入テストのあと、対象企業のITスタッフは一様にやる気を失ってしまう。それは、自分たちの恐れが現実になったからというだけではなく、それでもまだ欠陥に対応できるだけの十分な支援や資金を与えてもらえないからだ。

本来ならより抜本的なセキュリティ改革が必要なのに、ソフトウェアの継ぎあて、ネットワークアーキテクチャの変更、ITスタッフや社員のマイナーな手順変更によって、あからさまな欠陥だけが埋められる。このような有様を、サイバーセキュリティ専門家で、元IDARTメンバーのディノ・ダイ・ゾヴィは、「サイバーセキュリティはイタチごっこだ」と言う。二〇一四年六月に開かれたRVASECカンファレンスでは、ある講演者が三〇〇人の情報セキュリティ専門家を前に二つのことを訊ねた。「自社のネットワークを守るために必要なリソースを得られている人は？　必要な人員を手当してもらっている人は？」。手を挙げた人は一人もいなかった。

サイバー領域での民間セクターによるレッドチームも今では一般的になり、大企業のほとんどでは、もっとも明らかで影響の大きな欠陥を洗い出すためにそれは欠かせないものになった。だが、敵のハッカーになりきってやすやすとサイバーセキュリティを破り、クライアント企業に侵入しても、予防策にこれまで以上のお金をかけるよう経営陣を説得するのは、至難の業だ。それが短期的な利益を圧迫することにもなりかねない。「欠陥を洗い出すことの経済的価値を証明しなければならない。お金をかけてセキュリティ全体を刷新する理由はそこにある」と言うのは、長年情報セキュリティに関わってきたアイラ・ウィンクラーだ[82]。しかし、より現実的な脅威に費用を向けさせることも、同じく重要だ。国家安全保障局の元ハッカーで現在はセキュリティ企業サイバーIQサービスに勤めるボブ・スタシオは、「民間企業にはカネはあるが、ほとんどの場合、敵の脅威とまったく関係のないところにサイバーセキュリティの費用を使っている」と言う[83]。

他の領域でも同じだが、民間のサイバー領域におけるレッドチームは、さまざまな理由でさまざまな関係者のために行われる。しかし、なにより大切なのは、ITスタッフに追加のリソースを配分するための正当な理由を提示することだ。近い将来、サイバー脅威の増加と複雑化から組織を守るために、ホワイトハットによる侵入テストは必要不可欠なものとなり、こうしたテストへの依頼は続くだろう。

もちろん、すべての侵入テストが企業の依頼により行われるわけではない。ハッカーが好奇心を満たすために、安全だとされているコンピュータネットワークと支援インフラが本来の目的以外のなにかに利用できるかどうかを試してみようとする場合もある。そんな事例を次に見ていこう。

携帯電話が盗聴されている?

二〇一一年、ナップスターの共同創立者でフェイスブックの創業社長だったショーン・パーカーは、自分の携帯電話の会話が盗聴されているに違いないと感じていた。その前年、ベン・メズリックが二〇〇九年に出版した『フェイスブック』を映画化した『ソーシャル・ネットワーク』の中で、ジャスティン・ティンバーレイクが、生意気で偏執的な起業家としてパーカー役を演じていた。偏執的な役柄は、明らかに現実に基づいていた。パーカーは、侵入テストとソフトウェアの設計検証を専門に行うｉＳＥＣパートナー社に勤める友人に、自分の懸念を伝えた。移動体通信に組み込まれた暗号化基準を考えると、友人はパーカーの心配をあまり本気にしなかったが、パーカーは自宅のフェムトセルを通じて、誰かが自分のベライゾン（アメリカの大手通信事業者）の携帯電話に不法にアクセスしているのではないかと考えていた。

フェムトセルは、一見Ｗｉ—Ｆｉのルータのような、小型の基地局だ。田舎やオフィスビルの中の電波の届かない場所や、電波の弱い場所で自由に使うことができ、ベライゾンストアに行けば二五〇ドルで手に入る。障害物の有無にもよるが、フェムトセルから四〇フィート圏内では、利用者の許可なく、携帯が自動的にそこにつながる。フェムトセルはブロードバンドのインターネット接続を利用して、それぞれの携帯事業者のネットワークにつながる仕組みになっていた。大都市の大きなオフィスビルに入ったり、そこを通り抜けたりするだけで、携帯はほぼ自動的に複数のフェムトセルにつながることになる。

パーカーの友人はフェムトセルの問題についてそれまで聞いたことがなかったが、パーカーの自宅に来てフェムトセルを回収し、それをどこかの時点でハックするつもりだった。パーカーは正式にｉＳＥＣ社を雇ったわけではない。このプロジェクトは自主的なホワイトハットの侵入テストのようなものだった。

それから二〇一二年の夏までの一年間、このプロジェクトは棚上げになっていたが、ベライゾン製品に詳しいアンドリュー・ラヒミというインターンが、欠陥を洗い出すことに挑戦し始めた。当時ｉＳＥＣ社の上級コンサルタントだったダン・グイドは、これを決まった目標のない仕事だったと語っている。「僕たちは、ネットがいつもただで使えたらいいのに、ってな感じで、どこまで電波が飛ぶのかな？　なんて話し合っていた」[84]。

他のサイバーセキュリティ企業と同じように、iSEC社もまた、クライアントの仕事がないときには仕事中の一定時間を、こうした自由課題に使うことを許していた。これはハッカーの自然な好奇心を満たすためでもあったが、新しい領域を探るチャンスを与えて、未来の社員を引き寄せるためのある種のマーケティング策でもあった。この場合は、ハードウェアの検査と電子機器セキュリティが対象だった。また、こうしたプロジェクトは、自社のスキルを宣伝し、クライアントを引き付けるためにも役立った。

持ち主に知られることなくスマホのクローン機を作る

侵入テストの第一段階は、ターゲットの機器にアクセスすることだ。ベライゾンのフェムトセルには、テレビに使われるHDMIポートがついていた。そこで、一方にHDMIコネクタ、もう一方にUSBコネクタのついたケーブルを作った（オンラインでそのやり方を教えてくれる動画を見つけた）。すると、ブートアップの遅れを利用して割合簡単にフェムトセルへのルートアクセスを取得できることがわかった。OSはモンテヴィスタ・リナックスで、自由研究時間を使って数か月間試行錯誤を繰り返した結果、ここを通過するすべてのデータパケットを発見し翻訳するコードを書くことに成功した。

いったんフェムトセルに入ると、なんにでもアクセスし放題だった。フェムトセルにつながった電話は、捉えたデータをオーディオの波形に変換し、すべて録音できた。そうしているうちに、発信者が発信ボタンを押したら、発信音がなり始める前でも、電話がつながる前でも、発信者の声が送られてくることに気づいて、彼らは仰天した（携帯機器のセキュリティ専門家の多くにとって、この偶然の発見はフェムトセルへのハックそのものと同じくらい重要なものだった。電話がつながる前に音声が受信されることを知っていた人はほとんどいなかった）。

最終的に、彼らはショートメールのテキストも手に入れ、サイト訪問の記録、オンラインバンキングに入力されるユーザーネームとパスワードといった、スマホのデータを入手することにもやすやすと成功した。要するに、フェムトセルを通してベライゾンの携帯電話の情報すべてを完全に盗むことができたのだ。

iSEC社の上級コンサルタントで、このプロジェクトのメンバーでもあったトム・リッターは、彼らのやったことは、もちろんまったくの素人には無理かもしれないが、特に難しいことでもなんでもなかったと言う。プロジェクトに参加したのは五名で、パートナーレベルのコンサルタントはひとりだけだった。もし時間さえ与えられれば、大学生レベルでもトップ五％に入るハッカーなら、おそらくできたはずだとリッターは言う。

iSEC社による侵入テストで、さらに深刻な三つの欠陥が浮かび上がった。携帯IDとベライゾンの電子シリアル番号もフェムトセルに伝わるため、彼らは端末の登録番号を入手することもできた。この二つの番号を別の端末に入力すると、手も触れず、持ち主に知られることもなくスマホのクローンを作ることができた。このクローン機を使えば、侵入者は本人の端末から電話やテキストを送ったように見せかけることもできた。

次に、フェムトセルを大型の鞄やバックパックに入れて、データや音声を盗みたい相手の近くに立っていれば、その特定の個人でも、周囲のどんな人でも、狙うことができた。また、フエムトセルにつながると瞬時に電話番号がわかるので、その場所からすぐに立ち去ることもできた。

三つ目に、フェムトセル経由でベライゾンの社内ネットワークに侵入し、サーバーを特定することもできた（実際、その二年前に、三人のサイバー研究者がフランスの通信会社SFRのフェムトセルを使って、まったく同じことを証明していた）[85]。iSEC社のホワイトハットは、弁護士から違法性を指摘されたために、そこまではやらなかった。

システムの欠陥を誰に、どのように、いくらで開示するか？

この種の自発的な侵入テストには倫理的なジレンマがつきまとう。ハッカーの集団が欠陥を発見した場合、その発見を、どのように、誰に、どれだけの値段で、発表すべきかを決めなければならない。お金にならなくても、手早く名を上げるため、または企業や政府を辱めるために、その事実を発表することもある。スパイのような極めて悪質な行為にそれを使うこともあれば、ブラックマーケットで一番高い値段で買ってくれる人に売る場合もある。ブラックマーケットが拡大しているため、ソーシャルメディアやテクノロジー企業の中には自社のネットワークやソフトウェアの欠陥を教えてくれるホワイトハットに数百ドルから数千ドルの少額の「報奨金」を支払う企業も増えている[86]。

ホワイトハットは最後に、「責任ある開示」を行う。欠陥が表に出たりカンファレンスで発表されたりする前に、影響をうける関係者に時間を与え、システムをオフラインにしたり、セキュリティ対策を行う猶予を与えるのだ。しかし、責任ある開示を実行しようとしても、そうしたソフトウェア企業やウェブ企業の多くには、報告を受ける体制もそれに緊急に対応する体制もない(87)。

先ほどの例で、iSEC社は責任ある開示を行うことを決めたが、それに対してどんな金銭も受け取らなかった。二〇一二年一二月の初め、iSEC社のチームはベライゾンに連絡を取り、フェムトセルの欠陥をこと細かに伝えた（ベライゾンへの連絡は、社内のセキュリティ部門で働いていた友人を通して、非公式に行った。これはよくあることで、もし見知らぬハッカーが欠陥を報告すれば、脅迫だと思われて相手から訴訟を起こされる危険があるからだ）。

もちろん、ベライゾンには社内のセキュリティチームがあり、彼らがフェムトセルの発売前後にこうしたセキュリティの欠陥を見つけるべきだったが、iSEC社が警告する前には、この欠陥には気づいていなかった。しかも、ベライゾンは以前に携帯デバイスとセキュリティを専門にするホワイトハット企業を雇って、侵入テストを行っていた。そのテストを行った企業はiSEC社と同じイギリスの持ち株会社、NCCグループの傘下にあった。

NCCグループはこの市場を独占するために数十社を超える小さな侵入テスト企業を買収していた。ベライゾンは内心、NCCグループに怒りを感じていたと言う。自分たちが雇った企業はフェムトセルの欠陥を発見できず、別のグループ企業が自由時間にそれを見つけたからだ。

iSEC社のチームは、自分たちの発見を一般公開するとベライゾンに告げたが、問題が解決されてから発表することにした。ベライゾンは三月に行うリナックスソフトの更新の一部として、オンラインのセキュリティパッチを発行した。パッチが発行された後で、iSEC社のチームはコンピュータ緊急対応チーム（CERT）に通報した。CERTはソフトウェアの欠陥についての報告が寄せられる、政府の研究機関だ。「欠陥報告書」には、セキュリティの弱点と、チームがそこにどうやって侵入したか、また今後のフェムトセルへの侵入の可能性を減らすような五つの対応策が記載されていた[88]。ＣＥＲＴに報告したハッキングの手法がすべて開示され、自分たちやベライゾンが思ったよりも詳細な情報が一般に公開されたことに、チームは驚いた。

ｉＳＥＣ社がハッキングを発表したのは、ベライゾンとＣＥＲＴに報告を終えたあとの二〇一三年七月だった。このちょうどひと月前、国家安全保障局が、アメリカの大手インターネット企業による音声、動画チャット、写真、メールの監視結果を発表したばかりだった。政府や通信会社によってアメリカ市民のプライバシーや自由がどのように侵害される可能性があるかについて、記者たちは新しい話題を探していた。ｉＳＥＣ社が何社かのメディアに連絡を取ると、メディアは大きな興味を示し、記者の音声やテキストを傍受してみせると、みなとりわけ感心していた。ロイターとのインタビューで、リッターはこう語っている。「これは、国家安全保障局が普通の市民を攻撃する話ではありません。普通の人が普通の人を攻撃する話なんです[89]」。

自分で自分の弱点を見つけるのは難しい

その数か月後、チームは、ハッカーの二大カンファレンス、デフコンとブラックハットで、満員の聴衆に自分たちの発見を語っていた[90]。事前に参加者に警告を与えた上で、質疑応答の時間に、聴衆の中のフェムトセルにつながった携帯から送られたテキストを、リアルタイムで公開してみせた。ほとんどのテキストはたわいもないもので、個人のウェブサイトの販促や、

「くたばれNSA！」などといった政治的なメッセージだった。

最後にiSEC社が、フェムトキャッチャーというアプリをソースコードと共に発表した。これは、ベライゾンのアンドロイドスマートフォン向けに、フェムトセルに接続されると自動的に飛行モードに切り替えてくれるアプリだった。彼らは、誰にでも侵入できるようなフェムトセルを廃止して、よりコストもかかり実現も難しいエンドツーエンドの暗号化に向けて通信キャリアが努力すべきだと考えていた。

iSEC社のホワイトハットが行ったこの欠陥テストは、かけがえのないものとなった。当時、ベライゾンはアメリカに一〇〇万を超える加入者がいた。通信傍受のクレームは一件もていないとベライゾンは発表していたが、すでにこの欠陥を知っていた、たちの悪いグループもいた。カンファレンス後、いくつかのハッカーグループがiSEC社の発表者のところにきて、多少の手法の違いはあるが、フェムトセルのルートアクセスに成功していたと語っていた。iSEC社のチームメンバーは、彼らの非常に高度な技術用語やその手順などから、それが真実だと思った。[91]

また、通常であれば事情聴取に来るはずの法執行機関がiSEC社に一度も話を聞きにこなかったことから、当局もすでにこのことを知っていたはずだと感じていた。他の人たちもフェムトセルの欠陥を知っていたが、当の通信キャリアにそのことを知らせ、結果を公表したのはiSEC社だけだった。さらに重要なのは、iSEC社が「ほらみろ」といったベライゾンを辱めるような態度を取らず、加入者のプライバシーを改善するために努力したということだ。

このほかにも、まだ知られていない携帯電話のセキュリティの弱点は多く存在し、フェムトセルはそのほんの一例に過ぎない。しかし、ホワイトハットが時間と労力を費やしてこの欠陥を表に出していなかったら、今もこれはプライバシーと自由への脅威として存在し続けていたはずだ。フェムトセルへのハックは、ベライゾンのようなセキュリティ意識の高い企業でさえ、自分の弱点を見つけるのが難しいことを明らかにする事例だ。この欠陥を発見し、責任を持って通報したのは、外部の自主的なレッドチームだけだった。

警備の厳重な政府施設にＩＤなしで侵入する

本書執筆のために取材を行うなかで、政府内で極めて高い地位につく安全保障の高官にインタビューできたのは幸いだった(92)。最初はミーティングを断られたため、共通の知人を通して私の研究内容と質問事項をメールで高官に転送してもらった。数週間後、その高官の事務官が私に返事をくれ、彼が私に会ってくれると知らせてくれた。私はその事務官と電話で翌週の時間を決め、その高官のオフィスに午前中に伺うことになった。事務官はメールで会合の確認と、場所や交通手段を教えてくれ、政府発行の身分証明書を持ってくるよう指示してくれた。

そのビルは極めて警備が厳しく、道路から一ブロック奥まった場所にあり、防護壁に囲まれ、いくつかの入口には武装した警備官が立ち、監視カメラと金属探知機があった。入口を抜けると、訪問者はＩＤの提示を求められ、内部のデータベースの会合の約束と照合され、写真を撮られ、写真つきのビジターバッジを受け取り、それを胸につけたら、やっと職員が中に案内してくれる。

渋滞に巻き込まれた私は、その建物に着いたときすでに五分遅刻していた。金属探知機の前の長い列で私が待つ間に、警備員が電話を取り、大声を上げてすぐ傍にいた私の名前を叫んだ。

列から出て答えようとすると、私が口を開く前に、その警備員がこう言った。「先に行って。もう上で待ってるから」。探知機をくぐるつもりで列の先頭まで歩いていくと、警備員は手を振って「ああ、もういいから、回って行って」。次に、武装した警備員が立っている受付に行って、パスポートを出してビジターバッジをもらおうと思った。受付に行きつく前に、インターンらしき若者が、私に「ゼンコさんですか?」と声をかけた。私がそうだとうなずくと、彼はこう言った。「じゃ、行きましょう」。

私はIDの提示を求められず、データベースとの照合もなく、バッジも受け取らなかったばかりか、受付の後ろに立っていた警備員から「検査済み」と書いた紙きれを受け取った。私はその紙をポケットに入れた。そして若者とエレベータホールに歩いていき、次に来たエレベータに乗って高官のオフィスに向かった。二分後、小さな会議室で私と彼は向き合っていた。私が何者かをだれも確かめず、武器や爆薬の検査もなかった。

皮肉なことに、当時は気づかなかったが、この時私自身が侵入テストを行うことも可能だった。一般に公開されたデータベースの情報を組み合わせれば、ほとんど労力を使わずにその高官と私の橋渡しになるような人を選ぶことができたはずだ。その共通の知人のメールアドレスを入手する技術があれば、私からの依頼のメールをその人経由で送ってもらえばいい。その建物を多少事前に偵察していれば、忙しい高官との面談に遅れてやってきたビジターを通すときの警備の穴に気づくことは可能だっただろう。

しかも、いったん中に入ればインターンを脅すかお金を渡すかして、身元を証明してもらえたかもしれないし、共犯者をインターンとして送り込むことも可能だったかもしれない。内部のデータベースにアクセスして、会合の予定を作ることもできたかもしれない。誰かに呼び止められた時のために、「検査済み」の紙の複製を何枚か作っておくこともできたかもしれない。この時は、たまたま侵入できた。それがあまりに簡単なのは問題だと思ったが、これは珍しいことではない。しかも、民間企業になると、ほとんどの建物でセキュリティのレベルは、これよりもはるかに低い。

大半の企業は施設のセキュリティに最低限の費用しかかけていない

企業の高層ビルにしろ、病院にしろ、カジノにしろ、近代的なビルに入っていく時には、当然、警備をくぐらなければならない。監視カメラ、社員証で開閉するドア、磁気探知機、受付に座って質問を受け訪問客を通す人、周囲をいかめしい顔で見回している警備員などだ。そうしたよくある警備のシンボルを目にすると、その建物が、犯罪者やテロリストや不満を持つ社員からきちんと守られているかのように感じるだろう。だが、目に見える警備は、実際の建物やその中にいる人やモノの保護とはほとんど関係がない。

大半の企業は、施設のセキュリティに最低限の費用しかかけていない。そのコストが利益を直接に圧迫するからだ。セキュリティのレベルが、保険会社や規制が求める最低限の水準を上回るケースはめったになく、それが業界のベストプラクティスだと考えられている。サイバー領域と同じように、物理的なセキュリティのベストプラクティスもまた、ないよりはましだが、真剣で柔軟な敵への対応にはまったく不十分だ。

施設の警備のために雇われて訓練を受けている警備員は、その場にただ立っているだけで、敵のように考えることはできないし、敵がどのように侵入し損害を与えうるかを想像もできない。悪意を持つ人間が、施設や社員の情報を得て不法に侵入しようと思えば、そうした技やテクニックはオンラインでいくらでも手に入る[93]。荷物置き場からでも、社員の喫煙所からでも、建物の中に入れるし、内部者の助けを借りたり、原始的な開錠技術を使ってロックされたドアから入ることもできる。

社員証やパス（それ自体、簡単にハックできる）を持った社員の後ろから、いくつかの荷物を抱えて入ろうとすれば、親切にドアを開けて待っていてくれることもある。外出中の社員と約束があるふりをして警備の周辺をうろついたり、隠れて写真を撮ることもできる。たくさんのテナントが各階に入っているようなビルで会合の約束を取り付けて、ターゲットとするオフィスを偵察することもできる。事前に遠隔地からハッカーが空調を遮断し、それを直しにきた業者のふりをすれば、誰かが来るのを待っていた警備員が迎え入れてくれる。

元陸軍特殊部隊の隊員で、ダルトン・フューリーという仮名で活動している施設侵入の専門家は、こう語っている。「顔にカモフラージュのペンキを塗って自動小銃を抱えていれば、誰にでも怪しいとわかる。それが魅力的な女性で、フリースの下に爆弾を隠し持ち、バッグの中に拳銃を入れていたら、見分けられない[94]」。

クリスマスシーズンにサンタクロースの格好で侵入した例、全国チェーンのピザの配達人に化けて侵入した例、ビルの入口のすぐ前で大事故を起こして警備員に持ち場を離れさせた例もある[95]。よくある施設警備の欠点に気づいて、昔ながらのわざで成功できることがわかれば、あらゆる場所でどれほどセキュリティ意識が低いかが見えてくる。先ほどのような政府施設への予期せぬ「侵入」のケースでは、威圧感があり万全に見えるような警備体制も、いったん中身がわかると逆に緩いと感じられる。

企業秘密が盗まれても、それが表ざたになることはほとんどない

　建物や施設の警備は目に見えるもので、人間が直接に関わるため、コンピュータネットワークやソフトウェアのセキュリティよりも簡単だと思われがちだ。建物の管理とセキュリティの担当者たちは、十分な警備体制を考案し実行することを期待されている。実際、ほとんどのセキュリティ管理者は、内部漏洩、資産あるいはデータの窃盗、スタッフの身の危険などの脅威に対応できる包括的な保安体制が、自分たちの組織に備わっていると誤解している。

　二〇一二年に行われた保健医療施設運営局と米国保健衛生工学会の調査では、病院のセキュリティ専門家のうちほぼ七割以上が、「すべての重要地点と立ち入り制限区域に対応できる統合的なセキュリティ計画がある」と答えていた。[96] しかし、物理的なセキュリティとサイバーセキュリティが統合されているという自信があったのは六二％だった。社員たちも概ね同じように感じている。二〇一四年の連邦職員意識調査では、七六％の職員が、セキュリティに対して適切な備えがあると考えていた。[97] しかし、これは事実とはかけ離れている。

　警備が厳重な建物への不法侵入は、日常茶飯事だ。内部者、ハッカー、犯罪者、ライバル会社等の協力によって、ターゲットの組織に比較的簡単に侵入し、評判の失墜や経済的損失といったダメージを与えることができる。

　二〇〇九年から二〇一一年までの間に、マイアミを本拠とする窃盗団のアメッド・ビラと仲間たちは、各地の倉庫の屋根に穴を開けたり、屋根に通じるドアからの侵入を繰り返していた。彼らは天井から床に下り、セキュリティシステムを解除して、倉庫内のフォークリフトを使っ

て数百万ドル相当の商品を荷積み場からトラックに運んでいた[98]。中でももっとも有名なのは、コネチカットにある製薬会社のイーライリリーの倉庫から九〇〇〇万ドルもの医薬品が盗まれた事件だ。これは州内最大の窃盗事件で、その一か月前に、リリーの警備会社であるタイコ・インテグレイテッド・セキュリティが欠陥テストを行い、その結果を「極秘システム提案」としてまとめたばかりだった[99]。

企業のセキュリティ担当者によると、不法侵入によって高価値の資産や企業秘密が盗まれても、それが表ざたになることはほとんどないという。企業がサイバーセキュリティの侵害を隠したり軽く扱ったりするように、大規模な窃盗も、マスコミや規制当局、保険会社、法執行機関の耳に入らないように、注意深く隠されている。セキュリティに対する幻想が、企業秘密そのものよりも有害だという場合も少なくない。

経営陣やセキュリティチームが、収益のもとになる資産や企業秘密を守れないと見られれば、評判や投資家への魅力に傷がつく。そうした悪評は、窃盗そのものよりもはるかに有害だとも言える。数社の最高セキュリティ責任者によると、容疑者が特定できたとしても、訴えを起こすことはほとんどないという。訴訟によって事件が表ざたになると困るからだ。

医療施設にも個人情報が集まっている

病院やその他の医療施設は、特に大きな危険にさらされている。大量の個人情報を保有し、臨時の職員や出入り業者の数も多いからだ。二〇一四年六月には、カリフォルニア州の聖ヨゼフ病院の外来放射線科から、およそ三万四〇〇〇人のレントゲン写真が盗まれた。犯人は病院に不法侵入し、鍵のかかっていない職員ロッカーからUSBを持ち出したのだった。

このUSBには、患者の氏名、性別、医療記録番号、誕生日、レントゲン写真、その他の情報が入っていて、サンタローザ記念病院の電子カルテに記録されるはずだった。[100]その数か月前の二〇一四年三月には、サンフランシスコ在住の三四万二〇〇〇人の患者の個人情報が流出していた。サンフランシスコ市公衆衛生局から請求書発行サービスを請け負っているサザランドヘルスケアソリューションから、八台の暗号化されていないコンピュータが盗まれたのだ。[101]

また、二〇一四年三月には、フロリダ連邦裁判所が医療保険会社のアブメッドの情報漏洩に対する集団訴訟に、三〇〇万ドルの和解金を認めた。また、連邦裁は明確な損害のない原告にも、和解金の一部を支払うことを命じた。このデータ漏洩事件は、二〇〇九年一二月に、警備されたゲインズビルの施設から二台の社所有のラップトップコンピュータが盗まれたことが発端だった。盗まれたコンピュータはたった七〇〇ドルの値打ちしかなかったが、その中に個人情報が入っていたために、この中規模企業は三〇〇万ドルの和解金と訴訟費用を支払うはめになった。[102]

施設への不法侵入は、医療業界に限ったものではなく、さまざまな形でやってくる。二〇一四年三月、ニュージャージー州に住む一六歳のジャスティン・カスケホは、足一本分ほどしかないようなフェンスの狭い隙間に忍び込み、ツインタワーの跡地に建設中の1ワールドトレードセンターの一〇四階まで上ることに成功した。

1ワールドトレードセンターの所有者であるニューヨーク・ニュージャージー港湾公社は、外の警備を担当していたが、施設内の警備は不動産会社のダースト・オーガニゼーションが請け負っていた。どちらの警備もカスケホの不法侵入を防ぐことはできなかった。

「建築現場の周りを歩いて、フリーダムタワーの屋上に上る方法を見つけた。まず建築足場を通じて六階まで登り、そこからエレベータで八八階まで昇った。そこからは階段で一〇四階まで行けたんだ」と少年は言う(103)。少年は二時間ほどそこで写真を撮ってから下に降り始めたが、その途中で建築作業員が少年を呼び止め、港湾警察を呼んだ。少年はものを壊したり損害を与えたりしたわけではないが、誰にも見つからず自由に建物の中を動き回っていた。

少年はエレベータの操作員や不動産管理会社の警備員に出くわしたあとでも、この警備厳重とされる象徴的なビルの最上層階まで上ることに成功していた。少年に質問もせず身分証明書も求めずに八八階までエレベータで運んだ操作員は、その後持ち場を異動になり、警備員は解雇された(104)。

法律や業界基準によって侵入テストの実施を定める

カスケホよりたちの悪い人たちの侵入を防ぐため、セキュリティ専門家はレッドチームを雇って物理的な侵入テストを行い、もっとも可能性の高い敵に対する警備を評価し、弱点を見つけ、改善策を提案する。ホワイトハットによるサイバー侵入テストと同じで、物理的な侵入テストも、政府や業界に義務付けられて、行われる場合が多い。

たとえば、医療保険の相互運用性と説明責任に関する法令、サーベンス・オクスリー法、グラム・リーチ・ブライリー法の監査要件を満たすために行う場合もあれば、業界基準を満たすための場合もある。保健福祉省による二〇〇三年のルールでは、患者の医療記録が危険にさらされていないことを確かめるような物理的侵入テストが提案されていた。国立標準技術研究所はセキュリティルールを見直し、さらなる指導と現実的な建物侵入テストの義務付けを提案した。

二〇一三年一一月にはPCIデータセキュリティスタンダードが公開されたが、ここにもまた新しい侵入テストが義務付けられていた。前回のPCIでは年に一度の侵入テスト、あるいは「大規模なインフラまたはアプリケーションの更新や改定」の後に侵入テストを義務付ける基本的な枠組みが示されていたが、今回はユーザーへの一層の明確化とさらに厳格な指導が提示されていた。そこでは、内部と外部の侵入テストをひとつにまとめずに、はっきりと分けて行うように具体的に指導されていた[105]。

法律による義務以外にも、業界の基準によって侵入テストが強く求められる場合もある。ASISインターナショナルは、業界要件の標準化とベストプラクティスの設立を目的とする国際団体だ。ASISの発行する「施設セキュリティ指導書」には、セキュリティ戦略や方法を含む建物や施設の標準的なセキュリティの指針が掲載され、戦略策定前にリスク評価を行うことが推奨されている。この指導書では、セキュリティを外層（周囲）、ミドル層（エクステリア）、内層に分けた三層構造のアプローチが提示され、物理的なセキュリティとITその他を組み合わせた包括的な「セキュリティ統合戦略」が推奨されている。もうひとつの業界リーダーであるISECOMは、セキュリティ専門家のための「セキュアプログラミング標準化手法マニュアル」を発行している。

このマニュアルはASISよりもさらに細かい手法を提案し、「一般的なベストプラクティスや事例報告や迷信に頼ることなく、それぞれのセキュリティニーズに基づいた具体的な情報の検証」を可能にするものだ[106]。物理的侵入テストには、モノと人の両方を含む、さまざまなツールが用いられ、幅広い種類のセキュリティを検証できる。たとえば、体制評価、アクセス認証、施設確認などだ。どちらの団体も、単なる「忍び込み」にとどまらない、物理的な壁やアクセスや制御管理が幾重にも重なった、包括的な侵入テストを強く勧めている。

物理的侵入テストでの「カンニング」

サイバー侵入テストを行う企業の多くが、物理的な侵入テストも請け負っており、建物やデータストレージへの不法侵入のテクニックを利用して、サイバー侵入テストと組み合わせるケースも増えている。[107] 二〇一一年から二〇一四年までの間に、物理的なセキュリティの弱点をついたサイバー事件は一〇％から一五％増えている。[108]

たとえば、外部のブラックボックステスト（侵入者が内部のシステム構造や設計や実行をなにも知らない場合）と内部のホワイトボックステスト（侵入者がすべてを知っている場合）を組み合わせ、ホワイトハットにネットワークへのアクセスをある程度許して、社内の検知機能や事件対応の体制を調べ、内部者による脅威を検査することもできる。ホワイトハットが社員のオフィスに歩いていき、ＩＴ部門の人間だと偽って、その社員のデスクトップコンピュータへのアクセスが必要だと告げることも、こうしたテストになる。管理者の特権を持つ社員でさえ、たいていの場合は、このウソにひっかかり、質問もしない。

物理的侵入テストの場合も、サイバーテストと同じ次の四つの段階を追って行われる。テスト範囲の設定、情報収集と建物または施設の偵察、物理的侵入そのもの、そして最後に発見の報告と優先順位づけした改善策の提案だ。現実世界の物理的侵入者や施設管理者もまた、サイバー領域でホワイトハットやITスタッフと同じ不満を抱えている。規制や保険会社の要求で侵入テストを委託する企業は、ほとんどの場合、その範囲をできる限り狭く設定する（テスト期間をほんの数日にして、侵入地点を数か所に絞るなど）か、新しい監視カメラや壁や警備員をターゲット施設の周りに事前に配置して、「カンニング」を行う。

セキュリティ企業ラピッド7のニコラス・ペルココは、元の勤め先で経験した、特に腐敗した侵入テストについて語ってくれた。ある多国籍企業の最高情報責任者が、彼らにサイバーと物理施設と人間のセキュリティ体制を検査するような、包括的なテストを依頼してきた。チームは、この会社が中西部に大きな物流倉庫を持っていることを突き止め、保護されたネットワークとサーバーにアクセスするために、この倉庫への侵入を試みた。準備のために現場とグーグルマップ上で倉庫を偵察し、攻撃の経路を確認した。周辺警備のない、トラックやバンが着く荷積み場が侵入ポイントとなった。最高情報責任者だけには、物流倉庫を狙っていることと、侵入の日時を伝えた。しかし、その情報は明らかに漏れていた。予定の日にチームが倉庫に到着すると、その日に限って侵入場所に警備員が立ち、身分証をチェックして質問を行っていた。その場にいる社員も窓の外をじっと見つめて、侵入者らしき人間を待っている様子だった。「もちろん、予定の場所からは侵入できなかったので、別の場所から入りました」。倉庫の表門とも荷積み場とも離れた場所に、八フィートのフェンスを隔てて住宅開発地が隣接していた。フェンスを飛び越えて倉庫の敷地内に入ると、トラック運転手のためのカフェがあり、すぐにUBSのポートからリモートアクセスのスイッチを入れることができた。このテストは明らかな八百長で、最高情報責任者は物理的侵入テストを依頼したという証拠が欲しかっただけで、それ以外のことはまったく気に留めていなかった。[109]

「盗んでほしくないものをみんな盗まれました」

いわゆる「警備厳重」な建物への侵入は、ほとんどの場合コンピュータネットワークへの侵入と同じくらい簡単だが、それが報道されることはあまりない。クリス・ニッカーソンは、二〇〇七年から二〇〇八年にケーブルテレビで放送されていた『タイガーチーム』というドキュメントで、二人の仲間と侵入テストを行っていた。

第一話の『自動車ディーラー侵入』では、最先端のセキュリティシステムを持つと言われた南カリフォルニアの高級車ディーラーに、予告なしに二日にわたって侵入した(110)。天窓のひとつが半開きになっていて、そこにはアラームがついていなかった(どんな建物でも、もっとも警備の薄い場所が屋上だという)。

また、ゴミ箱を漁って、ディーラーが雇っているITサポート企業の名刺を見つけ、その社員を装ってサーバー室に侵入した。そのディーラーのハードドライブから自動車のID番号を消し、盗難車の追跡ができないようにした。最後に、見込み客を装ってショールームを偵察し、監視カメラや動作探知機の位置を確認した。カメラや探知機は高い位置に設置されていたため、床にはいつくばっていればカメラに映らなかった。

そして、午前二時三〇分に、彼らは実際に侵入に成功し、一分もしないうちにドアと金庫の鍵をすべて開けて、クライアントのソーシャルセキュリティ番号と財務記録を集め、監視カメラの映像を消去し、黄色いロータスを運転して正面の扉を出て、Uターンして反対向きに駐車し直した。そして、洒落た書き置きを残しておいた。「御社のセキュリティがUターンされますように」。
テスト前にはセキュリティは万全だと言っていたディーラーの管理責任者は、その書き置きを読んでこう言った。「あっぱれです。盗んでほしくないものをみんな盗まれました」。その後、ニッカーソンたちは二日間で発見した警備の欠陥を改善する詳細な計画を、警備主任に提案した。[111]

リアリティテレビのおかげでニッカーソンは有名になり、仕事も繁盛し、今では多くの人からセキュリティ業界の先駆者であり良心だと見られている。彼はもう、あの高級車ディーラーで行ったような侵入テストにやりがいを感じていない。それよりも、クライアントのセキュリティ面の指導者になるのが、自分の役割だと考えている。すでに彼は有名で、自分のコンサルティング会社を経営していることから、最低の基準を守ればいいと考えているようなクライアントを断ることもできる。また、機械的に決まった点だけをチェックするような侵入テストは、逆に警備が万全であるかのような誤解をクライアントに与えてしまうと考えている。

ニッカーソンはありとあらゆる業界の資格を取得しているが、それは誰にでも手に入るものでほとんど意味がなく、セキュリティ業界は救い難い状況にあると感じている。「この業界は年々拡大しているのに、クライアントのセキュリティは緩いままで、損失は拡大するばかりだ」。しかし、カンファレンスでの講演や、ポッドキャストや執筆中の書籍を通して、セキュリティへの意識を高め、それに対する考え方を変えていくのが自分の責任だと考えている。[112]

「知識よりもセキュリティへの認知が大切だ」とニッカーソンは言う。[113]どんなプロダクトも、手続きも、いずれは時代遅れになり、簡単に破られてしまうからだ。

ＩＴ管理部門と施設管理部門が同じ言語で話し始める

ニッカーソンはクライアントのセキュリティを改善するためのレッドチームのあるべき姿について、三つの基本的な考えを持っている。まず、レッドチームの活動にとって、経営陣やセキュリティ部門との最初の会話がもっとも重要な要素だということだ。ニッカーソンはクライアントに基本的な目標と戦略を説明してほしいと求める。「いま行っていることと、どうしてそれを行っているのかを説明して下さい」。これによって、いちばん価値ある資産はなにかについて全員が合意し、どの資産を優先的に保護するかについて共通の理解が生まれる。「誰かに狙われるとしたら、彼らが一番狙っているものはなんですか？」。ここで、最高経営責任者と、おそらく最高セキュリティ責任者は、それが何なのかを正確に説明できるが、セキュリティ部門は説明できない。なぜなら、セキュリティ部門は外部の監査員が求めるようなベストプラクティスを実行することだけに目が行っているからだ。

しかし、最初の会話では、経営陣もセキュリティ部門も、だれかが建物に簡単に侵入できるということを信じられず、先例がないことへの想像がつかず、自分たちの設置したプロセスによって侵入は防げると思っている。「入館証がないと、建物に入れませんよ」が、彼らのお決まりの文句だ。フォーチュン一〇〇企業でさえ、賢い侵入者が備えている忍耐力や思慮深さや「悪者のスキル」を理解できない。ニッカーソンは、経営陣にこう訊ねる。「御社は巨大市場のナンバーワン企業ですよね。ナンバーツー企業があなたを倒すために御社の大切なものを盗もうとしないとどうして言えるのですか？」[114]。

次に、ニッカーソンが強調するのは、テストのやり方がチームの影響力に直結するということだ。ニッカーソンたちは、偵察段階でセキュリティ体制の強さを素早く判断する。時代遅れのセキュリティ機器が使われている場合、たとえば監視カメラのワイヤーがむき出しになっていたり、より安全なメデコ錠ではなくウェハー錠が使われていたりすると、装置がアップグレードされるまで、いったん侵入テストを取りやめることもある[115]。実際の侵入では、カメラを装着してライブビデオと音声をクライアントの携帯に直接送信することもある。「我々が実際に警備を通過してビルの中をうろついているのをリアルタイムで見ると、はるかにインパクトが強い」。一年以上にもわたる長期のテストの場合、さまざまな仮の姿を装って、何度も別の経路から侵入しなければならないこともある。あるテストでは、九か月かけて偵察とフィッシング攻撃を行い、信用を得るために韓国に飛び、社員になりすまして中国の深圳近くにある重要拠点に近づいたこともある。「あれは、久しぶりにしびれる仕事だった[116]」。

三番目に、レッドチームが発見したことをどう提示するかで、クライアントがその弱点の解決のためになんらかの手を打つかどうかが決まるとニッカーソンは言う。「相手のどこがまずいのかを見せて、天からおカネを降らせなければならない」。そのためには、クライアント企業の学習スタイルに気を配ることが必要になる。とくに、セキュリティ費用を増やす権限のある上層部に学ばせなければならない。「物理的侵入テストで一番緊張する仕事は、経営幹部を連れて、彼ら自身に侵入させる時だ。彼らに鍵を開けさせ、アラームの解除法を教え、警備の目を盗んで侵入させる」。

すると、その経営幹部はセキュリティの緩さを直接自分で経験し、数分の訓練で自分が忍び込めるのなら、誰にでもできるとわかるのだ。ニッカーソンにとっての成功とは、上司に脅威と弱点を理解してもらい、上司の賛同を得て、対象組織のすべての事業部でセキュリティについての認識が高まり、会話が始まることだ。「ＩＴ管理部門が施設管理部門と同じ言語で話し始めたら、それが本当の前向きな第一歩だ」。

それでも、総じて言えばニッカーソンはこの業界に失望している。「我々はヒポクラテスの誓いを立てることはないし、ほとんどの人は欲張りで能力も低い。昔にくらべれば、ガマの油を売らなくなっただけ、少しはましかもしれない。今はガマの油に子供用の頭痛薬が混ざっているくらいだが[117]」。

百発百中の実績を持つハッカーのやり方

ニッカーソンが思慮深く良心的だとすれば、ジェイソン・Ｅ・ストリートは衝動的で騒がしい人物として知られている。リンクトインの履歴書には、「タイム誌が選んだ二〇〇六年のパーソン・オブ・ザ・イヤーのひとり」だと書かれている。その年の本当のパーソン・オブ・ザ・イヤーは「ＹＯＵ」だったが、ストリートはそれを自分にしたわけだ。

彼はハッカーであることに誇りを持ち、その中には副業としての物理的侵入テストも含まれる。クライアントのために建物のセキュリティを厳格にテストし、これを改善することを、彼は「社会的エンジニアリング活動」と呼んでいる（また、ストリートは、「変なハグ」というウェブサイトを作り、人間同士の垣根を壊すために、ハッカーカンファレンスで撮った笑えるハグの写真を載せている。その中には、二〇一二年の「デフコン」で、当時の国家安全保障局長官のキース・アレキサンダーと撮った写真もある）。

カンファレンスでのストリートの講演は、面白おかしく、情熱的で、わざと悪趣味に仕上げていることで伝説にもなっている。そのプレゼンテーションは、彼の究極の目標を効果的に伝えるものだ。彼の目標とは、侵入テストを行うレッドチームのメンバーと、セキュリティ専門家のブルーチームメンバーが力を合わせて、サイバーと現実の両方の世界で弱点を洗い出し、その穴を埋めることだ。「僕たちはレッドチームをロックスターのように持ち上げて、みんながレッドチームの忍者になりたがるけれど、僕はブルーチームを助けるためにここにいる。だから、僕は紫チームだってみんなには言ってるんだ」[118]。

ニッカーソンたちは徹底した監視や偵察を行うが、ストリートはできるだけ手の込んでいないシンプルなテストを試みる。「クライアントの情報収集には、グーグルで二時間しかかけないと決めている。やろうと思えばだれでもできることを証明するためだ」[119]。オーシャンズ11のような細かい侵入計画を立てるのではなく、喫煙室のドアから、あたりまえのように入っていくのだ。「もう当然、って感じで通りすぎるんだ」。面接に来た人のふりをしてロビーを歩き回って偵察することもあれば、タブレットを片手になにかを検査している役人のふりをして中に入れろと命令することもある。「コンピュータ修理屋」と書いた作業着を着て、なにかを修理にきた技術者のふりをすることもある[120]。

ほかのほとんどのテスト実行者もそうだが、ストリートも、クライアント施設への侵入で、百発百中の実績を持っている。だが、細かい調査や高度なスキルに頼らずに、「衝動を抑えて、恥ずかしさを捨てることが自分のいちばんの技だ」とストリートは言う[121]。

目立たないように気を配る侵入者と違って、ストリートは捕まってしまうまで行動をエスカレートさせる。侵入テストの間には、契約書と最高セキュリティ責任者の電話番号を書いた名刺を身につけ、警備員が電話で確かめられるようにしている。その「葵の印籠」をすぐに取り出して見せなければ、勢い余った警備員にぶん殴られるか、スタンガンで電気ショックを与えられるかもしれない。ストリートはいつも、ニセモノと本物の二通の契約書を持ち歩いている。警備員に「セキュリティ検査中だ」と言うと、すぐに通してもらえることもある。「ここを通してくれたら、報告書に君のミスを全部書かないでおいてあげよう」と言ったりもする。

もし誰かに呼び止められてなにをしているのか聞かれたら、「お手柄だ。私はセキュリティ検査中で、君が侵入者を捕まえたんだ。スターバックスのカードを進呈しよう」と答えて、警備員にも通報されず、うろうろし続けることもある。こうしたクライアントの対応はすべて、明らかに組織のセキュリティ規則に違反している。それらすべてが、ストリートが身につけた隠しカメラで記録され、最終報告書に記載される。

敵がどう攻撃をしかけてくるかに応じて壁を作る

ジャマイカでの多国籍金融企業の任務で、ストリートは即興であることを試してみた。彼自身、「これまでで一番悪どい行為」だと言う。このクライアントは非常にセキュリティ意識が高く、ニューヨーク連銀の金庫であるフォートノックスと同じくらい警備が厳しいと言われる本社ビルに侵入してほしいとストリートに挑戦を申しこんだ。ストリートはメールアドレスを見直し、ネットワークスキャンのツールを使って、本社と、その向かい側にあるその会社の慈善事業事務局が、同じコンピュータネットワークでつながっていることを発見した。ストリートは、地域における企業の慈善事業についてのドキュメンタリーを撮影中のアメリカ人テレビプロデューサーを装って、その事務局に近づいた。翌朝アメリカに帰る予定になっていることを説明すると、身分を確認されることもなく、その事務局で経営幹部に会えることになった。会合の途中に、ストリートはその経営幹部と広報スタッフに、自分が撮影中のドキュメンタリーを見せてあげようと言って、その経営幹部のコンピュータにサムドライブを差し込むことに成功した。

そのサムドライブは、普通のUSBに見せかけた、「ラバーダッキー」と呼ばれる不正アクセスツールで、コンピュータはそこから送られる指示を自動的に受け入れてしまう。こうして、ストリートは本社ビルのコンピュータネットワークに侵入することができた。その後、ストリートは事後報告書を準備し、セキュリティ突破に成功したことを書き、同じような攻撃を予防するための手立てをリストアップし（基本的には、本社と慈善事務局のコンピュータネットワークを分離すること）、その費用を詳しく示した。(122)

ストリートはこうした侵入事例をハッカーのカンファレンスで面白可笑しく報告しているが、自分の大きな目標はセキュリティの欠陥に対するクライアントの認識を高め、是正策を助言することだと言っている。政府や保険会社の掲げるセキュリティの水準は、必要最低限であって、「現実の悪いやつら」に対してはまったく不十分だと言う。「奴らは、どんなことでもやるし、体裁にもこだわらない。ただ、侵入して、相手のものを盗み、捕まらなければいいと思ってる」。この穴を補うために、外部者による現実に近い物理的侵入テストが必要になる。「人間は自分に悪いことが起きるなんて、考えたがらないものなんだ」とストリートは言う。(123)

どの組織にも共通の問題は、セキュリティチームが、「教科書通りに壁を作っていることだ。本当は、敵がどう攻撃をしかけてくるかによって、壁を作らなくちゃいけない」。手っ取り早くクライアントの意識を上げるには、あっと驚くような事件を起こせばいい。たとえば、クライアントの経営者が自室の中でネットサーフィンをしている姿を写真に撮って、本人に送りつけるだけでもいい。すると、経営者自身が自社のセキュリティの欠陥を突然自覚して、改善のための時間やおカネや訓練を許可してくれるようになる。「経営陣が本当に理解しないと、何もしないか、『最低限の費用で』ボロを隠そうとするだけだ[124]」。

ストリートはニッカーソンを「もっとも賢い侵入のプロ」と呼び、ニッカーソン同様、侵入テスト企業とセキュリティ業界が、もっと上手に自分たちの仕事を広く一般に説明し、クライアントのセキュリティ改善に励むべきだと強く感じている。セキュリティ専門家への注目度が高まり、大金が稼げるようになったとはいえ、無節操で怪しげな侵入テスト業者が増え、メディアの報道がますます偏っていることに多くの人が不満を募らせている。「ただ言われたことをやるだけなら、専門家としての意味がない。情熱がないとだめなんだ」。セキュリティの専門家は、記者や政府当局に対して、ハッカーの仕事への透明性を高め、協力して研究プロジェクトを行い、成功事例や失敗事例を専門家に教えるべきだとストリートは言う。もっとカンファレンスを開くことや、もちろん、もっとたくさんハグすることも勧めている[125]。

第5章の結論

民間セクターで徹底的に現実的なレッドチームを行う場合、どんな組織も共通の障害に突き当たる。レッドチームへの投資は企業にとって直接のリターンがなく、絶対に必要だとの証明が難しいのだ。

外部のコンサルタントはウォーゲームを通して、ライバルの反応など、戦略的決定がどんな結果をもたらすかを経営陣に見せることができる。企業は階層と組織病という現実から逃れることができず、正直な自己評価や新戦略に対する率直な意見交換を行うことは難しい。

ウォーゲームと違って、侵入テストは、規制当局や保険会社といった外部の要求する水準を満たすために、または業界のベストプラクティスを満たすために、行われることが多い。ほぼすべての大企業がこれまでにサイバーセキュリティへの侵害を受けているが、ほとんどの企業にはそうした攻撃への十分な備えがない[126]。

IDARTの元ハッカーで、今は民間で侵入テストを行うディノ・ダイ・ゾヴィは、どこまでの予防策なら十分なのか、経営陣がわかっていないと言う。「もしやり過ぎると、システム開発の時間と機能と利益が失われてしまう。やり足らないと、攻撃の脅威にさらされ、損失を被ったり、企業の存亡にかかわることもある[127]」。侵入テストの実行者は、この相反する利益を天秤にかけて、欠陥を表に出しながら、クライアントの到達可能な目標を設定して、結果を報告している。

iSEC社が自発的にベライゾンのフェムトセルの欠陥を洗い出した例は、時間と労力をかければ、半分素人のハッカーがほぼなんにでも侵入できることを示している。しかも、iSEC社がその結果を発表すると、ほかの数グループがすでにその欠陥を見つけていたと知らせてきた。だが、関係各所に警告を送り対応策を確保してから、責任をもって情報を公開したのは、iSEC社のチームだけだった。

また、ほとんどの人は、警備員やカメラや金属探知機で守られた建物は、ケーブルや電波を通したデジタルの世界より安全だと思っているが、それは明らかに間違いだ。多くの企業が、サイバー領域のセキュリティには疎くても、現実の世界では適切な警備意識があるという幻想を抱いている(128)。悪意ある攻撃者の侵入を許すような警備の手続きや体制の弱点が存在することを、経営陣や警備チームに証明するには、物理的な侵入テストが必要になる。

ウォーゲームや、サイバーテストや、物理的な侵入テストの結果に経営陣が対応するかどうかは、発見された欠陥や弱点がその会社のコア事業にどこまで深刻な影響を与えそうかにかかっている。現実には、レッドチームはコア事業とは関係ないと思われがちだ。しかし実際には、レッドチームとは、一連の特殊なテクニックを使って未検証の前提に疑いを抱き、戦略的な盲点を見つけ、ライバルの反応をシミュレーションし、セキュリティの弱点を洗い出すことで、業績を向上させるような取り組みなのだ。

第6章　レッドチームの誤った使い方

レッドチームの手法やテクニックを身につけるためには、適切な訓練や指導が必要だ。だが、それを知らずに、ランダムに「悪魔の代弁者」を選んだり、素人によるレッドチームを実行したりすると、むしろ組織に悪影響を与えてしまうことも少なくない。レッドチームを生かすも殺すも、リーダー次第なのだ。

私に賛成する人からは何も学ぶことはない[1]

――ダドリー・フィールド・マローン、弁護士(対テネシー州裁判、ジョン・トーマス・スコープス担当)、一九二五年

レッドチームの視点からポリオ根絶を目指す

ポリオは感染力の強いウィルスで、神経組織を攻撃し、治癒の方法も見つかっていない。ポリオの後遺症は、人によってさまざまだ。ほとんど症状が残らないか、残ってもだいたいは軽い。麻痺が残るのは、全体の一％以下だと言われる。呼吸器が麻痺して死に至る確率は、もっと低い。一番有名なポリオ感染者はフランクリン・デラノ・ルーズベルト大統領で、三九歳のときカナダで水泳中に感染したが、通常は五歳以下の子供に最も多い。ワクチン接種により予防が可能になったため、一九七九年までにアメリカではポリオが根絶された。しかし、衛生環境の悪い途上国では、対人接触によるポリオ感染が今も残っている。

一九八八年に、世界保健機構（ＷＨＯ）総会で「二〇〇〇年までにポリオを世界から根絶する」という野心的な目標が全会一致で採決された[2]。当時、一二五か国を超える国でポリオの発生が確認され、幼児を中心に約三五万人の感染者が存在した。その後、世界ポリオ根絶推進計画（ＧＰＥＩ）が発足する。その推進者となったのは、ＷＨＯ、ユニセフ、アメリカ疾病予防管理センター、国際ロータリーといった、分野の違う公衆衛生機関だった。

ＧＰＥＩは多重戦略を推し進め、資金調達を拡大し、二〇〇〇年には三億七五〇〇万ドルを調達、その後の一〇年間で七億ドルを超える資金を調達し、異なる機関の調整に努め、ワクチンの効果的な投与ルートを開拓した。その結果、一九八八年に一二五か国だったポリオの発生国は、二〇〇〇年には二〇か国にまで減少した。[3] この期間に、ポリオ感染者数は三五万人から三五〇〇人へと九九％減少し、二〇一四年時点で、ワクチンが救った人命は六五万人にのぼるとされる。[4]

しかし、まだ目標は達成されていない。ポリオの新規発生件数は比較的速いペースで減少したが、今世紀の最初の一〇年間は、思いがけず進歩が頭打ちになってきた。二〇〇九年までに感染者数は一六〇〇人に減ったものの、最後の一％はこれまでになく長い道のりに感じられた。[5]

この問題に、レッドチームの視点を通して挑んだのが、グレゴリー・ピリオだ。ピリオはカリフォルニア大学ロサンゼルス校でアフリカ史の博士号を取得した有名なコミュニケーションの専門家で、第2章で詳しく紹介したレッドチーム大学で教鞭を執っていた。レッドチーム大学では、国境警備隊、カンザスシティ警察、カンザスシティ・チーフスのコーチングスタッフなどに組織改善に向けた訓練セミナーを開いていた。

二〇一〇年に、彼はポリオ根絶に向けたコミュニケーション戦略についての記事の執筆を依頼され、これを調査している時に、意思決定者たちの中に集団思考、意識停滞、思い込みや過信などがあることに気がついた。[6] ポリオ根絶に関わる機関のトップたちは、新規発生件数を九九％減らすことに成功したこれまでの手法をただ継続し、さらに強く推し進めていけば最後の一％も克服できると思い込んでいた。「全員がそれまでの伝統をはやしたてていた。戦略や戦術に疑問を唱える人間はいなかった」とピリオは言う。

さらに、国内の専門家や保守的な高官は、資金調達の差し支えになることを嫌い、伝統に逆らうことには消極的だった。[7] ピリオは米国国際開発庁で長年ポリオ根絶に尽力してきたエリン・オグデンに、こう懸念を伝えた。「視野が狭すぎる」。レッドチームの手法やテクニックに精通していたピリオは、ポリオ根絶の試みこそ、絶好の代替分析の対象になると考えた。

公衆衛生の分野は、軍事関係のコンセプトを取り入れることに消極的だったので、オグデンも最初はあまり乗り気ではなかった。しかし、レッドチーム大学のグレゴリー・フォンテノ学長らに会い、GPEI内の停滞や確認バイアスの緩和にこの手法が使えることを理解したオグデンは、この考え方を支持するようになった。その後すぐ、レッドチーム大学から三人の指導者がシアトルのビル・アンド・メリンダ・ゲイツ財団の本部に飛び、二日にわたるレッドチームの演習を行うことになった。

ビル・アンド・メリンダ・ゲイツ財団は、グローバルな公衆衛生事業に対する最大の資金援助者だったが、その本部で、彼らはポリオ根絶活動のすべての前提と目標に疑問を投げかけた。この時に使った手法が、第5章で詳しく説明した「四つの見方」という手法だ。翌日、ゲイツ財団はWHOと共に年次総会を開き、翌年の資金計画を見直した。ゲイツ財団のスタッフはレッドチームの言葉や考え方を取り入れ、「WHOの提案に対して、これまでにないような厳しい質問を投げて、周囲を驚かせた」とオグデンは言う(8)。

これは、どのようにレッドチームの手法が拡がっていくかを描いた例だ。この場合は偶然によるものだった。ピリオがレッドチームに通じていたのは、当時たまたまレッドチーム大学でアフリカとイスラムの歴史を教えていたからだ。彼がポリオ根絶の調査を始めたのは、そのトピックについて記事を書くように頼まれたからだった。またオグデンにレッドチームを紹介したのは、二人が長年の仕事仲間だったからである。ゲイツ財団のスタッフならレッドチームの手法に興味を示すだろうとオグデンが考えたのは、ゲイツ財団のスタッフが最後の一％の根絶に向けた進歩が見られないことに焦っていたからだった。

ゲイツ財団がレッドチームを取り入れたいきさつは偶然だったが、それは運営にいい影響をもたらした。オグデンとゲイツ財団の参加者によると、以前はコンセンサスに添う形で作られていた年次の戦略作業計画が、今ではより厳しい質問にさらされ、精査されるようになったという。

また二〇一〇年の終わりには、ＧＰＥＩの戦略計画の進展を評価するための第三者委員会も設立された。委員会のメンバーは、ＧＰＥＩのパートナーがさまざまな分野から推薦し、ＷＨＯのディレクターが承認した[9]。ゲイツ財団でのレッドチーム研修が第三者委員会の設立に直接結びついたかどうかはわからないが、それが重要な役割を果たしたことは間違いない。一九九九年から二〇一一年まで、前提の欠陥や、ポリオ根絶への内的な障害や、ワクチン配布の代替手法を洗いだすような、第三者的な評価は存在しなかった。

ポリオの新規発生はまだ年間数百件残っているが、それは、ＧＰＥＩが前提を問い直さないことが原因ではなく、パキスタンなどの不安定な地域でワクチン接種に対する政治的な努力が足りないことや、アフガニスタンで親が子供へのワクチン接種を拒むことが原因だ[10]。この複雑な問題にレッドチームがインパクトを与えられたのは、ピリオがレッドチームに親しんでいたという偶然からだった。

レッドチームは何を見つけ出すのか？

ポリオ根絶の事例は、レッドチームが最終的な目標の達成に直接かかわったかどうかがわかりにくいケースだ。それでも、レッドチームは必ず二つのうちのひとつを達成する。まずは、組織内では生まれないような、新しい発見や洞察を生み出すことだ。本書のために調査した組織にはみな、さまざまな構造的または文化的な制約があるが、優秀なレッドチームはそれらを克服できる。どのリーダーも、開放性や創造性が、組織の付加価値となるような新しいアイデアやコンセプトを表に出すと考えている。だが、階層、正式なルール、内部の団結、行動規範といった、組織運営の円滑化に必要な要素が、斬新でユニークな考え方を疎外していることは間違いない[11]。これは、真面目に働く人への批判ではなく、だれもが避けられない構造的、対人的、文化的な環境が招くものだ。

本書で詳しく紹介したケーススタディは、適切なリソースと環境と権限を与えられたレッドチームがこうした制約を克服し、「なるほど！」と思わせるような洞察や独立した評価を生み出す様子を描いている。

たとえば、サダム・フセインを念頭に置き、仮想敵を対象にシミュレーションを通して軍の戦略を評価した、二〇〇二年のミレニアム・チャレンジ演習も、その一例だ。二〇一一年四月の、オサマ・ビン・ラディンがパキスタンのアボタバードに住んでいる確率を推測した例もある。二〇一二年の夏にiSEC社のチームが行ったフェムトセルへのセキュリティ評価もそうした例のひとつだ。いずれの事例も、レッドチームがなければ、ホワイトハウスはビン・ラディンの居所について確証を持てず、ペンタゴンは未来の軍事構想や技術の信頼性を確かめることができず、ベライゾンはスマートフォンの欠陥を知らされずにいただろう。

もうひとつの成果は、たとえレッドチームがクライアントの行動を変えられなかったとしても、組織の価値観や考え方を浮かび上がらせるということだ。レッドチームが失敗するのは、上司がそれを必要ないと思ったり、レッドチームの発見を取るにたらないと思っている場合だ。

政府高官にしろ、軍の司令官にしろ、経営陣にしろ、上司がそう思うのは、二つの理由からだ。まず、もしなにかがうまくいっていないとしたら、自分がもうすでにそのことを知っているはずだし、もし知らなければ部下がそれを教えてくれているはずだ、という思い込みだ。自分がなにもかも知っているはずだという思い込みは、大企業では非現実的だ。また、部下には欠点や盲点を見つける時間と能力があり、それを上司に積極的に知らせるだろうという思い込みも、間違っている。上司も部下も、自分で宿題を採点することはできないし、ライバルの反応を想定することもできない。レッドチームを成功させるには、リーダーや中間管理職が情報を公開し、レッドチームにある程度の権限を委譲しなければならないが、往々にして自信過剰で上から目線の上司には、それができない。

リーダーがレッドチームによる発見に価値を置くことも、成功に欠かせない条件だ。もしその発見が本当に重要でないとしたら、はじめからレッドチームの範囲が適切でなかった場合が多い。一九七六年にソ連の核兵器開発能力を評価するためにCIAが行ったチームBの試みは、その後長官になったジョージ・H・W・ブッシュからは完全に無視された。その理由は、デタントを阻止したい大統領諮問委員会がチームBを作り上げ、偏った見方のメンバーばかりがこのチームに入っていたからだ。

同様に、九・一一以前の連邦航空局によるレッドチームには、その発見をどう使うかについて、たとえば是正勧告や罰金を科すのかといったことについて明確な指針がなく、国内航空会社と空港にセキュリティ改善の圧力をどうかけるかも決まっていなかった。連邦航空局のレッドチームは深刻な欠陥を洗い出し、それを記録し、ある程度のスキルと意思のある敵なら航空機をハイジャックして乗員や乗客の命を奪えることを証明した。しかし、レッドチームのメンバーは、手足を縛られていて、その活動を管理すべき民間航空警備部に無視され続けていると感じていた。

レッドチームの五つの誤用

マーク・マテスキは、業界の中でも誰よりも長くレッドチームにかかわり、レッドチームについて深く考えてきた人物だ。このコンセプトを研究し実践してきた数少ない専門家の中でも、レッドチームの現状を知る人物として、彼はもっとも尊敬される人間である。マテスキは、ウォーゲームの演習を行う中で、レッドチームの有効性を認識するようになった。一九九七年にはオンラインのレッドチームジャーナル誌を立ち上げ、これは今も、役立つヒントや実際のトレンドについての最良の情報源となっている[12]。

マテスキはのちに、第4章で紹介したIDARTでも働いていた。現在はウォーターマーク研究所の所長として、軍の高官や情報セキュリティの専門家やビジネスマンに、レッドチームの概念や構成、またその利用法を教えている。教室でのレッドチームの指導と演習は非常に重要だと彼は言う。「最高のメンバーとは、直観的にシステム思考のできる人間だ。そうした別次元の人材は、なかなか見つからない[13]」。

マテスキは、レッドチームの指導者になる過程で、このコンセプトがレッドチームを直接経験したことのない人たちの間で、なにやら神秘のベールにつつまれた流行りもののように思われていることに気づいた。「レッドチームは、名前が先走りしている割には、ありがたがられていない」と彼は言う。

この矛盾は、レッドチームの任務をどう位置付けるかに由来するものだ。ほとんどのレッドチームは、自分たちが適切に評価できない主題や領域があることや、その「空いたスペース」を明言するだけの自覚や謙虚さを持ち合わせていない。レッドチームが自身の盲点に気づかず、制約を自覚できないまま仕事に取り組めば、方向性を誤る可能性もある。だが逆に、レッドチームの独特な手法は、ほかの人に教えたくないような競争優位の源泉になる。それは大事に守りたいもの、あるいは独占的なもので、いつまでも表に出ないことが多い。[14]

レッドチームのベストプラクティスは隠れたままになっていることが多く、そのコンセプトをわかりやすくまとめたものもないため、なかなか理解されにくい。レッドチームという言葉自体に惹かれる人も多く、それを自分たちの宣伝に利用するコンサルタントもいる。第5章で紹介したセキュリティ専門家のクリス・ニッカーソンは、この業界の企業が、「レッドチーム」という言葉をほぼすべてのセキュリティ検査に当てはめていることに、懸念を示している。「『侵入テスト』はひと昔前の呼び方で、今では『レッドチーム』が流行だなんて言って、そう呼ぶことで高い料金を請求している」。ニッカーソンは、レッドチームの実践者として大きな尊敬を集める重要な人物だが、「私の会社では、もうレッドチームという言葉を公に使うことはあまりなくなった。手垢のついた表現になってしまったからね」と語る。[15]

この言葉そのものが使われない場合でも、そのコンセプトは誤解され、手放しで支持され、危険なほどに誤用されている。レッドチームになにができるかを理解するのも重要だが、なにができないか、なにを目的にしてはいけないのかを認識することも、同じくらい大切だ。ここで、一般に広まっているレッドチームへの誤解と誤用の中で目立つものを五つ挙げ、それを正そうと思う。具体的には、いきあたりばったりで取り組むこと、レッドチームによる発見を政策と混同すること、素人にレッドチームを行わせること、メッセンジャーを「殺す」こと、情報収集でなく意思決定にレッドチームを使うこと、である。

①いきあたりばったりで取り組む——ランダムに選ばれた「悪魔の代弁者」

マックス・ブルックスの小説をもとにした同名映画、『ワールド・ウォーZ』の中盤で、ブラッド・ピット演じるジェリー・レーンは、架空のモサド高官ユルゲン・ヴァルムブルンに出会う。レーンがヴァルムブルンに、ゾンビ病が世界に拡がることをどうして予知できたのかと訊ねると、ヴァルムブルンは、ゾンビと闘っているという知らせをインドから受け取ったからだと答える。

レーンは、「ゾンビという言葉を聞いただけで、壁を立てたのか?」と訊ねる。すると、ヴァルムブルンは、第二次世界大戦のホロコーストや、一九七二年のミュンヘンオリンピックの殺害事件や、一九七三年の第四次中東戦争に先立つ諜報の失敗の後に作られた「一〇人目のルール」を引き合いに出して、こう答えた。「九人が同じ情報に基づいて同じ結論を出したとしたら、一〇人目は必ず反対しなければならない。それがどんなにあり得ないことに思えても、一〇人目の人物は他の九人が間違っているという前提に立って考え始めることが決められている[16]」。

このコンセプトは、どこか人の心に訴えるものだ。一〇人目の反対者は、ほかの誰もが見つけることのできなかった隠れた真実を見つけ出すために選ばれた人物だとされている。その人物だけが持つ能力によって、国家や組織や人類すべてまでもが救われる。少なくとも、『ワールド・ウォーZ』の中ではそうなっている。

問題は、これが作り話だということだ。イスラエルの高官によると、現実にはモサドに「一〇人目のルール」はない（一九七三年の第四次中東戦争の反省からイスラエル国防軍がレッドチームを制度化した事例は、第2章で紹介した通りだ）。おそらく、このコンセプトは、もし裁判官が全員一致で死刑判決を出した場合には、それが無効となるというバビロンのタルムードの教えからきている[17]。

アメリカでも、この考えを実践しようとした人がいた。ロバート・ケネディは、その回想録で、ある閣僚が自分の意思に関わりなくジョン・F・ケネディ大統領に気に入られるような意見しか言わないのを見て、反対意見がない場合には「悪魔の代弁者」を置くべきだと提言したと書いている。ロバート・ケネディが反対意見の必要性を主張したのは、一九六一年のピッグス湾侵攻で、現実的でない作戦を閣僚がほぼ全員一致で承認していたことがきっかけだった。しかし、一九六二年一〇月のキューバミサイル危機では、「悪魔の代弁者」を指名する必要はなかった。ピッグス湾の反省から、この一三日間の危機の間には厳しい反対意見を表明する人たちがいたからだ[18]。

だが、だれかひとりが反対意見を表明し、集団思考に歯止めをかければ、組織の意思決定が改善されると考えるのは大きな間違いだ。この「一〇人目」の人物は、単にそれまで意見を言う機会がなかっただけで、全員の意見の根底にある前提や事実を覆すような自由な考え方の持ち主かどうかはわからない。また、集団による意思決定の欠陥を見抜ける能力があるかも、その反対意見が聞き入れられるような気遣いと賢さのある人物かどうかもわからない。そして、一〇人目の役割を与えられたからといって、日常的にどっぷりとつかっている組織の病理から一時的に脱することができるとも限らない。

しかも、この考え方は、レッドチームの手法やテクニックを身につけるのに、訓練も指導も必要ないという前提に立っている。これは、組織の成果を上げるような真の反対意見に対する誤解を招くものだ。[19] 実際、バチカンの「悪魔の代弁者」は（本書の「はじめに」で取り上げた）、誰でもなれるものではなかった。その役割を担う人物は、教会法について何年も教えを受け、ローマ教皇庁で二年間の下積みを経て、特別な試験に合格して初めて、「悪魔の代弁者」となっていた。[20]

「悪魔の代弁者」のように反対意見を言う人を、原理原則に従っているのではなく、ただ頑固なだけだと軽く見るリーダーもいる。政府や軍の高官との会話の中で、リンドン・ジョンソン政権のベトナム政策に反対したジョージ・ボール国務次官を非難する人もいた。ただ人と違うことを言うためだけに反対するのは良くないという意味で、「ジョージ・ボールになるな」と言う高官もいた。一九六五年に、ジョンソン大統領は、ボールはただ「悪魔の代弁者」の役を演じるために、政権の戦略に反対するようなベトナム撤退を提案しただけだと語っていた。[21] だが、ジョンソンは意図的に真実を曲げていた。ボールはその自伝で、自分の提案がマスコミに漏れた場合でも、閣僚の足並みが揃っていることを示すために、ジョンソンが自分に「悪魔の代弁者」のラベルを貼ったのだと語っていた。

上層部の意見が割れているという印象を消すために、ジョンソン大統領は私を「悪魔の代弁者」と呼び、ベトナム戦争に反対する私の意見が政府外に漏れた時のための言い訳を準備していた。その言い訳は私自身を守ることにもなったが、ベトナム撤退に向けた私の長年の努力が単なる内輪の「悪魔の代弁者」的な演習だったと言う学者がいることには、腹が立った。それは真実ではないからだ[22]。

ジョンソン大統領は本物の反対意見を隠す言い訳のために、レッドチームを使い続けた。ジョージ・リーディは、当時のホワイトハウスで交わされた議論を、次のように語っていた。「反対意見や懸念が発せられるのは当然とされていました。実際、反対意見は歓迎されていました。賛否両論ある中で決定がなされたことが記録に残るからです[23]」。ボールがアメリカのベトナム戦略を評価するためのレッドチームを行うことはなかったが、もし一九六五年にこれが行われていれば、その後の結果が大きく変わっていたかもしれない。一九六六年の秋にボールが国務次官を辞すると、ジョンソンの側近のビル・モイヤーズが一時的に政権内の反対派の役目を務めた。ベトナム関係の会議では、ジョンソンがモイヤーズをこう迎えていたという。「ミスター爆撃停止のお出ましだ[24]」。

もちろん、モイヤーズには意味のある反対意見を言うような力はなく、ジョンソン政権時代にはベトナムへの爆撃は止まらなかった[25]。ここから学ぶべきことは、「悪魔の代弁者」をランダムに選んでも、あまり意味がないということだ。みせかけの反対意見は、意思決定における集団バイアスを克服することに、ほとんど役に立たない[26]。

②レッドチームによる発見を政策と混同する——報告書の過大評価

レッドチームに対する深刻な誤解の多くは、文脈を無視したメディアの報道によって増幅され、そのためにレッドチームによる発見は過大評価されている。ここ一〇年の間に、フリーランスの記者たちは、軍や諜報機関のレッドチームが行った機密扱いの代替分析を手に入れてきた[27]。しかし、そうした文書に基づく報道は誤解を招くもので、彼らは、既存の枠にはまらない分析を、あたかも高官のお墨付きを得た主流の分析であるかのように、あるいはこれから発表される政策変更の前触れでもあるかのように伝えていた。代替分析とは、その設計上、伝統的な主流分析にはなり得ず、通常は外部に発表されることを想定していない。しかし、それがいったんメディアに漏れると、必ず偏向した無責任な報道につながり、混乱や誤解を引き起こしてしまう。

たとえば、二〇一〇年に、ベテラン防衛ジャーナリストのマーク・ペリーは、アメリカ中央軍のレッドチームについて、「ヒズボラとハマスを管理する」と題した記事を掲載した。ペリーによると、中央軍のレッドチームはアメリカの外交政策とは反対に、レバノンとパレスチナの政治と国防にハマスとヒズボラを関わらせる戦略を勧めていた。ペリーはこう書いていた。「この報告書がアメリカ中央軍本部の大多数の高官の考えを反映していることは間違いない」。しかし、ペリーはここで、レッドチームの存在意義をまったく見逃している。レッドチームはアメリカの外交政策に疑問を投げかけ、主流の考えに反するような斬新なアイデアを提案するために存在しているのだ[28]。

この記事に対して、中東学者のビラル・サーブは、アメリカ中央軍のレッドチームとの会合と議論を基に、レッドチームの活動プロセスに関する重要な背景を伝えている。サーブは、報告書に関するペリーの報道に反論はしなかったが、「レッドチームの報告書の文脈はそれほど間違っていないが、その目的は違う」と指摘した。ペリーはもともとイスラム過激派グループとの交渉を支持する立場にあり、この報告書はその立場を裏付け、「自分の考えがアメリカの政策立案者の中で信頼を得るようになった」と思わせるものだった。だが実際には、その報告書は一人のアナリストの意見を反映していただけで、その後の追加的な議論や分析にはつながらなかった[29]。

レッドチームはアメリカ地域軍の中で広く実践されている。二〇〇八年から二〇一〇年まで、中央軍司令官だったデイビッド・ペトレイアスは、部隊の情報すべてにアクセスできる権限を持ちながら、司令本部からは独立した「プロジェクトグループ」を数多く活用し、代替分析を行っていた。これらのグループは発見したことを五〜六枚の報告書にまとめてペトレイアスに直接報告していた。報告書には二〇〇七年の増兵後の最悪のシナリオや、その四年後に予想される増兵後のシナリオも含まれていた[30]。

ペトレイアスの前任者だったジョージ・ケイシー中央軍司令官に渡された二〇〇五年のレッドチームの報告書は、マイケル・ゴードン記者いわく、「これまでで最も重要な、イラク戦争における知られざる機会損失」だった[31]。だがケイシーは、ゴードンの主張を、「事実とは違う作り話」だと批判し、代替分析を行うことがレッドチームの任務であって、それはイラク政策の改善に使われる多くの情報源のひとつにすぎないと指摘した[32]。

また、ホノルルに基地を置く太平洋軍の情報部に属するアナリストは、長年、「金正日の日記から」というテーマで代替分析の報告書を定期的に発行していた[33]。それは太平洋軍の高官に、北朝鮮の独裁者の閉ざされた世界観を想像させ、予想不可能な行動のヒントを与えるためのものだった。

こうしたレッドチームの報告書はいずれも、軍の司令官や高官の考えを反映するものではなく今後の政策変更を暗示するものでもなかった。実際、本当に枠にはまらない分析なら、主流分析に日常的にどっぷり浸かっている司令官や高官の考えと違って当然なのだ。また、代替分析が具体的な政策変更につながることはほとんどない。さまざまな関係者間の会合を経て、新しい計画が練られ、調整され、実行を担保することができて初めて、政策の変更がなされるからだ。

一九七六年のチームBの報告書や、二〇〇二年のミレニアム演習のように、軍や政府によるレッドチームの報告書が次にマスコミに漏れたときには、記者や評論家がそれを重要だと言っても、疑った方がいい。マスコミがレッドチームの構造も範囲も目標も知らないことはほぼ確実だし、報告書がなにを目的としているのかもわかっていないからだ。

③素人にレッドチームを行わせる——不必要なパニック

二〇一四年一月、ミズーリ州セントルイスのテレビ局KSDKが、五つの学区で学校の安全性を確かめるため、覆面調査を行った。カークウッド高校に、KSDKのカメラマンが、施錠されていないドアから侵入し、数分間廊下をぶらついて、教室の前を通り過ぎ、先生に事務室の場所を訊ねた。事務室に到着して購買担当者と話をしたいと頼むと、秘書が今はだれもいないと答えた。彼は名前と仕事用の携帯番号を書いた名刺を渡し、トイレの場所を訊ね、誰かがついてくるかを見ようとした。口頭でトイレの場所を教わると、カメラマンは来た道を通って、外に出た。すぐ後に、学校から彼の携帯に電話があったが、その電話はボイスメールに直接つながるようになっていた。ボイスメールには、高校の広報担当者のジンジャー・ケイスに、KSDKに直接連絡するようにとのメッセージが入っていた。

テレビ局は、その名刺の男性との関係を肯定も否定もしなかった。ケイスは言う。「もしテストであることが確認できなければ、学校を閉鎖しなければならない、と伝えました。テレビ局は肯定も否定もしなかったので、閉鎖するしかありませんでした」[34]。これをきっかけに高校は四〇分間閉鎖され、当然ながらメディアの倫理について侃々諤々《かんかんがくがく》の議論が持ち上がった。

そのカメラマンの身元が確認できなかったことで親も教師も学生もパニックになり、警察が建物を捜索する間、学校内にいた全員が壁際に整列し、扉は封鎖され、照明は落とされていた。後でＫＳＤＫの仕掛けだと知った親は、こう怒っていた。「もしマスコミじゃなかったら、逮捕されていたはずです。これまでのいろいろな事件を考えれば、賢いやり方じゃないわ」[35]。

その夜のニュースで、ＫＳＤＫはテストを行ったのが記者のひとりであることを認め、この調査があるひとつのことを証明するためだったことを強調した。それは、「セントルイスの学校の警備体制は本当に生徒の安全を担保しているか？」ということだ。ニュースキャスターは、怒りの電話が局にかかっていたことを認め、学校閉鎖によって生じた心理的なストレスについて謝った。だがそれでも、「今後も学校と子供たちの安全について、警鐘を鳴らしていく」と締めくくった[36]。

このテストは学校の警備体制の穴を浮き彫りにしたとはいえ、素人によるレッドチームの問題点をも表に出すものだった。カメラマンが名刺を残したのは、学校にテレビ局とテスト結果を話し合う機会を与えるためだったはずだが、その後の対応のまずさがパニックを引き起こし、学校に害を与える結果になってしまった。「この件で学んだこともありましたが、その後の電話でなぜテストだと教えてくれなかったのか、理解できません。それが確認できていれば、両親や生徒やスタッフに警戒を呼びかけなくて済んだはずです」とケイスは言う[37]。

この事件のあと、この学区ではすべての保安体制を見直したが、学校とテレビ局の連絡不足に加えて、テストだったことをすぐに発表しなかったせいで、学校側はただ辱めを受けたと感じ、このテレビ局が明らかにした重要な発見を受け入れる気にならなかった。

対象組織の知識を持たず、パニックを防ぐための適切な手段も持たない、こうした素人同然のレッドチームは、ほとんどの場合やらない方がいい。このテレビ局は、調査も警備体制の偵察も行わず、訊ねられても、これがテストだということを伝えなかった。数千ドルもかければ、経験豊富な侵入テストのプロを雇って、警備の評価を行うことができたはずだ。事前に地域の関係者に連絡を取り、予想される事態や質問に備えることもできた。実際、報道機関が外部の専門家に欠陥テストを依頼するのは、よくあることだ。

たとえば二〇一二年にNBCはセキュリティ専門家のジム・スティクリーを雇って、世界中のホテルの四〇〇万室で使われていたオニティ電子ロックの弱点を検査した。スティクリーは、小型のスクリュードライバーに似た電子機器をフェルトペンの中に隠し、それをロックの下の穴に差し込むだけで、ドアを開けることができた。その電子機器は、ユーチューブの動画に従って、オープンソースのハードウェアを使って作ることができた。オニティはこの問題を何か月も前から知っていて、「一四〇万のロックとすべての顧客の要請は、すでに解決されているか、その途上にある」と発表していたが、スティクリーはホテルの支配人の目の前で簡単にドアを開けて、顧客の安全が守られていないことをはっきりと証明した。[38]

高校を辱めた地方テレビ局と違って、NBCは、責任ある報道機関が、不必要なパニックや混乱を招くことなく人々の役に立つようにレッドチームを行うお手本を示した。先ほどの侵入テストのような例では特に、予期せぬ損害や不必要なパニックを起こさないようにしなければならない。

④メッセンジャーを「殺す」——反対意見の無視

二〇〇九年、エリート軍事学校出身の海兵隊大佐と二人の陸軍少佐が、アフガニスタンに送られ、「エフェクトセル」と言われる、小規模なレッドチームの任務につくことになった[39]。三人の将校は司令系統から独立して活動し、現場に行ってNATOの国際治安支援部隊とアフガニスタン国軍との協力関係の強さを評価することになった。当時、現地での強力な「パートナーシップ」によってアフガニスタン軍を築くことが目標とされ、その後、アフガニスタン軍が独自に地域の安全を守る責任を持つことになっていた。二〇〇九年、国防長官のロバート・ゲイツは、下院公聴会でこう語った。「移行を可能にするには、戦闘部隊における国際治安支援部隊とのパートナーシップを強め、アフガニスタン軍と警察の規模と能力をさらに拡大する必要がある[40]」。現場での緊密な協力関係が機能しない場合には、戦略全体が立ち行かなくなってしまう危険があった。

エフェクトセルのメンバーは、十数か所を超える戦闘現場で自分たちが目撃したことに、一様に深い懸念を抱いた。NATOの国際治安支援部隊は、自分たちが訓練するはずのアフガニスタン軍と、完全に離れて生活していた。二〇一二年に始まったアフガニスタン兵士によるNATO兵士の襲撃事件以前から、その状態は続いていた。特に異様だったのは、アフガニスタン軍の宿舎を上から囲むようにNATO軍がマシンガンを配置し、直接狙いを定めていたことだった。前線基地のリーダーたちは、「誰かが来て交代してくれるのをただ指折り数えて待っているだけ」のように見えた[41]。

エフェクトセルのメンバーとして、その海兵隊大佐は、自分たちの発見を、まずNATO軍の高官に報告し、最終的にアフガニスタンの全駐留軍および国際治安支援部隊全体の司令官だったスタンリー・マッククリスタル大将に報告した。その海兵隊大佐は当時も今も残酷なほど正直な人物で、ＮＡＴＯ軍のスタッフに言わせると、「マッククリスタル大将の好むやり方と真っ向から衝突するタイプ」だった。[42] 海兵隊大佐は細かい例を挙げて、ＮＡＴＯ軍が司令官の戦略を実行していないことを示した。相手に納得してもらおうと、こう発言したほどだ。「司令官、一緒にクソをしないと、力を合わせることはできません」。マッククリスタルの側近によると、マッククリスタルはその内容にも言い方にも反発し、その海兵隊大佐に怒りをぶつけたという。「私の戦争に口出しするつもりか」。

報告はすぐに終わり、マッククリスタルの怒りはスタッフ中に伝わった。ＮＡＴＯ軍の作戦スタッフは結局、海兵隊大佐の報告を受け入れず、その発見を反映して作戦を変えることもなかった。また、エフェクトセルのメンバーは、アフガニスタンでの残りの数か月間に、自分たちの活動に支持を集めることができなかった。この二〇〇九年の事例は、レッドチームが独立して厳格な作戦評価を行ったものの、上層部やスタッフに無視された例だ。このレッドチームには意味がなく、その評価はＮＡＴＯ軍が欲しかったものと違っていたために無視された。そのうえ、残念ながら、海兵隊大佐のぶっきらぼうな物言いのせいで、セルの助言が司令官に受け入れられなくなってしまったのだ。メッセンジャーを殺せば、反対意見が歓迎されず受け入れらないということをスタッフ全員に示すことになる。レッドチームは、組織の成果を改善することを助けるために存在する。上司や大将やリーダーといった上に立つ者は、レッドチームの目的や助言に、心を開くべきである。

⑤情報収集でなく意思決定にレッドチームを使う――限定的な権限と効果

レッドチームへのよくある誤解は、政府や経営者が意図的にそれを悪用する傾向があるというものだ。優秀なレッドチームは、常識を疑い、盲点を洗い出し、弱点を表に出し、違う未来を示し、最悪の事態を想像させることで、意思決定者に知識を与える。本書を通して、組織のリーダーたちは、レッドチームが「失敗を直視し」、「想像を拡げ」、「万一の事態を考える」助けになったと語っている。しかし、レッドチームには、縁の下の力持ち以上の役割はなく、彼らが実際に最終決定を下すことはない。

党派争いや経営陣の衝突によって、必要な決定がタイムリーになされない時に、なにかのせいにしようとする気持ちはわからなくはない。だが、それは間違いで、レッドチームが意思決定プロセスを左右した例はなく、そうした介入が必要な時でさえ、意思決定に関わることはない。二〇一四年のテッククランチ（ITベンチャーやウェブに関するニュースサイト）の記事は、まるで「悪魔の代弁者」が戦略失敗の理由をすべて指摘でき、新製品発表を中止したり延期する力を持つもののように描いていた。[43]「悪魔の代弁者」や、どんな形のレッドチームも、弱点を指摘する責任はあるが、戦略や政策を決める権限を持つべきではない。

リーダーは、レッドチームが意思決定を行わないことを全員に周知させるとともに、レッドチームに対して、妥当で現実的な依頼を行わなければならない。過去一五年間、議会の要請によって政府機関の行動や軍事戦略に対してレッドチームが評価を行う事例が増えてきた。これはひとつには、政府機関の議会に対する報告義務が爆発的に増加したからだ。一九六〇年には議会の要請による報告書は四七〇件だったが、一九八〇年にはこれが五倍の二三〇〇件に増え、二〇一四年にはさらに倍増して四二九一件にのぼる見通しだ。[44]その中には、誰も読まないような報告書もある。だが、もうひとつの理由は、レッドチームのコンセプトが認められ、求められるようになったからだ。二〇〇一年の同時多発テロ以前には、政府にレッドチームを義務づける法案は一件も提起されていなかった。それ以来、一三件の法案が出され、そのうちの三つは立法化されている。

たとえば、二〇〇三年の防衛法案は、エネルギー省の研究室内にレッドチームを設立して、内部の評価を検証し、外部研究室との比較評価を行うことを義務付けていた。しかし最終案でこの部分は削られた。現行の年次評価で十分だと考えられたからだ[45]。二〇〇四年には諜報活動改革及びテロリズム予防法の議論の中で、国家情報長官室を新たに設置して、その中に代替分析室を置くことを義務付ける案も出された[46]。代替分析室は、国家情報長官の要請により、国家情報予測や諜報文書を検証することが提案されていた[47]。上下両院のリーダーがテロリズム予防法について意見をすり合わせる中で、この文言は削除され、代わりに国家情報長官室が代替分析の任務を個人またはグループに任せることが盛り込まれた[48]。

二〇〇五年から二〇〇九年の間に国土安全保障省にレッドチームによる国内重要インフラの欠陥テストを義務づける試みが、少なくとも八回はなされている。そのうち、法制化されたのは一件だけだった[49]。こうした法律の要請によるレッドチームのほとんどは、リソース不足や評価の重複を理由に国土安全保障省によって排除された。

二〇一三年五月に、アンガス・キング上院議員とマルコ・ルビオ上院議員が提案した攻撃目標監視改革法は、議会が義務づけるレッドチームの代表例と言っていいだろう。この法案は、「アメリカに対する国際テロリズム行為に自ら参加した」アメリカ市民へのドローン攻撃に追加的な評価を加えるものだった。この法案では、市民を攻撃目標とする通知を受けてから一五日以内に、国家情報分析室は「独立した代替情報分析（いわゆる「レッドチーム分析」）を完了」しなければならないことになっている。キング上院議員は、この法案が「独立したグループ、つまりレッドチームによる事実の確認を担保し、その評価の詳細を議会の情報委員会と共有することを義務付ける」ことになる、と主張していた[50]。この文言は情報承認法の別添に盛込まれ、二〇一四年七月に法制化された[51]。

二人の上院議員は、レッドチームが「意思決定プロセスの中に、追加的な説明責任を加えることになる」と確信している[52]。しかし、ここで言う代替分析は、テロの容疑をかけられたアメリカ市民を殺害するかどうかや、その方法に影響を与えるものではない。議会の情報委員会のスタッフによると、委員会のメンバーはそうした細かな大量の情報を、ほかのレッドチームからも日常的に受け取っている。しかも、スタッフたちは、国家情報分析室での評価に使われる人物も手法も厳格さも知らないし、報告を最初から最後まで読むこともない[53]。従って、こうしたレッドチームの効果は限られている。

レッドチームをより効果的に活用するために

レッドチームの長所と短所はここまでの章ですでに見てきたし、学ぶべき教訓についても書いてきた。しかし、それを取り入れるに当たって、さらに具体的な助言がある。これらは主に、アメリカ政府に関するものだ。というのも、ほとんどのレッドチームは政府機関で行われ、そこが発想の源泉になっているからだ。しかし、次の五つの助言は民間セクターにも間違いなく応用できる。

①重大な決断の前に招集する

ホワイトハウス高官は、他国に軍事介入する前に、アナリストや記者をオフレコの議論に招き、彼らの考え方を聞き、その後の決断の戦略的指針として参考にする。しかし、そうした会合は、記者たちに今後の介入についての好意的な記事や報道をしてもらおうという下心があることも多い。また、重大な決断について厳格な評価を行ったかどうかを訊ねられると、政府高官は、誰もが自由に意見を言い合って長時間議論したと答えるものだ。しかし、何週間もかけて戦略を練り上げ、その戦略に没頭してきた高官とスタッフが、反対の立場に立って戦略の穴を探しても、効果のある評価はできない。

そうではなく、ホワイトハウスは、元高官や学者や専門家を集めて一時的なレッドチームを作り、必要な最新情報へのアクセスを許可し、関係する軍の戦略作成者や上層部に一対一のインタビューを行ってもらい、提案された戦略を評価し批評するべきだ。これなら一週間か二週間もかからずにでき、その結果を大統領とその他の必要な人だけに直接読んでもらうことができる。

たとえば、二〇一四年夏にＩＳＩＬへの空爆を急いで決断しなければならなかったとき、レッドチームなら、八月二八日の国家安全保障会議長官級委員会から九月一〇日の大統領による戦略演説の間に、この戦略を評価できたはずだ。もちろん、オバマ大統領は、最高司令官として代替分析の受け入れを拒否することもできる。戦争の開始は大統領の決断の中でもっとも代償が大きく、将来にも影響を与えることを考えれば、レッドチームによる情報の見直しと戦略の提案を考えてみる価値はあっただろう[54]。

②過去の活動の情報を共有する

レッドチームに現在所属しているか、過去に所属したことのある政府職員へのインタビューを通して、繰り返し浮かび上がってきた問題は、彼らが政府内の他のレッドチームの活動を知らず、他のレッドチームから学べることについても関心を示さなかったことだ。実際、軍や課報機関や国土安全保障省でのレッドチームの利用と誤用を政府が総合的に調査したことはなく、この管理ツールへの評価も、レッドチームの作り方も、それをどう使うべきかも、これまで調べられていない。

二〇〇三年に国防科学委員会が報告書を出しているが、調査の範囲は狭く、当時の国防総省での利用例を一件だけ調べたものだった。[55] 政府のレッドチームは時折、偶然の出会いやメールやビデオカンファレンスを通して非公式にベストプラクティスを共有しているが、このような洞察がこれまで記録されたり分類されたりしたことはなく、それが拡散されることもなかった。

この情報を外に出すことは、極めて重要だ。現在の国防科学委員会の報告書の範囲を拡げ、政府の恒久的なレッドチームやほぼ定例のレッドチームを評価することが必要だろう。多くのレッドチームが極秘任務に就いていることを考えると、内部向けの機密版と、機密扱いでない「高官向け」の二種類の報告書が必要になる。政府監査院または、下院監視・政府改革委員会がこの調査を行わなければならない。レッドチームの活動報告を集め、なにがうまくいってなにがうまくいかないかの情報を集積するような最新のデータベースがあれば、政府職員は自分たちがレッドチームを作るときにそこから学ぶことが可能になる。理想的には、そうした調査がウィキのような共有プラットフォームで補完され、常に更新されて、できるだけ多くの政府機関に活用されることが望ましい。

③訓練や教育の機会を増やす

レッドチームの訓練や教育を、政府機関以外でも広く受けられるようにすることが必要だ。すべての政府機関内にこうした訓練や教育の制度があることを考えれば、新しい部署を設置したり、追加の費用をかけなくても、これは可能だろう。国務省や国際開発庁の高官やスタッフへの取材からも、このような人材開発の機会は、大いに求められていると思われる。

現在の政府職員への教育は、段階的に技術や管理の資格を取得させることが中心になっている。官僚にとって、これらは有益な訓練だが、それでは、連邦政府の日々の運営に関わる中間管理職の批判的思考能力は向上しない。こうした需要と必要性を満たすためには、上層部や管理職に二週間のレッドチームコースを提供すべきである。下級スタッフにレッドチームの指導を行うことも大切だが、その上司のプログラムマネジャーやさらに上の高官にも、レッドチームが提供できるものやそれをどう活用すべきかを理解してもらうために、二時間の短い訓練を与えることを義務付けるべきだ。

④指導の結果を見直す

レッドチーム大学と海兵隊大学では、八年以上にわたってレッドチームの指導が行われてきたが、生徒や、彼らのキャリア、または実際にレッドチームに参加した時に、この指導がどう影響したのかについては、まだ測られていない。陸軍や海兵隊の卒業生を対象にしたアンケートによると、彼らは学んだレッドチームの手法やテクニックに非常に満足しており、ほかの人たちにも同じコースを勧めたいと語っていた。こうした個人の印象を補完するためには、教室での指導と訓練で学んだテクニックがその後のキャリアにどう影響しているかを測る総合的な調査が必要になる。

特に、この調査では、卒業生がその後レッドチームの一員としてこの手法やテクニックを使ったかどうか、どのように使ったか、どのような頻度で使ったかを評価しなければならない。調査結果は、レッドチーム大学や海兵隊大学でのコース内容の改善や調整に使うことができ、陸軍や海兵隊内でのレッドチームになにを期待すべきかを再検証することにも利用できる。[56]

⑤適切なメンバーを集める

政府のレッドチームの構造、活動、構成は、真の多様性と創造的な思考家を取り込むようなものでなければならず、対象組織で認められた考え方を反映するような元高官だけがメンバーであってはいけない。

それが起きてしまったのが、国防諮問委員会だ。一九九六年以来、国防総省は、未来の防衛プログラムを作るため、国家防衛戦略、軍事構造計画、予算案の総合的な評価を行ってきた。QDRと呼ばれる、この四年ごとの国防計画の見直しは、すべての軍と国防総省内のさまざまな部署にとっての幅広い戦略的指針となるため、国防総省の高官たちはこれに膨大な時間を割いていた。二〇一〇年と二〇一四年には、議会が国防諮問委員会での追加的なQDRの見直しを求めた。国防諮問委員会は、その活動範囲と構造について、議会から明確な指導を受けていた。「QDRの前提、戦略、発見、リスクを評価すること」というものだ。[57]

しかし、国防諮問委員会は、そのメンバー構成に欠陥があった。国防長官が委員会の議長と副議長を指名することになっていたのだ。二〇一四年の議長は元国防長官のウィリアム・ペリーで、副議長は元陸軍大将のジョン・アビザイドだった。それ以外のメンバーは議会の監視委員会が指名したが、すべて退役将校か、国防総省の元高官か、元上院議員で、全員が軍事産業か航空宇宙産業に関わりがあった。[58] しかも、国防諮問委員会が意見を求める相手は、現役武官か文官、または退役軍人に限られていた。[59]

当然ながら、二〇一四年の国防諮問委員会の評価は、アメリカ軍の戦略の核となる前提に疑問を呈するものではなかった。彼らは、防衛予算の大幅な増額を推奨していたが、二大政党が防衛予算の横ばいまたは減額に合意する中で、大幅増額をどう達成できるのかを示すような具体策は提案できていなかった。結局、二〇一四年の国防諮問委員会は、クライアントである国防総省にほとんどなんのインパクトも与えなかった。アメリカ軍の既存活動の継続を再び支持したにすぎなかったからだ。国防諮問委員会の発見と推奨が既存路線の踏襲となることは、あらかじめ予想できた。今後は、国防総省や防衛産業と仕事の上でも経済的にもつながりのあるメンバーを減らすべきだろう。[60]

常識を別の視点から見直す

私は、この五年間に、さまざまな分野で活動する、二〇〇名を超えるレッドチームのメンバーから多くを学んできた。その中で一番難しかったのは、レッドチームの役割を、できるだけ懐疑的に、また正直に評価し続けることだった。レッドチームのメンバーと距離を置きながら先入観をもたず、同時に彼らの素晴らしい仕事ぶりを深く知ることは、大きな挑戦だった。

本書の冒頭に、組織が自身の欠点を見つけることの難しさと、現実のライバルや敵の行動を理解することの難しさを描いた。つまり、宿題を自分で採点できない、ということだ。この警告は私にもあてはまる。著者である私もまた、特異な考えを持つ、どこかしら秘密主義の、外部者に対して懐疑的な人たちの集団に入り込み、その個性や経験や自信に染まっていったからだ。彼らの話を伝え、その価値観を評価する本書は、できる限り正直で分析的であろうと心掛けた。だが、レッドチームは誇張や神話化の必要がないほど極めて興味深く、周囲を巻き込む力がある、というのが私の結論だ。

実際、現場のほとんど全員が、彼ら独自のスキルや影響力を誇張しないでほしいと語っていた。イギリスでレッドチーム開発概念及び教理センターの所長を務めるトム・ロングランドは、こう語った。「レッドチームが魔法で、秘密で、素晴らしいというのは誤解です。私たちはたいていい、『常識を別の視点で見ているだけです』と説明しています[61]」。

それでも、レッドチームは対象組織に目に見える違いをもたらしている。特にチームの活動範囲が正しく設定され、適切に構成され、余計な干渉を受けることなく目的を達成する力を与えられている場合にはそうだ。もう一度言おう。レッドチームとは、シミュレーション、欠陥テスト、代替分析を通して、ある組織またはそのライバルの興味、意図、能力をよりよく理解するような、構造化されたプロセスだ。政府高官、軍の上層部、企業経営陣は、目の前にある極めて複雑な情報を、限られた時間内で処理し、重要な決定を下すことがますます難しくなっていることを自覚している。それぞれの決定に資する情報が多すぎ、外国の軍隊にしろ、ライバル企業にしろ、悪意あるハッカーにしろ、関わる相手が多すぎるのだ。

レッドチームには限界があり、避けた方がいい場合もある。レッドチームは組織内のプランニング部門やオペレーション部門の代わりにはならないし、そうなるべきではない。とはいえ、レッドチームは、よりよい情報に基づいた戦略決定や、適切に構築された防衛システムの作成や成功の障害になるような制約を指摘してくれる、価値あるツールだ。

ほかの経営ツールと同じく、レッドチームも対象組織に受け入れられ、リソースを与えられ、ニーズに合うように構成されてはじめて、効果が出る。そのためには、その強みと弱みを知らなければならない。レッドチームが任務を選べるなら、問題がはっきりしない任務や、範囲があやふやな任務を断るべきだ。また、達成できない目標を課されたときも、断るべきだ。レッドチームはあらゆる問題への万能薬ではなく、特定の問題を防ぎ、緩和し、それに対応するような具体的な戦術を伴う概念的な手法なのだ[62]。

リーダーやプログラムマネジャーがこれを達成するための青写真はひとつではない。レッドチームの本質から言って、厳格な指示の下でこれを実践することは不可能だからだ。とはいえ、本書のために行った調査から、レッドチームの成功は次の六つのベストプラクティスをどこまで取り入れることができるかにかかっていることがわかった。

①上司の賛同を得る——リーダーは、レッドチームの価値を認め、十分なリソースを提供し、その評価を望み、このことを組織全体に明らかにしなければならない。そうでなければ、プロセス全体が支持されず、レッドチームの発見が無視されてしまうかもしれない。

②外側から客観的に評価し、内側から気遣いを持って実施する——レッドチームが効果的に評価を行うには、組織から距離をおかなければならない。それと同時に、チームを構成するにあたって、対象組織の構造、プロセス、文化を考慮に入れなければならない。

③健全で大胆な懐疑心を持つ——レッドチームの活動には、特異な性格が求められる。オープンで、創造的で、自信があり、少し偏屈でありながら、対象組織に敵対的な印象を与えず、相手とつながり、コミュニケーションを取れるようなタイプだ。

④隠し玉を備えておく——意外性はレッドチームの血肉だ。レッドチームの手法がありきたりのものになってはいけないし、組織に染みついてもいけない。ということは、実践者が自分の頭で考え、いつも新しい技やテクニックを使えるように準備しておかなくてはならない。

⑤悪い知らせを快く聞き入れ、行動する——レッドチームの発見を誠実に聞き入れ、それを取り入れることのできない組織は、そもそもレッドチームを行ってはならない。

⑥ほどよい頻度で行う——レッドチームは一度きりのイベントであってはならない。というのも、表に出ない欠陥は放置され、そのうちに必ず盲点が浮かび上がってくるからだ。とはいえ、レッドチームをやり過ぎると、社員の邪魔になり、前回のレッドチームの発見に基づいて改善を実行する時間もなくなってしまう。

コンピュータ化の限界

第5章で紹介した、ウォーゲーム専門家のマーク・チャッシルは、「未来に関するデータはない」と言う。しかし、レッドチームがどこに向かっているかは、すでに明らかになりはじめている。どんな労働集約型の任務にも言えることだが、レッドチームの任務の中にも人間を置き換えるようなものが含まれている。高価で身体的な制約のある人間を、センサーや通信リンクやアルゴリズムやオートメーションといったますます安価でどこにでもあるものに置き換えるのだ。サイバー侵入テストの専門家たちは、低価格でほぼ自動化されたテストをいつでも行えると宣伝している。大学や民間セクターの研究者も、ここ一〇年以上にわたり、レッドチームの自動化を研究している。コンピュータ化された知能、進化するアルゴリズム、マルチエージェントを使ってライバルをよりよく理解するシステムを取り入れる研究も進んでいる。意思決定とプランニングを支援するようなコンピュータモデルや手法を使い、代替戦略の探索、リアルとサイバー両方の欠陥テスト、ライバルや敵の戦術の発見、バイアスの特定などを目的としたレッドチームが行われている。[63]

もちろん、サイバー侵入テストをすべて自動化することには無理がある。[64] 元国家安全保障局高官で現在はサイバーセキュリティ企業の経営者となったサミュエル・ビスナーは、単発の侵入テストでは、大規模で統合され複雑化の進むデジタル環境の中に埋め込まれた欠陥を表に出すことができないと言う。従って、今後のサイバー領域における欠陥テストは、より継続的で自動的なテストと評価に向かうが、その反面、人間だけがこうしたモデルやアルゴリズムのあり方を決め、それがうまくいくかどうかを判断できる。[65]

同様に、ラファエル・マッジは、コルタナというスクリプト言語の開発を主導した。コルタナは、侵入テストの実行者が自動的にボット（ウェブロボット）を作り、バーチャルなレッドチームを動かすような言語だ。DARPAの資金で開発されたコルタナは、「アーミテージ」と呼ばれる侵入管理プログラムにつながっている。このプログラムは、侵入テストの実行者のために中央サーバーを設置し、ひとつのアクセスポイントからネットワークに侵入してデータを共有できるようにするものだ。[66] また、情報システムを専門とするフィリップ・ポルストラ教授は、遠隔からのサイバーと無線周波数の侵入テストを、安い小型の低出力デバイスを使って行うための詳しい手引きを書いている。[67]

多くのセキュリティ企業の研究者が、自由時間を使って、より正確な「敵対的作業時間」を測っている。[68] これは、さまざまな防衛システムの設定を解析し侵入するのに必要な時間と労力を計測するものだ。優秀な敵がシステムに侵入するのになにが必要かを定量化できれば、セキュリティ管理者は、システム防衛のために投入すべき人員やリソースを知ることができる。しかも、そうなればレッドチームは防衛システムへの侵入テストをそれぞれの状況に合わせて変えることができ、異なる分野や産業の同じような防衛システムにもそれを応用できる。

課報コミュニティの研究機関である、情報高等研究計画活動は、認知バイアスを測るプロジェクトに資金を提供し、ゲーミフィケーションによってそうしたバイアスを減らそうとしている。[69] 二〇一二年には、これが「マクベス」というビデオゲームとなった。参加者が認知バイアスを自覚してこれを減らし、時間の経過とともにその進展を測ることが、このゲームの目的だ。「クルー」という卓上ゲームに似せて作られたマクベスには、一連の容疑者が登場し、だれが罪を犯したかを当てるための情報が提供される。参加者は、その情報が、アンカリング、投影、代表性といった認知バイアスに影響されたものかどうかを判断しなければならない。[70]

ある諜報機関の高官によると、このプロジェクトによってアナリストの認知バイアスが目に見えて減少し、その後のテストによって減少がどのくらい維持されたかを測定できたという。[71] 諜報アナリストのバイアスを永久に和らげることができれば、代替分析の必要性も少なくなる。というのも、主流のアナリストの覚書、報告書、要約説明などへの、アンカリングの影響が少なくなるからだ。

レッドチームのプロセスから人間を失くすことはできないだろう。コンピュータはチューリングテストに合格し、人間の行動をそっくりまねることに成功するかもしれない。だが機械は、緊迫した状況を解釈するために必要なスキルや、枠にはまらない考え方や、敏捷さを備えていないし、その場の判断に合わせて行動を変えることも今のところはできない。海兵隊の将校だけが、直感的な判断力を持ち、作戦計画チームのストレスを理解でき、内部に通じる言葉で作戦計画への批判を伝えることができる。力のある善意のハッカーだけが、ネットワークの偵察と走査を基に、時間と労力の優先順位をつけ、クライアントに最適な任務を行うことができる。物理施設への侵入テストを行う人間だけが、敵を模倣し、規制や産業のベストプラクティスに縛られることなく行動できるのだ。

レッドチームの発見を物語化する

最後に、レッドチームが効果を出し、その結果が実行されるようになるには、自分たちの発見を、上層部にも共感できるストーリーに変えて伝える能力が必要になる。どの分野のレッドチームのメンバーも、相手の興味を引き出しつなぎとめるようなストーリーと個人的なエピソードが極めて重要だと強調している。

セキュリティ専門家として経験豊富なニコラス・ペルココは、レッドチームの発見を聞き入れてもらい、行動を起こさせるには、それを「個人的なもの」にしなければならないと語る。ペルココは、携帯機器の重大な技術的欠陥をこと細かに指摘するより、クライアントに「こうすれば、あなたの個人的な写真を盗むこともできるし、あなたのスケジュールをダウンロードすることもできるんですよ」と示して見せる。サイバー侵入テストの結果を伝える際にも、技術用語を入れず、個人の心に刺さるような例を語る方が、何ページもスクリーンショットを見せたりマルウェアのスクリプトを説明したりするよりも、はるかに聞き入れてもらえる可能性は高く、行動を起こしてもらえる可能性も高くなる[72]。

レッドチームが今後どこに向かうかは、政府、軍、企業経営者たちがレッドチームの価値をどのように見るかにかかっている。レッドチームの実践者が増えるに従って、その認知度は上がり、レッドチームを経験した人が組織の上層にのぼるにつれて、その管理ツールとしての効果はより顕著になり、拡がっていくに違いない。

レッドチームによるシミュレーション、欠陥テスト、代替分析が適切に行われ、上司がそれを聞き入れれば、競争の厳しい環境での挑戦や脅威に立ち向かい、難題を緩和する助けになることを、ここまで描いてきた。レッドチームはすべての問題を解決する魔法の杖ではないし、そもそも魔法の杖などどこにもない。レッドチームの精神を積極的に取り入れれば、仕事や人生で私たちが直面する複雑さについて、より批判的に考えることに役立つだろう。

天文学者のカール・セーガンは、こう雄弁に語っている。「権力者が批判的思考に反対するのは、そこに守るべき利益があるからだ。私たちが批判的思考をより良く理解して、それを第二の天性として身につけなければ、いつまでも詐欺師たちに騙され続けるはめになってしまう[73]」。レッドチームもまた、そこから積極的に学びそのすべてを認める人には、同じように役立つし、大きな力を与えてくれるものになるだろう。

謝辞

本書のプロジェクトは、感謝しきれないほど多くの人たちに支えられてきた。外交問題評議会が与えてくれた多大なチャンスと支援に、心から感謝する。議長のリチャード・ハースと研究所長のジェームズ・リンジーは、本書の提案から執筆の過程を通して、洞察に満ちたフィードバックを与えてくれた。予防措置センター所長のポール・ステアーズと、国際組織と統治プログラムディレクターのスチュワート・パトリックもまた、励ましと多大な専門知識を与えてくれた。外交問題評議会の同僚は、私にとってなにものにも替えがたい助言者であり、支援者でもあった。エリザベス・エコノミー、アダム・セガール、シャノン・オニール、マイケル・レヴィ、イゾベル・コールマン、スティーブン・クック、ゲイル・ツェマック・レモン、ローリー・ギャレット、ロバート・ダニン、ジュリア・スウィッグ、ジョン・キャンベル、シーラ・スミス、マシュー・ワックスマン、マックス・ブート、リチャード・ベッツに感謝したい。

また、外交問題評議会での六年間のフェローシップと、スタントン核セキュリティ研究所での五年間のフェローシップから、かけがえのない視点を得られたことを光栄に思う。

さらに、外交問題評議会のデイビッド・ロックフェラー研究プログラムのスタッフ、特にエイミー・ベイカーとパトリシア・ドーフ、そして著作部のエリ・ドボルキンにも、多いに助けられた。グローバルコミュニケーション及びメディア関係チームのリサ・シールズ、ケンドラ・デイビッドソン、ジェイク・メスに、そして国家プログラムとアウトリーチのイリーナ・ファスキアノスの広報努力に感謝する。スミス・リチャードソン財団は、本書の研究と執筆に欠かせない役割を果たしてくれた。

このプロジェクトは、私のエージェント、ゲリー・トーマの献身的な努力なしには始まっていなかった。もちろん、ベーシック・ブックスの発行人ララ・ハイマートと初期の編集者であるアレックス・リトルフィールドにも、感謝している。また、エディターのブランドン・プロイアとコピーエディターのジョン・ウィルコクソンは、編集の後半の段階で、原稿を大いに改善してくれた。ベイシック・ブックスの他のメンバー、エリザベス・ダナ、サンドラ・ベリス、ベッツィー・デジュス、レイチェル・キング、リア・ステッチャーにもお礼を言いたい。

本書のもとになったのは、貴重な時間を割いて、残酷なほどに正直に語り、励ましを与えてくれた二〇〇名を超える取材対象者だ。特に、グレゴリー・フォンテノ、スティーブ・ロトコフ、マーク・モンロー、そしてレッドチーム大学で教える友人のケビン・ベンソン、多くの海兵隊将校、イギリス国防省開発概念及び教理センターのレッドチーム、課報コミュニティの現役および退役高官、スティーブン・スローン、ボグダン・ザコビッチ、ニューヨーク市警とFBIのスタッフ、情報設計レッドチームのレイモンド・パークスとマイケル・スクローチ、ビジネス向けウォーゲーム専門家のマーク・チャッシルとベンジャミン・ギラード、ハッカーとセキュリティ研究者たち、たとえば、ダン・グイド、ジェフ・モス、クリス・ニッカーソン、キャサリン・ピアス、ニコラス・ペルココ、ジェイソン・ストリート、ディノ・ダイ・ゾヴィ、米国国際開発庁のエリン・オグデン、そして最後に、誰よりもレッドチームを正直に評価し責任を持って後援してきたマーク・マテスキに感謝する。

友人と家族の愛と支えには、どんなに感謝しても感謝しきれない。特に思慮深く原稿を見直しアドバイスを与えてくれた兄のアダム・ゼンコに心から感謝している。

また、本書の調査、編集、執筆、改善を助けてくれた外交問題評議会のスタッフ、特に優秀なインターンのジュリア・トレフー、プリシラ・キム、ジュリー・アンダーソン、サラ・カッシアー、エレナ・ヴァーン、ショーン・リー、アリザ・ライヒマン、ユージン・スタインバーグ、サマンサ・アンドリュースにお礼を言いたい。

最後に、この本を三人の優秀な研究助手に捧げる。彼らと毎日一緒に働き、彼らから学べたことを幸運に思う。レベッカ・フリードマン・リスナー、エマ・ウェルチ、アメリア・メイ・ウルフに感謝している。彼らなしでは、本書は始まらず、完成することもなく、執筆がこれほど楽しいものにもならなかっただろう。

ソースノート

はじめに　組織には「悪魔の代弁者」が必要だ

1　André Vauchez, *Sainthood in the Later Middle Ages*, trans. Jean Birrell (Cambridge, UK: Cambridge University Press, 1997); and Robert Bartlett, *Why Can the Dead Do Such Great Things?: Saints and Worshippers from the Martyrs to the Reformation* (Princeton, NJ: Princeton University Press, 2013), pp.3–56.

2　Eric W. Kemp, *Canonization and Authority in the Western Church* (Oxford, UK: Oxford University Press, 1948), p.35.

3　Nicholas Hilling, *Procedure at the Roman Curia: A Concise and Practical Handbook*, second ed. (New York: John F. Wagner, 1909).

4　John Moore, *A View of Society and Manners in Italy*, vol.1 (London, UK: W. Strahan and T. Cadell in the Strand, 1781), pp.454-455.

5　Matthew Bunson, *2009 Catholic Almanac* (Huntington, IN: Our Sunday Visitor Publishing, 2008).

6　Alan Riding, "Vatican 'Saint Factory': Is It Working Too Hard?" *New York Times*, April 15, 1989, p.A4.

7　Melinda Henneberger, "Ideas & Trends: The Saints Just Keep Marching In," *New York Times*, March 3, 2002, p.C6.

8　George W. Bush, *Decision Points* (New York: Random House, 2010)［ジョージ・W・ブッシュ『決断のとき』（日本経済新聞出版社）］, p.421.

9　同前、p.420-421; Dick Cheney, *In My Time: A Personal and Political Memoir* (New York: Simon and Shuster, 2011), pp.465-472; Robert M. Gates, *Duty: Memoirs of a Secretary at War* (New York: Knopf Doubleday, 2014)［ロバート・ゲーツ『イラク・アフガン戦争の真実 ゲーツ元国防長官回顧録』（朝日新聞出版）］, pp.171-177; and David Makovsy, "The Silent Strike: How Israel Bombed a Syrian Nuclear Installation and Kept it Secret," *New Yorker*, September 17, 2012, pp.34-40.

10　スティーブン・ハドリーとのインタビュー。二〇一四年六月一二日。

11　マイケル・ヘイデンとのインタビュー。二〇一四年一月二一日。

12　同前。

13　元CIA高官とのインタビュー。二〇一四年五月。

14　マイケル・ヘイデンとのインタビュー。二〇一四年一月二一日。

15　スティーブン・ハドリーとのインタビュー。二〇一四年六月一二日。

16　ロバート・ゲイツとのインタビュー。二〇一四年六月二四日。

17　Bob Woodward, "In Cheney's Memoir, It's Clear Iraq's Lessons Didn't Sink In," *Washington Post*, September 11, 2011, p.A25; and Gen. Michael Hayden, "The Intel System Got It Right on Syria," *Washington Post*, September 22, 2011, p.A17.

18　Bush, *Decision Points*, p.421.

19　元CIA高官とのインタビュー。二〇一四年五月。

20　Central Intelligence Agency, "CIA Comments on the

Senate Select Committee on Intelligence Report on the Rendition, Detention, and Interrogation Program," CIA長官からダイアン・ファインスタインとサックスビー・チェンブリスへの覚書、June 2013, p.25.

21　同前、p.24.

22　David Dunning, *Self-Insight: Roadblocks and Detours on the Path to Knowing Thyself* (New York: Psychology Press, 2005).

23　Thorstein Veblen, "The Instinct of Workmanship and the Irksomeness of Labor," *American Journal of Sociology*, 4(2), 1898, p.195.

24　Adam Bryant, "Bob Pittman of Clear Channel, on the Value of Dissent," *New York Times*, November 16, 2013, p.BU2.

25　エイミー・C・エドモンドソンとのインタビュー。二〇一四年六月三日。

26　Mike Spector, "Death Toll Tied to GM Faulty Ignition Switch Hits 100," *Wall Street Journal*, May 11, 2015 [www.wsj.com/articles/BT-CO-20150511-710130]; and GM Ignition Compensation Claims Resolution Facility, "Detailed Overall Program Statistics," updated June 26, 2015, accessed June 30, 2015.

27　Michael Wayland, "Deaths Tied to GM Traced to 'Catastrophic' Decision: Report Finds Automaker Lacked Accountability," MLive.com, June 6, 2014.

28　Anton Valukas, "Report to Board of Directors of General Motors Company Regarding Ignition Switch Recalls" (Jenner and Block, May 29, 2014).

29　Massimo Calabresi, "A Revival in Langley," *Time*, May 20, 2011.

30　Warren Fishbein and Gregory Treverton, "Rethinking 'Alternative Analysis' to Address Transnational Threats," Sherman Kent Center for Intelligence Analysis, Occasional Paper 3(2), October 2004; and CIA, "A Tradecraft Primer: Structured Analytic Techniques for Improving Intelligence Analysis," March 2009, publicly released May 4, 2009.

31　CIAのレッドセルはこれまでにない代替分析を任されたユニットで、軍のレッドセルとは異なる存在である。軍のレッドセルは敵の視点を取り入れる役割に限られる。海兵隊の原則では、次のように定義されている。「レッドセルの目的は、指揮官を助け、敵対的行動を評価することである。組織の大きさに応じて、レッドセルは一人の情報官から専門家集団のタスクフォースまでさまざまな規模になる。レッドセルの主要任務は戦略計画の策定とそれを使ったウォーゲームだが、問題分析に従事したり、戦略策定の初期段階で指揮官の理解を助けることもある。参照：US Marine Corps, "MCWP 5-1: Marine Corps Planning Process," 2010, pp.2–6.

32　McKinsey & Company, "Red Team: Discussion Document," presentation to the Centers for Medicare and Medicaid Services, undated, p.2.

33　Hearing of the House Committee on Energy and Commerce, Subcommittee on Oversight and Investigations, "Security of HealthCare.gov," November 19, 2013; and Sharon LaFraniere and Eric Lipton, "Officials Were Warned About Health Site Woes," *New York Times*, November 18, 2013, p. A17.

34　グレゴリー・ピリオとのインタビュー。二〇一三年七月一八日。

第1章　組織の硬直化を打ち破る六つのルール

1　Gregory Fontenot and Ellyn Ogden, "Red Teaming: The Art of Challenging Assumption," presentation at PopTech Annual Ideas Conference, Camden, ME, October 21, 2011.
2　ポール・ヴァン・ライパーとのインタビュー。二〇一三年五月三一日。
3　ベンジャミン・ギラードとのインタビュー。二〇一三年一二月二〇日。
4　マーク・チャッシルとのインタビュー。二〇一四年四月九日。
5　デイビッド・ペトレイアス大将とのインタビュー。二〇一四年二月一九日。
6　ジャミ・ミシックとのインタビュー。二〇一二年五月二一日。
7　デイビッド・ペトレイアス大将とのインタビュー。二〇一四年二月一九日。
8　H・R・マクマスター中将とのインタビュー。二〇一四年一二月四日。
9　陸軍大佐とのインタビュー。二〇一三年六月一三日。
10　ケン・サウカとのインタビュー。二〇一四年五月九日。
11　スティーブ・エルソンとのインタビュー。二〇一三年六月一二日。
12　ウェイン・マッケラスとのインタビュー。二〇一三年八月二三日。
13　ジェイソン・ストリートとのインタビュー。二〇一三年九月二三日。
14　ブレンダン・マルバニー中佐とのインタビュー。二〇一四年五月一日。
15　チャールズ・ヘンダーソンとのインタビュー。二〇一四年三月一二日。
16　ダニエル・ガイセンホフ中佐及び海兵隊大佐とのインタビュー。二〇一四年五月一五日。
17　Scott Eidelman, Christian Crandall, and Jennifer Pattershall, "The Existence Bias," *Journal of Personality and Social Psychology*, 97(5), 2009, pp.765-775.
18　ロドニー・ファラオンとのインタビュー。二〇一四年五月二七日。
19　マリッサ・ミッチェルとのインタビュー。二〇一三年一〇月七日。
20　ジェームズ・ベイカー大佐とのインタビュー。二〇一四年一月一四日。
21　CIAレッドセルのメンバーとのインタビュー。二〇一四年五月一四日。
22　クリス・ニッカーソンとのインタビュー。二〇一四年六月一二日。
23　University of Foreign Military and Cultural Studies, *Liberating Structures Handbook*, p.27. このハンドブックは、レッドチームの四三の技、テクニック、そして手順を紹介している。
24　レイモンド・パークスとのインタビュー。二〇一四年六月一〇日。
25　ビル・グリーンバーグ中佐とのインタビュー。二〇一四年五月一〇日。
26　エリン・オグデンとのインタビュー。二〇一三年七月一〇日。
27　マーク・モンロー大佐とのインタビュー。二〇一四年五月一〇日。

28　ジェームズ・ウォーターズ大尉とのインタビュー。二〇一四年五月三一日。

29　ジェフ・モスとのインタビュー。二〇一三年九月二四日。

30　ジェームズ・ミラーとのインタビュー。二〇一四年五月二七日。

31　ロバート・ゲイツとのインタビュー。二〇一四年六月二四日。

32　Nuclear Regulatory Commission, "Frequently Asked Questions About Force-on-Force Security Exercises at Nuclear Power Plants," updated March 25, 2013, accessed March 17, 2015 [www.nrc.gov/security/faq-force-on-force.html].

33　ジェイソン・ストリートとのインタビュー。二〇一三年九月二三日。

34　キャサリン・ピアースとのインタビュー。二〇一四年六月三日。

第2章　軍がレッドチームを制度化した

1　Karl Moore, "The New Chairman of the Joint Chiefs of Staff on 'Getting to the Truth'," *Forbes* , October 20, 2011.

2　Office of Management and Budget, *Fiscal Year 2016 Budget of the U.S. Government*, February 2, 2015, p.134; Defense Manpower Data Center, "Department of Defense Active Duty Military Personnel by Rank/Grade," updated May 31, 2015, accessed June 23, 2015 [www.dmdc.osd.mil/appj/dwp/dwp_reports.jsp]; and Defense Manpower Data Center, "Department of Defense Selected Reserves by Rank/Grade," updated May 31, 2015, accessed June 23, 2015 [www.dmdc.osd.mil/appj/dwp/dwp_reports.jsp].

3　ランド研究所のエコノミストでありノーベル賞受賞者であるトーマス・シェリングのラジオインタビュー。ここで彼は冷戦期のブルーチームとレッドチームによる核戦争ゲームについて生々しく語っている。WGBH, "Interview with Thomas Schelling," March 4, 1986.

4　George Dixon, "Pentagon Wages Weird Backward Inning Game," *Cape Girardeau Southeast Missourian*, dist. King Features Syndicate, May 31, 1963, p.6.

5　Robert Davis, "Arms Control Simulation: The Search for an Acceptable Method," *Journal of Conflict Resolution*, 7(3), September 1, 1963, pp.590-603.

6　ジェームズ・ミラーとのインタビュー。二〇一四年五月二七日。

7　Joint Chiefs of Staff, *Joint Publication 2-0: Joint Intelligence*, October 22, 2014, p.I-28.

8　同前。

9　Department of Defense, *Department of Defense Base Structure Report FY2014 Baseline*, 2015, p.6.

10　Spiegel staff, "Inside TAO: Documents Reveal Top NSA Hacking Unit," *Der Spiegel*, December 29, 2013.

11　ブレンダン・コンロンとのインタビュー。二〇一四年四月一五日。

12　陸軍大佐とのインタビュー。二〇一四年一一月一日。

13　Nellis Air Force Base, "414th Combat Training Squadron 'Red Flag'," updated July 6, 2012; また、空軍大佐とのインタビュー。二〇一四年一一月二四日。

14　Mark Bowden, *Guests of the Ayatollah: The Iran Hostage Crisis: The First Battle in America's War with*

Militant Islam (New York: Grove Press, 2007), pp.452–461.

15　David C. Martin, "New Light on the Rescue Mission," *Newsweek*, June 30, 1980, p.18.

16　Bowden, *Guests of the Ayatollah: The Iran Hostage Crisis: The First Battle in America's War with Militant Islam*, pp.137 and 229.

17　Department of Defense, *Rescue Mission Report* (Washington, DC: Government Printing Office, August 23, 1980), p.22.

18　陸軍少将とのインタビュー。二〇一四年一一月一九日。及びStephen J. Gerras and Leonard Wong, *Changing Minds in the Army: Why It Is So Difficult and What to Do About It* (Carlisle Barracks, PA: U.S. Army War College Press, 2013), p.9.

19　ダニエル・ガイセンホフ中佐とのインタビュー。二〇一四年五月一五日。

20　ラムズフェルドは、八人の現役四つ星陸軍大将を飛び越して、引退中のシューメイカーを抜擢した。九人目のジョン・キーン大将は、最初に参謀長の地位を提示されたが、家族の事情でそれを断った。シューメイカーは二三八年間の陸軍の歴史の中でただ一人、退役した後に参謀長になった人物である。Donald Rumsfeld, *Known and Unknown: A Memoir* (New York: Penguin, 2011), p. 653; ピーター・シューメイカーとのインタビュー。二〇一四年一二月四日。また、ジョン・キーンとのインタビュー。二〇〇六年九月二七日。及び Paul Wolfowitz, "Remarks as Delivered by Deputy Secretary of Defense Paul Wolfowitz," Eisenhower National Security Conference, Washington, DC, September 14, 2004.

21　ピーター・シューメイカーとのインタビュー。二〇一四年一二月四日。

22　同前。及びHearing of the Senate Armed Services Committee, "Nominations Before the Senate Armed Services Committee," July 29, 2003.

23　同前。

24　スティーブ・ロトコフ大佐とのインタビュー。二〇一四年五月三日。

25　上院軍事委員会、戦略軍事小委員会による公聴会。"Hearings on Fiscal Year 2005 Joint Military Intelligence Program (JMIP) and Army Tactical Intelligence and Related Activities (TIARA)," April 7, 2004.

26　グレゴリー・フォンテノとのインタビュー。二〇一四年一二月一四日。

27　University of Foreign Military and Cultural Studies (UFMCS), *Liberating Structures Handbook*.

28　UFMCS, *The Applied Critical Thinking Handbook 7.0*, January 2015, accessed March 17, 2015 [usacac.army.mil/sites/default/files/documents/ufmcs/The_Applied_Critical_Thinking_Handbook_v7.0.pdf].

29　その大多数はアメリカ軍からの派遣だが、フォート・レブンワースのレッドチーム大学の近くにあるアメリカ陸軍指揮幕僚大学に通う士官候補生もこのコースを選択することができる。

30　レッドチーム大学は、フォーチュン五〇〇企業やコンサルタントが顧客フィードバックや顧客ロイヤリティーを測るために利用するネットプロモータースコアを使っている。

31　スティーブ・ロトコフ大佐とのインタビュー。二〇一四年一二月四日。

32 陸軍高官とのインタビュー。二〇一四年四月。

33 スティーブ・ロトコフ大佐とのインタビュー。二〇一二年三月二一日。及びマーク・モンロー大佐とのインタビュー。二〇一四年五月一〇日。

34 ペンタゴンの文官とのインタビュー。二〇一四年三月。

35 J7レッドチームとのEメールでのやりとり。二〇一四年三月。

36 スティーブ・ロトコフ大佐とのインタビュー。二〇一四年三月三日。

37 US Marine Corps, *35th Commandant of the Marine Corps Commandant's Planning Guidance*, 2010, p.12.

38 Maj. Ronald Rega, *MEF and MEB Red Teams: Required Conditions and Placement Options*, thesis for master of military studies, US Marine Corps, 2012–2013, p.17–18; ナポレオンと彼の将軍たちが作戦を練るために集まった時、ナポレオンは伍長を連れて来て会議の間にブーツを磨かせていた。伍長が会議の内容を聞くと分かっての事である。会議が終わった後で、ナポレオンはその伍長に、作戦を理解できたかどうかを聞いた。伍長が「はい」と言えば、ナポレオンは作戦を遂行することにし、もし彼が「いいえ」と言えば、作戦は却下された。参照：Dale Eikmeier, "Design for Napoleon's Corporal," *Small Wars Journal*, September 27, 2010.

39 Rega, *MEF and MEB Red Teams: Required Conditions and Placement Options*, pp.16–20.

40 Gidget Fuentes, "Amos Forms Front-Line Groups to Study Enemy," *Marine Corps Gazette*, December 21, 2010.

41 US Naval Institute Proceedings, "'We've Always Done Windows': Interview with Lt. Gen. James T. Conway," 129(11), November 2003, pp.32-34.

42 退役海軍大佐とのインタビュー。二〇一四年三月。

43 ブレンダン・マルバニー中佐とのインタビュー。二〇一四年五月一日。

44 ティモシー・マンディ大佐とのインタビュー。二〇一四年五月。

45 ジョン・トーラン中将とのインタビュー。二〇一四年六月二五日。

46 海軍大佐とのインタビュー。二〇一四年一一月二〇日。

47 ダニエル・ガイセンホフ中将及び海軍大佐とのインタビュー。二〇一四年三月一五日。

48 第二海兵遠征軍のレッドチームメンバーとスタッフとのインタビュー。二〇一四年二月から四月にかけて。

49 ホセ・アルマザン少佐とのインタビュー。二〇一四年三月一一日

50 ダン・ヤオ准将と、第一海兵遠征軍のレッドチームメンバーとのインタビュー。二〇一四年五月。

51 ジョン・トーラン中将とのインタビュー。二〇一四年六月二五日。

52 現旧のレッドチームメンバー及び海兵隊将校とのインタビュー（二〇一三年と一四年）。エイモス自身のレッドチームは「司令官シンクタンク」として戦略策定グループに組み入れられ、バージニア州クアンティコの海兵隊戦争開発司令部に置かれ、その後二〇一三年夏に国防総省内の海兵隊スタッフ長のオフィスに拠を移した。意思決定に影響を与える指揮官との接触のない海兵隊戦争開発司令部と違い、国防総省でのレッドチームは、女性の戦闘地域への配置など、政策決定を評価する力を与えられた。参照：US Marine Corps, "Strategic Initiatives

Group (SIG): ‘The Commandant’s Think Tank’,” accessed March 17, 2015 [www.hqmc.marines.mil/dmcs/Units/StrategicInitiativesgroup(SIG).aspx].

53　ブライアン・エリス中佐とのインタビュー。二〇一四年一一月二五日。また、ブライアン・エリス中佐とのEメールでのやりとり。二〇一五年一月三〇日。

54　ロン・レガ少佐は、海兵隊のレッドチームメンバーとして三年間勤務し、海兵隊大学でレッドチームの有効性について修士論文を執筆した。彼はその中でレッドチームについてこう書いている。「組織のどこにレッドチームを置くか、どのような課題にレッドチームが集中し、組織の他の部署にどうレッドチームが関わるかは、組織上層部の決定が必要になる」。Rega, *MEF and MEB Red Teams: Required Conditions and Placement Options*, p.43.

55　Melchor Antuñano, “Pilot Vision,” Federal Aviation Administration, 2002, p.3.

56　ウィリアム・ラスゴーシェック中佐とのインタビュー。二〇一四年一一月一七日。

57　P.L. 106–398, *Floyd D. Spence National Defense Authorization Act for Fiscal Year 2001*, sec. 213, “Fiscal Year 2002 Joint Field Experiment,” October 30, 2000.

58　Roxana Tiron, “‘Millennium Challenge’ Will Test U.S. Military Jointness,” *National Defense Magazine*, August 2001, p.20; Lt. Col. H.R. McMaster, “Crack in the Foundation: Defense Transformation and the Underlying Assumption of Dominant Knowledge in Future War,” US Army War College, November 2003; and Hearing of the Senate Armed Services Committee, Subcommittee on Emerging Threats and Capabilities, “Special Operations Military Capabilities, Operational Requirements, and Technology Acquisition in Review of the Defense Authorization Request for Fiscal Year 2003,” March 12, 2002.

59　Department of Defense, “Media Availability with Defense Secretary Rumsfeld and Norwegian MoD,” July 29, 2002.

60　Department of Defense, “General Kernan Briefs on Millennium Challenge 2002,” July 18, 2002.

61　ウィリアム・カーナン将軍とのインタビュー。二〇一四年六月二四日。

62　ランニング・スタート計画については、下記を参照。Bob Woodward, *Plan of Attack* (New York: Simon and Schuster, 2004), p.97.

63　Joint Warfighting Center, “Commander’s Handbook for an Effects-Based Approach to Joint Operations,” February 24, 2006, p.viii.

64　ポール・ヴァン・ライパー中将とのインタビュー。二〇一三年五月三一日。

65　Department of Defense, “General Kernan Briefs on Millennium Challenge 2002,” July 18, 2002.

66　Thom Shanker, “Iran Encounter Grimly Echoes ’02 War Game,” *New York Times*, January 12, 2008, p.A1.

67　ポール・ヴァン・ライパー中将とのインタビュー。二〇一四年五月二三日。

68　B・B・ベル将軍とのインタビュー。二〇一四年五月一九日。

69　ウィリアム・カーナン大将とのインタビュー。二〇一四年六月二四日。

70 同前。

71 ポール・ヴァン・ライパー中将とのインタビュー。二〇一三年五月三一日。

72 同前。

73 ポール・ヴァン・ライパー中将とのインタビュー。二〇一四年五月二三日。

74 Sean D. Naylor, "Fixed War Games?" *Army Times*, August 26, 2002, p. 8; Van Riper later acknowledged, "I knew that e-mail would get into the media because the OPFOR guys were so ticked off." ポール・ヴァン・ライパー中将とのインタビュー。二〇一四年五月二三日。

75 Department of Defense, "Gen. Kernan and Maj. Gen. Cash Discuss Millennium Challenge's Lessons Learned," September 17, 2002.

76 Naylor, "Fixed War Games?"

77 Department of Defense, "Pentagon Briefing," August 20, 2002.

78 US Joint Forces Command, "U.S. Joint Forces Command Millennium Challenge 2002: Experiment Report," undated.

79 同前、p.F-11.

80 Sandra Erwin, "'Persistent' Intelligence Feeds Benefit Air Combat Planners," *National Defense Magazine*, October 2002, pp.20–21.

81 B・B・ベル将軍とのインタビュー。二〇一四年五月一九日。

82 ウィリアム・カーナン大将とのインタビュー。二〇一四年六月二四日。

83 エリ・ゼイラ少将の、アグラナト委員会での証言。

84 Barbara Opall-Rome, "40 Years Later: Conflicted Accounts of Yom Kippur War," *Defense News*, October 6, 2013.

85 アグラナト委員会におけるモーシェ・ダヤンの証言。

86 Aryeh Shalev, *Israel's Intelligence Assessment Before the Yom Kippur War: Disentangling Deception and Distraction* (Portland, OR: Sussex Academic Press, 2010), p.viii.

87 Government of Israel, "Agranat Commission," 2008, accessed March 17, 2015 [www.knesset.gov.il/lexicon/eng/agranat_eng.htm].

88 Lt. Col. Shmuel, "The Imperative of Criticism," *Studies in Intelligence*, 1985, p. 65. This was originally printed in *IDF Journal*, 2(3), May 1985.

89 これは、調査ユニット、もしくは内部監査ユニットと訳されることもある。しかし、IDFの士官や内部資料は、これを単に「コントロール」と呼んでいる。

90 Zach Rosenzweig, "'The Devil's Advocate': The Functioning of the Oversight Department of [IDF] Military Intelligence," trans. Uri Sadot, Israel Defense Forces, April 10, 2013.

91 退役イスラエル軍高官とのEメールでのやりとり。二〇一四年六月二五日。及びYosef Kuperwasser, "Lessons from Israel's Intelligence Reforms," Saban Center for Middle East Policy, Analysis Paper no. 14, Brookings Institution, October 2007, p.4; また、元CIA高官とのインタビュー。二〇一四年一一月一三日。マウレケット・バカラの代替分析はアメリカの諜報機関にも知らされていたが、主に、問題がすでに終わってから伝えられていた。

92 ブルース・リーデルとのインタビュー。二〇一四年一一月一三日。

93　United Kingdom Ministry of Defence, *Red Teaming Guide*, second ed., January 2013, p.4-2.

94　Air Chief Marshal, Sir Jock Stirrup, Chief of Defence Staff, "RUSI Christmas Lecture," January 4, 2010.

95　開発概念及び教理センターのレッドチームメンバーとのインタビュー。二〇一五年四月二〇日。

96　トム・ロングランド准将とのインタビュー。二〇一四年一一月二五日。及びUnited Kingdom Ministry of Defence, *Red Teaming Guide*, pp.1-4, 2-2.

97　トム・ロングランド准将とのインタビュー。二〇一四年一一月二五日。また、ＤＣＤＣのレッドチームとのインタビュー。二〇一五年

98　United Kingdom Ministry of Defence, *Red Teaming Guide*, p.2-2.

99　ノーフォークにユニットを立ち上げるにあたり、高官とスタッフは「レッドチーム」や「レッドセル」という呼び名を嫌い、「代替分析」と呼びたがった。敵方のマインドセットを批判的に分析する役割と能力を強調するためだ。参照：North Atlantic Treaty Organisation, "Bi-Strategic Command Concept for Alternative Analysis (AltA)," April 23, 2012, p. 5; また、ＮＡＴＯ職員とのインタビュー。二〇一五年四月二三日。

100　ヨハネス・デ・ニスとのインタビュー。二〇一四年六月二〇日。

101　フィル・ジョーンズ中将とのインタビュー。二〇一四年六月二〇日。

102　同前。

103　ケビン・ベンソン大佐とのインタビュー。二〇一二年五月二一日。

104　ケビン・ベンソン大佐とのメールでのやり取り。二〇一四年七月一五日。

105　Defense Manpower Data Center, *Department of Defense Active Duty Military Personnel by Rank/Grade*, accessed July 17, 2014; and Congressional Budget Office, *Long-Term Implications of the 2013 Future Years Defense Program*, July 2012, p.14.

106　ジョン・トーラン中将とのインタビュー。二〇一四年六月二五日。

107　Malcolm Gladwell, "Paul Van Riper's Big Victory: Creating Structure for Spontaneity," in *Blink: The Power of Thinking Without Thinking* (New York: Little, Brown and Company, 2005), pp.99-146.

第3章　前提条件を逆転させる

1　Robert Gates, "The Prediction of Soviet Intentions," *Studies in Intelligence*, 17(1), 1973, p.46.

2　Office of the Director of National Intelligence, "DNI Releases Requested Budget Figure for FY 2016 Appropriations for the National Intelligence Program," February 2, 2015; and Department of Defense, "DoD Releases Military Intelligence Program Base Request for Fiscal Year 2016," February 2, 2015.

3　Richard Helms, *A Look over My Shoulder: A Life in the Central Intelligence Agency* (New York: Ballantine Books, 2003), p.237.

4　Paul Pillar, *Terrorism and U.S. Foreign Policy* (Washington, DC: Brookings Institution Press, 2001), p.114.

5　ほとんどの分析的な報告書は、ホワイトハウスと、国

家情報長官（一七のIC機関を管理する）が情報の分析と取り扱いの優先順位を定めた「国家情報の優先順位に関する枠組み」（NIPF：The National Intelligence Priorities Framework）の要請に従って作られるものである。他の分析的な報告は、上長の許可を得て分析官が自主的に作るものか、喫緊の課題に対応するために作られるものだ。

6　諜報機関高官とのインタビュー。二〇一四年五月。

7　二〇一五年三月、ジョン・ブレナン長官はCIAの再編成を発表した。最終的な組織体制は二〇一五年六月の時点では発表されていなかった。参照：CIA, Unclassified Version of March 6, 2015 Message to the Workforce from CIA Director John Brennan, "Our Agency's Blueprint for the Future," March 6, 2015.

8　CIA, *The Performance of the Intelligence Community Before the Arab-Israeli War of October 1973: A Preliminary Post-Mortem Report*, December 1973, p.22. 一九七三年、CIA長官リチャード・ヘルムズは「これまでにまったくない視点や相反する情報を表に出すシステムを開発するよう」諜報コミュニティに命じた。そうしたシステムは、必要に応じて「悪魔の代弁者」的な視点を提供し、敵の手順やテクニックを取得する役割を果たすものとされた。が、実際にはこの推奨は結局実行されなかった。

9　二〇一五年一月の命令文書ではこう述べられている。「アナリストは職務を遂行する際に必ず、自らの思い込みと理論を認識し、客観的に任務を行わなければならない。彼らは、論理的思考と、偏見を表に出し緩和するための実践的なメカニズムを用いる必要がある」。アナリストが日々の分析報告にこれを取り入れるのは不可能に近い、と本書でインタビューした多くのアナリストは語っていた。参照：Office of the Director of National Intelligence, *Intelligence Community Directive 203*, updated January 2, 2015, p.2.

10　アンドリュー・リープマンとのインタビュー。二〇一四年七月二三日。

11　カルメン・メディナとのインタビュー。二〇一四年六月二日。

12　グレゴリー・トレバートンとのインタビュー。二〇一四年一月六日。

13　マイケル・ヘイデン大将とのインタビュー。二〇一四年四月三〇日。

14　諜報コミュニティ高官とのインタビュー。二〇一四年四月。

15　マイケル・モレルとのインタビュー。二〇一四年四月一六日。

16　下院情報問題常設特別調査委員会による「世界的な脅威」についての公聴会。二〇一一年二月一〇日。

17　諜報コミュニティのアナリスト及び高官とのインタビュー。二〇一一年から二〇一四年にかけて。及びPaul Lehner, Avra Michelson, and Leonard Adelman, "Measuring the Forecast Accuracy of Intelligence Products," Mitre Corporation, December 2010.

18　CIA, "Estimate of Status of Atomic Warfare in the USSR," September 22, 1949, p.1.

19　CIA, "Declassified National Intelligence Estimates on the Soviet Union and International Communism," updated October 5, 2001, accessed March 17, 2015.

20　Albert Wohlstetter, "Is There a Strategic Arms Race?" *Foreign Policy*, 1974, pp.3-20; and Anne Hessing

Cahn, *Killing Détente: The Right Attacks the CIA* (University Park, PA: Pennsylvania State University Press, 1998), pp.11-13.

21　CIA, NIE 11-3/8-74, *Soviet Forces for Intercontinental Conflict Through 1985*, November 14, 1974, pp.10-11.

22　ホワイトハウスでの会話の覚書。一九七五年八月八日。

23　国防長官、国務副長官、CIAの覚書。"Trial Modification to the NIE Process," undated.

24　CIA長官（コルビー）から、フォード大統領への手紙。一九七五年一一月二一日。

25　大統領対外情報活動諮問会議長（チャーン）から、CIA長官（ブッシュ）への手紙。

26　George A. Carver, Note for the Director [of Central Intelligence], May 26, 1976.

27　Cahn, *Killing Détente: The Right Attacks the CIA*, p.139.

28　ロバート・ゲイツとのインタビュー。二〇一四年六月二四日。

29　Cahn, *Killing Détente: The Right Attacks the CIA*, p.153.

30　Richard Pipes, "Team B: The Reality Behind the Myth," *Commentary*, October 1986, pp.25-40.

31　ジャスパー・ウェルチ少将とのインタビュー。二〇一四年七月一日。ウェルチは当時、空軍の研究・分析局事務次官で、彼はソビエトがなぜ必要以上に大幅に防空網を拡大していたかについて研究していた。彼は空軍の上司から、Bチームに参加しないかと電話を受けて、「もちろん防空諮問委員会に入ります」と答えた。すると上司はこう言った。「戦略目標諮問委員会だ。断ることはできない」。

32　Cahn, *Killing Détente: The Right Attacks the CIA*, p.159, citing interview with Adm. Daniel Murphy, November 9, 1989.

33　CIA, "Intelligence Community Experiment in Competitive Analysis: Soviet Strategic Objectives an Alternative View Report of Team B," National Archives, December 1976.

34　Melvin Goodman, "Chapter 6," in *National Insecurity: The Cost of American Militarism* (San Francisco, CA: City Lights Books, 2013).

35　アン・ヘッシング・カーンは、チームBの実験に参加したほぼ全員をインタビューした。右派はCIAを攻撃し、全員がソ連との関係改善に反対していたと言う。「彼らの経歴と思想背景を見れば、一〇〇％完璧に答えを予測できました。彼らはソ連を嫌っていて、CIAの発見をまったく信用していませんでした」。アン・ヘッシング・カーンとのインタビュー。二〇一四年六月二日。

36　CIA, "Intelligence Community Experiment in Competitive Analysis: Soviet Strategic Objectives an Alternate View Report of Team B," pp.1 and 14.

37　CIA長官（ブッシュ）から国家情報評価書（NIE）受領者への覚書。

38　参照：Murrey Marder, "Carter to Inherit Intense Dispute on Soviet Intentions," *Washington Post*, January 2, 1977, p. A1. See also, Cahn, *Killing Détente: The Right Attacks the CIA*, p.179. 及び、同上、p.182, citing interview with Richard Pipes, August 15, 1990.

39　Senate Select Committee on Intelligence, Subcommittee on Collection, Production, and Quality,

"The National Intelligence Estimates A-B Team Episode Concerning Soviet Strategic Capability and Objectives," February 16, 1978.

40　ＣＩＡ長官（ブッシュ）から大統領対外情報活動諮問会議長（チャーン）への手紙。一九七七年一月一九日。

41　ジャスパー・ウェルチ少将とのインタビュー。二〇一四年七月一日。

42　Cahn, *Killing Détente: The Right Attacks the CIA*, p.160.

43　ロバート・ゲイツとのインタビュー。二〇一四年六月二四日。

44　Office of Rep. Pete Hoekstra, "Hoekstra Calls for Independent Red Team on Iran Nuclear Issue," October 6, 2009. ちなみに、二〇〇七年度のＮＩＥがレッドチームの評価を受けたのは、その重要な内容が以前のものと大きく異なっていたからである。この考え方は、後にまた再燃する。二〇一五年四月に元司法長官のマイケル・ミュケイジーと、元国土安全保障委員会上級顧問のケビン・キャロルは、上下両院の指導者は、安全保障の元高官たちに、イランに関する生の情報を自分で学び、必要なら政府に必応なデータを渡すよう要請し、情報に基づく判断をするように求めた。この、いわゆるＢチームが、その調査結果を、政府だけでなく議会リーダーや両党の大統領候補に定期的に知らせる必要があると述べていた。参照：Michael Mukasey and Kevin Carroll, "The CIA Needs an Iran 'Team B'," *Wall Street Journal*, April 14, 2015, p.A13.

45　Richard Clarke, *Against All Enemies: Inside America's War on Terror* (New York: Free Press, 2004), p.184.

46　諜報コミュニティ元高官とのインタビュー。二〇一四年五月。

47　National Commission on Terrorist Attacks upon the United States (herein 9/11 Comission), *The 9/11 Commission Report: The Attack from Planning to Aftermath*, 2004, p.117.

48　同前、p.116.

49　ブルース・リーデルとのインタビュー。二〇〇七年一月二三日。

50　Bill Clinton, *My Life* (New York: Knopf, 2004), p.803.

51　ジョン・ローダー、アル・シファ工場爆撃時の核不拡散センター代表とのインタビュー。二〇一四年六月二〇日。

52　ジャミ・ミシックとのインタビュー。二〇一四年六月九日。

53　メアリー・マッカーシーとのインタビュー。二〇一四年五月一五日。

54　フィリス・オークリーとジェームズ・ライゼンとのインタビュー。二〇一四年四月。及び James Risen, "To Bomb Sudan Plant, or Not: A Year Later, Debates Rankle," *New York Times*, October 27, 1999, p.A1.

55　諜報コミュニティ元高官とのインタビュー。二〇一四年五月。及び Vernon Loeb, "U.S. Wasn't Sure Plant Had Nerve Gas Role: Before Sudan Strike, CIA Urged More Tests," *Washington Post*, August 21, 1999, p.A01.

56　Risen, "To Bomb Sudan Plant, or Not: A Year Later, Debates Rankle," p.A1.

57　ポール・ピラー、アル・シファ工場爆撃時のＣＩＡ対テロリストセンター副長官とのインタビュー。二〇〇六年九月。少人数グループのメンバーとのインタビュー。

二〇一三年〜二〇一四年。
58 アンソニー・ジニ大将とのインタビュー。二〇〇八年二月。
59 アル・シファ攻撃の後、シェルトンはこう思った。「この情報に確信がなくなってきた。そして、このCIAの情報は、薬の工場ではなく、そこから一〇〇ヤード離れた所で収集されたことが分かった。しかもその土壌サンプルは二年前のものだった。参照：Gen. Hugh Shelton with Ronald Levinson and Malcolm McConnell, *Without Hesitation: The Odyssey of an American Warrior* (New York: St. Martin's Press, 2010), p.350.
60 元ホワイトハウス高官とのインタビュー。二〇一四年五月。
61 Daniel Pearl, "New Doubts Surface over Claims That Plant Produced Nerve Gas," *Wall Street Journal*, August 28, 1998.
62 George Tenet, with Bill Harlow, *At the Center of the Storm: My Years at the CIA* (New York: HarperCollins, 2007), p.117.
63 「米国へのテロ攻撃について」のウィリアム・S・コーエンから全米委員会への証言。二〇〇四年三月二三日。
64 ジャミ・ミシックとのインタビュー。二〇一四年六月九日。
65 トーマス・ピカリングとのインタビュー。二〇一四年四月二一日。
66 以下のセクションは、現旧のCIA職員、諜報コミュニティの高官とスタッフ、その他の政府高官、そしてテネットとビル・ハーロウのインタビューを基にしている。*At the Center of the Storm*, pp.194-195.
67 同前、p.185.
68 デイビッド・ペトレイアス大将とのインタビュー。二〇一四年二月一九日。
69 カルメン・メディナとのインタビュー。二〇一四年六月二日。
70 ジャミ・ミシックとのインタビュー。二〇一四年三月二一日。
71 ポール・フランダーノとのインタビュー。二〇一三年六月一八日。
72 フィリップ・マッドとのインタビュー。二〇一四年四月。CIAレッドセルの初期にテネットの分析官だったロドニー・ファラオンは、レッドセルが発行していた三ページの報告書について、こんな風に語っている。「使えるものもあったが、バカらしいものもあった。でもみんながそれを読んでいた」ロドニー・ファラオンとのインタビュー。二〇一四年五月二七日。
73 ポール・フランダーノとのインタビュー。二〇一三年六月一八日。
74 マイケル・ヘイデン大将とのインタビュー。二〇一四年一月二一日。
75 ジェームズ・ベイカー大佐とのインタビュー。二〇一四年一月一四日。
76a CIA Red Cell Memorandum, "Afghanistan: Sustaining West European Support for the NATO-led Mission," March 11, 2010, released by Wikileaks, March 26, 2010.
76 P.L. 108-458, *Intelligence Reform and Terrorism Prevention Act of 2004*, sec. 1017, "Alternative Analysis of Intelligence by the Intelligence Community," US Congress, December 17, 2004.
77 デイビッド・ペトレイアス大将とのインタビュー。二〇一四年二月二九日。

78 スティーブン・ハドリーとのインタビュー。二〇一四年六月一二日。

79 すべてを開示：作者はフォーリン・ポリシー誌のコラムニスト。

80 ロバート・ゲイツとのインタビュー。二〇一四年六月二四日。

81 諜報コミュニティ高官とのインタビュー。二〇一四年二月。

82 マイケル・ヘイデン大将とのインタビュー。二〇一四年一月二一日。

83 スティーブン・ハドリーとのインタビュー。二〇一四年六月一二日。

84 CIAレッドセルのメンバーとのインタビュー。二〇一四年三月二六日。

85 マイケル・モレルとのインタビュー。二〇一四年四月一六日。

86 Joby Warrick, *The Triple Agent: The Al-Qaeda Mole Who Infiltrated the CIA* (New York: Vintage Books, 2011), p.206.

87 Gates, *Duty: Memoirs of a Secretary at War*, p.539.

88 諜報コミュニティ高官とのインタビュー。二〇一四年三月と四月。及びMark Owen, with Kevin Maurer, *No Easy Day: The Firsthand Account of the Mission that Killed Osama Bin Laden* (New York: Penguin, 2012), pp.15-26.

89 Michael Morell, with Bill Harlow, *The Great War of Our Time: The CIA's Fight Against Terrorism From Al Qa'ida to ISIS* (New York: Twelve, 2015), p.160.

90 Tim Starks, "Feinstein: Tip on Bin Laden May Not Have Come from Harsh Interrogations," *Congressional Quarterly Today*, May 3, 2011.

91 ダンドレアの情報については、以下を参照。Greg Miller, "At CIA, a Convert to Islam Leads the Terrorism Hunt," *Washington Post*, March 24, 2012; and Mark Mazzetti and Matt Apuzzo, "Deep Support in Washington for C.I.A.'s Drone Missions," *New York Times*, April 25, 2015, p.A1.

92 ロバート・ゲイツとのインタビュー。二〇一四年六月二四日。

93 Mark Bowden, *The Finish: The Killing of Osama Bin Laden* (New York: Grove Press, 2012), p.163; and Seth G. Jones, *Hunting in the Shadows: The Pursuit of Al Qa'ida Since 9/11* (New York: W.W. Norton, 2012), p.424.

94 Morell, with Harlow, *The Great War of Our Time: The CIA's Fight Against Terrorism from Al Qa'ida to ISIS*, p.160.

95 マイケル・ライターとのインタビュー。二〇一四年一月二一日。

96 ホワイトハウス高官とのインタビュー。二〇一四年四月。

97 マイケル・ライターとのインタビュー。二〇一四 一月二一日。

98 アンドリュー・リープマンとのインタビュー。二〇一四年七月二三日。

99 マイケル・モレルとのインタビュー。二〇一四年四月一六日。

100 Jeffrey Friedman and Richard Zeckhauser, "Handling and Mishandling Estimative Probability:

"Likelihood, Confidence, and the Search for Bin Laden," *Intelligence and National Security*, May 2014, pp.12 and 20.

101 マイケル・ライターとのインタビュー。二〇一四年一月二一日。アンドリュー・リープマンとのインタビュー。二〇一四年七月二三日。

102 Peter Bergen, *Manhunt: The Ten-Year Search for Bin Laden from 9/11 to Abbottabad* (New York : Crown Publishing, 2012), p.196.

103 Bowden, *The Finish: The Killing of Osama Bin Laden*, p.161.（ビン・ラディン暗殺）作戦の三日後、オバマは"60 Minutes"の記者、スティーブ・クロフトとのインタビューでこう語った。「正直に言って作戦の成功確率はほぼ五分五分だった。確実にビン・ラディンがあそこに居たとはまだ言えなかったんだ」

104 オバマの（ビン・ラディンに関する）五分五分という推測は、人が相反する複雑な情報をどのように処理しがちかを示している。参照：Baruch Fischhoff and Wändi Bruine de Bruin, "Fifty-Fifty = 50%?," *Journal of Behavioral Decision making 12* (2), 1999, pp.149-163.

105 諜報コミュニティ高官とのインタビュー。二〇一四年三月から四月にかけて。及び Leon Panetta, *Worthy Fights* (New York, Penguin Press, 2014), pp.314-315.

106 マイケル・モレルとのインタビュー。二〇一四年四月一六日。政府高官とのインタビュー。二〇一四年二月。モレルは六〇％の確率だと見ていたが、ビン・ラディン殺害の重要性を鑑み、シールズによる突撃を助言した。参　照：Morell, with Harlow, *The Great War of Our Time: The CIA's Fight Against Terrorism from Al Qa'ida to ISIS*, p.161.

107 ロバート・ゲイツとのインタビュー。二〇一四年六月二四日。

108 Bergen, *Manhunt: The Ten-Year Search for Bin Laden from 9/11 to Abbottabad*, p.196.

109 マイケル・ライターとのインタビュー。二〇一四年一月二一日。アンドリュー・リープマンとのインタビュー。二〇一四年七月二三日。

110 政府高官とのインタビュー。二〇一四年二月。

111 アンドリュー・リープマンとのインタビュー。二〇一四年七月二三日。

112 ロバート・ゲイツとのインタビュー。二〇一四年六月二四日。

113 スティーブン・ハドリーとのインタビュー。二〇一四年六月一二日。

114 ホワイトハウス高官とのインタビュー。二〇一四年四月。

第４章　もし自分がテロリストだったらどう考えるか？

1 ボグダン・ザコビッチとのインタビュー。二〇一三年六月一一日。

2 スティーブン・スローンとのインタビュー。二〇一四年七月九日。及びStephen Sloan, "Almost Present at the Creation: A Personal Perspective of a Continuing Journey," *Journal of Conflict Studies*, 24(1), 2004, pp.120-134.

3 スローンの論文のタイトルは以下の通り。"An Examination of Lucian W. Pye's Theory of Political Development: Through a Case Study of the Indonesian Coup of 1965" (University of Michigan–Ann Arbor, 1968).

4 このシリーズは一九七四年の七月二八日、"Israelis Live with Tensions." という記事で始まった。

5 Stephen Sloan, "International Terrorism' Being Taught in OU Classroom," *ADA Evening News*, May 5, 1977, p.7C. この記事の中でスローンは、こう警告をしていた。「暴徒が田舎役人を襲うのと、少人数の集団が近代的な都市の電力網を破壊するのとでは、まったくレベルの違う話だ」。

6 「ライラ」は、パレスチナ解放人民戦線の活動家であり飛行機ハイジャック犯であるライラ・カリドを指す暗号名だ。彼女は一九六九年八月のＴＷＡ八四〇便のハイジャックと、一九七〇年のヨルダンで起きた黒い九月事件で有名である。引用は、スティーブン・ハドリーとのインタビュー。二〇一四年七月九日から。

7 同前。机上訓練の結果、ＮＹ市警は機密の手段で緊急時にテロリストの通信端末を無力化する手段を身につけた。

8 US Department of State, Office of Combating Terrorism, *Terrorist Skyjackings: A Statistical Overview of Terrorist Skyjackings from January 1968 Through June 1982*, 1982.

9 Six-part series in The Oklahoman, July 28, 1974, September 30, 1974, October 2-4, 1974; six-part series in *The Oklahoman*, November 12-19, 1975; Stephen Sloan and Richard Kearney, "An Analysis of a Simulated Terrorist Incident," *The Police Chief*, June 1977, pp. 57-59; and Stephen Sloan, "Stimulating Terrorism: From Operational Techniques to Questions of Policy," *International Studies Notes*, 5(4), 1978.

10 Sloan, "Almost Present at the Creation: A Personal Perspective of a Continuing Journey.

11 Stephen Sloan and Robert Bunker, *Red Teams and Counterterrorism Training* (Norman, OK: University of Oklahoma Press, 2011), pp.91-101.

12 アメリカ国土安全保障省高官とのインタビュー。二〇一四年三月一一日。及びDHS, *U.S. Department of Homeland Security Annual Performance Report: Fiscal Years 2014-2016*, February 2, 2015, p.119.

13 アメリカ国土安全保障省高官とのインタビュー。二〇一四年三月一二日

14 Jason Miller, "DHS Teams Hunt for Weaknesses in Federal Cyber Networks," *Federal News Radio*, July 11, 2012.

15 上院通商・科学・交通委員会での公聴会。"Are Our Nation's Ports Secure? Examining the Transportation Worker Identification Credential Program," May 10, 2011.

16 ウェイン・マッケラス米国政府監査院特別調査部ディレクターとのインタビュー。二〇一三年八月一三日。the standards for GAO and all government vulnerability probes can be found in the "yellow book." See GAO, "Government Auditing Standards," December 2011.

17 GAO, "Border Security: Summary of Covert Tests and Security Assessments for the Senate Committee on Finance, 2003-2007," May 2008, p.3.

18 GAO, "Border Security: Additional Steps Needed to Ensure that Officers Are Fully Trained," December 2011, p.4.

19 GAO, "Border Security: Summary of Covert Tests

and Security Assessments for the Senate Committee on Finance, 2003–2007," May 2008, pp.8–12.

20 GAO, "Combating Nuclear Smuggling: Risk-Informed Cover Assessments and Oversight of Corrective Actions Could Strengthen Capabilities at the Border," September 2014, pp.14-15.

21 GAO, "Border Security: Additional Steps Needed to Ensure That Officers Are Fully Trained," December 2011 [www.gao.gov/products/GAO-12-269]. 参照："Recommendations."

22 同前、pp.2 and 10.

23 Mark Holt and Anthony Andrews, "Nuclear Power Plant Security and Vulnerabilities," Congressional Research Service, January 3, 2014, p.9.

24 Christine Cordner, "PG&E Offers More Details on Substation Attack, Tallies Up Recovery Cost at $15M," SNL Federal Energy Regulatory Commission, June 25, 2014.

25 Richard Serrano and Evan Halper, "Sophisticated but Low-tech Power Grid Attack Baffles Authorities," *Los Angeles Times*, February 11, 2014, p.A1.

26 Pacific Gas and Electric, "PG&E Announces Reward for Information on Metcalf Substation Attack," April 10, 2014.

27 David Baker, "Thieves Raid PG&E Substation Hit by Snipers in 2013," Sfgate.com, August 28, 2014.

28 Rebecca Smith, "Assault on California Power Station Raises Alarm on Potential for Terrorism," *Wall Street Journal*, February 5, 2014, p.A1.

29 Cordner, "PG&E Offers More Details on Substation Attack, Tallies Up Recovery Cost at $15M."

30 Rebecca Smith, "Grid Terror Attacks：U.S. Gorvernment Is Urged to Take Steps for Protection," *Wall Street Journal*, July 6, 2014.

31 スティーブ・エルソンとのインタビュー。二〇一三年六月一二日。

32 *Report of the President's Commission on Aviation Security and Terrorism*, May 15, 1990.

33 同前、p.ii.

34 P.L. 104-264, *Federal Aviation Reauthorization Act of 1996*, sec. 312, "Enhanced Security Programs," October 9, 1996; and 9/11 Commission, Memorandum for the Record, Interview with Bruce Butterworth, former Director for Policy and Planning at the FAA, September 29, 2003, p.5.

35 一九九三年から二〇〇〇年まで民間航空警備部で管理次官を務めたのは、キャサル・フリンだった。連邦航空局のレッドチームを監督する責任について訊ねられたフリンは、困惑気味にこう答えた。「連邦航空局のセキュリティでレッドチームを利用したことはありません」。これは明らかに事実とは違うが、連邦航空局のレッドチームが民間航空警備部にほとんど影響を与えなかったという証拠でもある。キャサル・フリン海軍少将とのEメールのやりとり。二〇一四年五月二〇日。

36 GAO, "Aviation Safety: Weaknesses in Inspection and Enforcement Limit FAA in Identifying and Responding to Risks," February 1998, pp.7–8, 24, and 61–62.

37 フリンは九・一一調査委員会に、こう語った。「レッドチームのテストは意図的に簡単なものにされた。もし失敗が明らかなら、航空会社に罰金を科しやすくなるからだ」。しかし、明らかな失敗が数多く発見されたにもかかわらず、罰金が科された例はなかった。九・一一調査委員会報告書「キャサル・フリンとのインタビュー」二〇〇三年九月九日。

38　スティーブ・エルソンとのインタビュー。二〇一三年六月一二日と二〇一四年六月一一日。

39　U.S. Department of Transportation (DOT), Office of Inspector General, *Semiannual Report to the Congress*, October 1, 1999–March 31, 2000, p.17.

40　エレイニー・キャプラン〝特別顧問〟から大統領への書簡。"Re: OSC File No. DI-02-0207," March 18, 2003, p.4.

41　たとえば、一九九三年から一九九六年まで連邦航空局の局長だったデイビッド・ヒンソンは、ミッドウェイ航空の共同創業者だった。一九九六年から一九九七年にかけてリンダ・ダシェルが局長になった。彼女は、航空業界の主なロビー団体である航空運送協会のロビイスト長だった。一九九七年から二〇〇二年まで局長を務めたのは、ローガン国際空港のディレクターだったジェーン・ガーヴェイである。参照：Public Citizen, *Delay, Dilute and Discard: How the Airline Industry and the FAA Have Stymied Aviation Security Recommendations*, October 2001; and Doug Ireland, "I'm Linda, Fly Me," *LA Weekly*, January 16, 2003.

42　Jim Morris, "Since Pan Am 103 a 'Façade of Security'," *U.S. News & World Report*, 130 (7), February 19, 2001, p.28.

43　GAO, *Aviation Security: Long-Standing Problems Impair Airport Screeners' Performance*, June 2000, p.7. In 1997, the FAA declared that the results of airport screeners' performances would henceforth be sensitive security information, and could therefore not be released.

44　Deborah Sherman, Investigative Report, Fox 25, May 6, 2001. この報告書は、サリバンによるこのような警告の手紙と共に届けられた。「ジハードを信じるテロリストが、飛行機に乗って全員を道連れにするのが難しいだろうか？　国内便が同日に何便も乗っ取られたらどうなるかを想像してほしい。問題は、現在の検査体制なら、それがとても簡単にできてしまうということだ。現在、直面している脅威を考えると、それが起きてもまったく不思議ではない」。その手紙と報告書は同時に運輸省の監査長官に届けられたが、ザコビッチが何度も警告したにもかかわらず、彼はそれを調査しないことに決めた。

45　*The 9/11 Commission Report: The Attack from Planning to Aftermath*, pp.242-245.

46　九・一一の調査委員会は、それから一三か月後まで組織されなかった。アメリカの歴史で最も犠牲者の多い大規模テロ攻撃への調査に強く抵抗していたブッシュ大統領は、二〇〇二年一一月に姿勢を変え、ヘンリー・キッシンジャーを議長とする委員会を招集した。

47　Office of Special Counsel, "U.S. Office of Special Counsel Sends Report Confirming Gross Mismanagement of FAA's Red Team, Resulting in Substantial and Specific Danger to Public Safety," March 18, 2003.

48　Hearing of the House Committee on Homeland Security, Subcommittee on Transportation Security,

"Examining TSA's Cadre of Criminal Investigators," January 28, 2014; Hearing of the House Homeland Security Committee Transportation Security Subcommittee, "Transportation Security Administration's Efforts to Advance Risk-Based Security," March 14, 2013; また、ボグダン・ザコビッチとのインタビュー。二〇一三年六月一一日。こうした覆面調査は、メディアによって誤った形で「レッドチーム」テストとして伝えられた。しかし実際には、会計士などの「専門的な背景知識やトレーニングの全くない」監査員がこのテストを行っていた。参照：Hearing of the Senate Committee on Homeland Security and Governmental Affairs, "Transportation Security Administration Oversight," June 9, 2015. これらの保安上の欠陥が明らかになったことから、ＴＳＡの現役管理官だったメルビン・キャラウェイはＤＨＳに異動させられた。

49 "Press Release: Enhanced Security Measures at Certain Airports Overseas," US Department of Homeland Security, Transportation Security Administration, July 6, 2014.

50 Evan Booth, "Terminal Cornucopia," presentation at SkyDogCON 2013, Nashville, TN, October 26, 2013, accessed March 17, 2015 [www.youtube.com/watch?v=PiGK2rk5524].

51 上院歳出委員会と上院予算委員会、運輸小委員会の公聴会。"Federal Aviation Administration: Challenges in Modernizing the Agency," February 3, 2000.

52 9/11 Commission, Memorandum for the Record, "Interview with Bruce Butterworth, former Director for Policy and Planning at the FAA," September 29, 2003, p.6.

53 Federation of American Scientists, *The Menace of MANPADS*, 2003.

54 Colin Powell, Comments to Asia-Pacific Economic Cooperation Forum, Bangkok, Thailand, October 18, 2003.

55 P. L. 108-458, *Intelligence Reform and Terrorism Prevention Act of 2004*, US Congress, December 17, 2004.

56 GAO, *Aviation Security: A National Strategy and Other Actions Would Strengthen TSA's Efforts to Secure Commercial Airport Perimeters and Access Controls*, September 2009, p.21.

57 James Chow et al., *Protecting Commercial Aviation Against the Shoulder-Fired Missile Threat* (Santa Monica, CA: RAND Corporation, 2005), p.15.

58 Paul May, "Going Gaga for Online Radio," *Guardian*, January 9, 2003, p.5.

59 U.S. Department of State, Bureau of Political-Military Affairs, "MANPADS: Combating the Threat to Global Aviation from Man-Portable Air Defense Systems," July 27, 2011.

60 Office of the Director of National Intelligence, Press Briefing with Intelligence Officials, July 22, 2014.

61 Kirk Semple and Eric Schmitt, "Missiles of ISIS May Pose Peril for Aircrews in Iraq," *New York Times*, October 27, 2014, p.A1.

62 John Pistole, "TSA: Toward a Risk-Based Approach to Aviation Security," presentation at the Aspen

Security Forum, Aspen, CO, July 24, 2014; and Rory Jones, Robert Wall, and Orr Hirschauge, "Attacks Spur Debate on Antimissile Systems for Passenger Jets," *Wall Street Journal*, July 24, 2014, p.A8.

63　Cathy Scott-Clark and Adrian Levy, *The Siege: 68 Hours Inside the Taj Hotel* (New York: Penguin Books, 2013); and Angel Rabasa et al., "The Lessons of Mumbai," Occasional Paper, RAND Corporation, January 2009.

64　N.Y.P.D Intelligence Division, "Mumbai Attack Analysis" (Law Enforcement Sensitive Information as of December 4, 2008).

65　レイ・ケリー長官とのインタビュー。二〇一四年一月。及びHearing of the Senate Committee on Homeland Security and Governmental Affairs, "Lessons from the Mumbai Terrorist Attacks," January 8, 2009.

66　ジェームズ・ウォーターズ大尉及び「ボブ」とのインタビュー。二〇一四年三月三一日。

67　レイ・ケリー長官とのインタビュー。二〇一四年一月。

68　ジェームズ・ウォーターズ大尉及び「ボブ」とのインタビュー。二〇一四年三月三一日。

69　*Star Trek II: The Wrath of Khan*, directed by Nicholas Meyer (Paramount Pictures, 1982).

70　ミッチェル・シルバーとのインタビュー。二〇一四年三月六日。

71　ニューヨーク市警高官とのインタビュー。二〇一四年一月から三月にかけて。

72　二〇一五年一月、この取組みは、首都戦略対応グループとして正式に組織された。三週間前に起きたシャルリー・エブドの事件のような複数のガンマンによるテロリスト攻撃に対応するような、専門の警官が増員された。参照："Police Commissioner Bratton's Remarks at the 'State of the NYPD'," Police Foundation, January 29, 2015.

73　同前。室内演習の結果、ニューヨーク市警は危機状況でテロリストの通信端末を無力化するような秘密の手段を開発し実行した。

74　同前、Patrice O'Shaughnessy, "NYPD Learns Lessons from Mumbai Terrorist Attack that Killed 174," *New York Daily News*, February 15, 2009, p.16.

75　Sean Gardiner, "NYPD Trains for New Type of Attack," *Wall Street Journal*, December 20, 2010, p.A21.

76　参照："Raymond Parks," LinkedIn, accessed March 17, 2015 [www.linkedin.com/in/raymond-parks-a75566].

77　レイモンド・パークスとのインタビュー。二〇一四年六月。

78　US Air Force, *Air Force System Safety Handbook*, Air Force Safety Agency, July 2000, p.121.

79　iMPERVA, "Red Teaming, an Interview with Ray Parks of Sandia National Labs (SNL)," 2009.

80　Kevin Robinson-Avila, "Sandia Shows Off New Testing Complex," *Albuquerque Journal*, May 9, 2014; and Hearing of the House Armed Services Committee, "Nuclear Weapons Modernization Programs: Military, Technical, and Political Requirements for the B61 Life Extensions Program and Future Stockpile Strategy," October 23, 2013.

81　マイケル・スクローチとのインタビュー。二〇一四年六月から七月。

82　サミュエル・バーナドとのインタビュー。二〇一四年七月一五日。
83　Sandia National Laboratories, "Assessment Choices: When Choosing Sandia Makes Sense," undated.
84　実際には、政府スポンサーとIDARTの間で作業内容の合意ができると、国家核安全保障局がいつもレッドチームプロジェクトに許可を与えていた。具体的には、ロッキード・マーティンの子会社であるサンディア社が、サンディア国立研究所を運営する契約を国家核安全保障局と交わして年間二七〇〇万ドルを受け取っており、その中にIDARTの仕事からの少額の報酬も含まれていた。Dan Mayfield, "New Lockheed Sandia Contract Finalized Today," *Albuquerque Business First*, April 30, 2014.
85　SCADAは工業制御システムと互換的に使われる。国家安全保障局の元ハッカーでIDARTに所属していたボブ・スタシオによると、IDARTは二四時間稼働が必須の情報インフラシステムのセキュリティ評価に特に効果があった。スタシオとのインタビュー。二〇一四年六月三〇日。参照：Department of Homeland Security (DHS), National Cybersecurity and Communications Integration Center, "Internet Accessible Control Systems At Risk," ICS-CERT Monitor, January–April 2014.
86　サミュエル・バーナドとのインタビュー。二〇一四年七月一五日。
87　この番組は、二〇〇三年四月二四日に放送された。スクローチは「国立研究所がインフラに影響を与えられないなんて、ありえない。その質問は重要じゃない。重要なのは、どんな種類の敵がそれをできるかを理解することだ！」と言いたかったらしい。マイケル・スクローチとのインタビュー。二〇一四年六月から七月。
88　IDARTのメンバーによれば、インビクタがビクター・シャイモフのものだったということが、特筆すべき点だという。彼は、アメリカに亡命する前は元NSAのハッカーを雇ってソ連版のNSAを動かしていた男だったのだ。
89　GAO, "Supply Chain Security: DHS Should Test and Evaluate Container Security Technologies Consistent with All Identified Operational Scenarios to Ensure the Technologies Will Function as Intended," September 2010, p.3; and Mark Greaves, "Ultralog Survivable Logistics Information Systems," PowerPoint presentation, Defense Advanced Research Projects Agency, September 2002, slide 37.
90　Sandia National Laboratories, "Keep Telling Yourself: 'The Red Team Is My Friend . . .'," 2000.
91　ディノ・ダイ・ゾヴィとのインタビュー。二〇一四年七月一八日。
92　マイケル・スクローチとのEメールでのやりとり。二〇一四年六月四日。
93　Sandia National Laboratories, "Red Teaming for Program Managers," accessed March 17, 2015 [www.idart.sandia.gov/methodology/RT4PM.html].
94　マイケル・スクローチとのインタビュー。二〇一四年六月四日。
95　サンディアのユニットに二〇〇五年から二〇〇八年にかけて所属したマーク・マテスキは、IDARTは非専門家にも分かりやすい手法を開発することに特化していたと言う。しかし、こうした汎用化の欠点は、創造性が抑えられたり、脆弱性検知がおざなりになってしまうことだった。マーク・マテスキとのインタビュー。二〇一四年七月二五日。

96　IDARTのメンバーたちとのインタビュー。二〇一四年五月から七月。

97　下院監視・政府改革委員会の公聴会。"Addressing Concerns about the Integrity of the U.S. Department of Labor's Jobs Reporting," June 6, 2012.

98　Scott Maruoka, *CleanSweep Red Team Report*, Sandia Report SAND2011, Sandia Laboratories Information Design Assurance Red Team, August 2011, p.9.

99　同前、p. 11.

100　Denny Gulino, "US Labor Department Told 'Stealthy' Adversaries Could Steal Data," *Market News International*, July 11, 2012.

101　Scott Maruoka, "*CleanSweep Mitigation Measures Acceptance Testing*," Sandia Laboratories Information Design Assurance Red Team, November 2012.

102　Department of Defense, *Joint Service Chemical and Biological Defense Program*, FY00–02 Overview, September 2001, p.64.

103　サミュエル・バーナドとのインタビュー。二〇一四年七月一五日。

第5章　会社の中にレッドチームを持つ

1　Dan Verton, "Companies Aim to Build Security Awareness," *Computerworld*, November 27, 2000, p.24.

2　もちろん、役員たちと従業員たちはレッドチーム訓練を行う際に、社内の守秘義務契約にサインしている。

3　US Census Bureau, Center for Economic Studies, "Business Dynamics Statistics 1976–2012," updated 2012; and US Department of Labor Bureau of Labor Statistics, "Business Employment Dynamics: Establishment Age and Survival Data," updated November 19, 2014.

4　Business Wire, "Lex Machina Releases First-Ever Patent Litigation Damages Report," June 25, 2014.

5　H. Lee Murphy, "Saving More by Using Less: Efficiency Investments Can Pay Off over Time," *Crain's Chicago Business*, vol. 35, March 26, 2012, p. 23; and Sieben Energy Associates, "Strategic Consulting," accessed March 17, 2015 [www.siebenenergy.com/services/strategicconsulting.aspx].

6　BAE Systems, "Testing and Lab Services.

7　John Gilbert, "Cyber Security A Must for Telcos, Banks," *Malaysian Reserve*, April 21, 2014.

8　PR Newswire, "360 Advanced Warns About Insider Threats: Is Your Data Already Out There and You Don't Know It?" June 10, 2014.

9　Ram Shivakumar, "How to Tell Which Decisions Are Strategic," *California Management Review*, 56(3), 2014, pp.78–97.

10　International Business Machines, *Chief Executive Office Study*, 2010, p.54.

11　Henry Mintzberg, *The Rise and Fall of Strategic Planning: Reconceiving Roles for Planning, Plans, Planners* (New York: The Free Press, 1984); Kees van der Heijden, *Scenarios: The Art of Strategic Conversation*, second ed. (West Sussex, UK: John Wiley and Sons, 2005); and Thomas Chermack, *Scenario Planning in Organizations: How to Create, Use, and Assess Scenarios* (San Francisco, CA: Berrett-Kohler Publishers, 2011).

12　James March and Herbert Simon, *Organizations* (New York: John Wiley and Sons, 1958), p.185. グレシャムの法則とは、新しい貨幣が貴金属の含有量の多い古い貨幣と同じ額面で流通されたときに起きることを説明する、経済原則だ。実質価値の高い古い貨幣を人々が集めるために、それが流通過程から駆逐される。なぜなら金属含有量の多い古い貨幣の方が、額面価値より実質価値が高いからだ。参照："Gresham's law," Merriam Webster Dictionary, accessed March 17, 2015 [www.merriam-webster.com/dictionary/gresham's%20law].

13　William Torbert, *The Power of Balance: Transforming Self, Society, and Scientific Inquiry* (London, UK: Sage, 1991).

14　Paul Carroll and Chunka Mui, *Billion Dollar Lessons: What You Can Learn from the Most Inexcusable Business Failures of the Last 25 Years* (New York: Penguin Putnam, 2009), p.234.

15　ジャミ・ミシックとのインタビュー。二〇一四年六月九日。

16　これは、社員に問題を考え見つけ出す余裕があることを前提にしている。一一か国七〇〇〇人の社員を対象にした二〇一四年の調査によれば、創造的な思考をする定期的な時間があると答えたアメリカ人は、たった五六%で、創造的な環境にいると答えたのは五二%だった。参照：Jack Morton Worldwide, "Creativity: How Business Gets to Eureka!" June 2014.

17　イーサン・バリスとのインタビュー。二〇一四年六月二〇日。

18　Darcy Steeg Morris, *Cornell National Social Survey 2009* (Ithaca, NY: Cornell University Survey Research Institute, 2009).

19　Ethan Burris, "The Risks and Rewards of Speaking Up: Managerial Responses to Employee Voice," *Academy of Management Journal*, 55(4), 2012, pp. 851–875; さらに悪いことに、能力に自信のない管理職は、社員からの改善アイデアを避けたり軽んじたりする傾向が高い。そうしたアイデアが、すでに傷ついた自我にますます追い打ちをかけるからだ。参照：Nathanael Fast, Ethan Burris, and Caroline Bartel, "Managing to Stay in the Dark: Managerial Self-efficacy, Ego Defensiveness, and the Aversion to Employee Voice," *Academy of Management Journal*, 57(4), August 2014, pp.1013–1034.

20　James Detert, Ethan Burris, David Harrison, and Sean Martin, "Voice Flows to and Around Leaders: Understanding When Units Are Helped or Hurt by Employee Voice," *Administrative Science Quarterly*, 58(4), 2013, pp.624–668.

21　イーサン・バリスとのインタビュー。二〇一四年六月二〇日。

22　James Detert and Amy Edmondson, "Everyday Failures in Organizational Learning: Explaining the High Threshold for Speaking Up at Work," *Working Paper*, Harvard Business School, October 2006.

23　同前、p.3.

24　Paul Carroll and Chunka Mui, *Billion Dollar Lessons*,

pp.277–291.

25 同前、p.3.

26 Renee Dye, Olivier Sibony, and Vincent Truong, "Flaws in Strategic Decision Making," McKinsey and Company, January 2009.

27 この活動は、一般的に「ビジネスウォーゲーム」と呼ばれているが、クライアントが軍事的な用語に抵抗がある場合には別の呼び方をするコンサルタントもいる。これを競争的情報演習と勘違いしているエグゼクティブもいる。競争的情報演習とは、ライバル会社の細かい情報を収集分析するものだが、ウォーゲームとは手に入る情報を使って最良の戦略決定を助けるものだ。戦争とビジネス戦略をつなげたきっかけは、ゲーム理論の初期にさかのぼる。参照：John McDonald, *Strategy in Poker, Business, and War* (New York: W.W. Norton, 1950).

28 ケン・サウカとのインタビュー。二〇一四年五月九日。

29 たとえば、二〇一三年には二五〇〇社のグローバル大企業で、新ＣＥＯの七六％は内部昇進だった。Strategy& and PricewaterhouseCoopers, *The 2013 Chief Executive Study: Women CEOs of the Last 10 Years,* April 2014, p.3.

30 Sydney Finkelstein, *Why Smart Executives Fail: And What You Can Learn from Their Mistakes* (New York: Portfolio, 2003).

31 金融サービス企業の経営幹部とのインタビュー。二〇一四年六月二八日。

32 マーク・チャッシルとのインタビュー。二〇一四年六月から七月。

33 同前。

34 同前。

35 Benjamin Gilad, *Business War Games: How Large, Small, and New Companies Can Vastly Improve Their Strategies and Outmaneuver the Competition* (Pompton Plains, NJ: Career Press, 2008).

36 Benjamin Gilad, war-gaming class, Fuld, Gilad, & Herring Academy of Competitive Intelligence, Cambridge, MA, June 16, 2014.

37 ベンジャミン・ギラードとのインタビュー。二〇一三年一二月二〇日。

38 Michael Porter, *Competitive Strategy: Techniques for Analyzing Industries and Competitors* (New York: Free Press, 1980); より良い戦略の策定によって市場に勝つのが難しいことを証明するように、二〇一二年一一月にポーター自身の戦略コンサルティング会社であるモニター・グループは破産を申請し、その後デロイトに買収された。参照："Monitor's End," *The Economist*, November 14, 2012 [www.economist.com/blogs/schumpeter/2012/11/consulting].

39 Benjamin Gilad, war-gaming class, June 16, 2014.

40 同前。

41 ベンジャミン・ギラードとのインタビュー。二〇一三年一二月二〇日。

42 IBM Institute for Business Value, *Capitalizing on Complexity: Insights from the Global Chief Executive Officer Study,* 2010.

43 Kapersky Lab, *IT Security Risks Survey 2014: A Business Approach to Managing Data Security Threats,* 2014, p.18.

44 Poneman Institute, *2014 Cost of Cyber Crime Study:*

United States, sponsored by HP Enterprise Security, October 2014, p.3.

45　同前。及びVerizon, *2015 Data Breach Investigations Report,* April 2015, p.4.

46　Symantec, *Internet Security Threat Report,* vol. 20, April 2015, pp. 7, 14. 小規模企業オーナーを対象にした二〇一三年のアンケートでは、回答者の四四%がサイバー攻撃の犠牲になったと語り、被害額の平均は八七〇〇ドルだった。参照：National Small Business Association, *2013 Small Business Technology Survey,* September 2013, p.10.

47　Neiman Marcus Group, statement by Karen Katz, January 22, 2014.

48　Neiman Marcus Group, "Neiman Marcus Group LTD LLC Reports Second Quarter Results," February 28, 2014, p.9.

49　Becky Yerak, "Schnucks Calculates Potential Breach Hit," *Chicago Tribune,* May 24, 2013, p.C1.

50　Target, "Target Reports Fourth Quarter and Full-Year 2013 Earnings," February 26, 2014; and Rachel Abrams, "Target Puts Data Breach Costs at $148 Million, and Forecasts Profit Drop," *New York Times,* August 5, 2014.

51　Market Research Media, "U.S. Federal Cybersecurity Market Forecast 2015– 2020," May 4, 2014, accessed May 21, 2015 [www.marketresearchmedia.com/?p=206].

52　Gartner, "Gartner Says Worldwide Information Security Spending Will Grow Almost 8 Percent in 2014 as Organizations Become More Threat-Aware," August 22, 2014; and Gartner, "The Future of Global Information Security," 2013.

53　Dave Evans, *The Internet of Things: How the Next Evolution of the Internet Is Changing Everything,* Cisco, April 2011, p. 3; and "Home, Hacked Home," *The Economist,* July 12, 2014, p.SS14.

54　Daniel Halperin et al., "Pacemakers and Implantable Cardiac Defibrillators: Software Radio Attacks and Zero-Power Defenses," Proceedings of the 2008 IEEE Symposium on Security and Privacy, Oakland, CA, May 18–21, 2008; and Jay Radcliffe, "Fact and Fiction: Defending your Medical Device," Black Hat 2013, July 31, 2013; It was not until June 2013 that the Federal Drug Administration recommended vendors take voluntary steps "to prevent unauthorized access or modification to their medical devices." See, FDA, "Cybersecurity for Medical Devices and Hospital Networks: FDA Safety Communication," June 13, 2013.

55　Lillian Ablon, Martin Libicki, and Andrea Golay, *Markets for Cybercrime Tools and Stolen Data,* RAND Corporation, March 2014, pp.13–14.

56　Intelcrawler, "17-years-old Teenager Is the Author of BlackPOS/Kaptoxa Malware (Target), Several Other Breaches May Be Revealed Soon," January 17, 2014; Jeremy Kirk, "Two Coders Closely Tied to Target-Related Malware," computerworld.com, January 20, 2014; and Danny Yadron, Paul Ziobro, and Devlin Barrett, "Target Warned of Vulnerabilities Before Data Breach," *Wall Street Journal,* February 14, 2014.

57　既知のサイバー攻撃のうち八〇%は五つのベストプラ

クティスによって予防できると言っていいだろう。その五つとは、デバイスの備え、ソフトウェアの備え、安全な設定の開発管理、自動化された脆弱性評価の継続的実行、そして管理者権限の能動的な管理である。参照：Center for Internet Security, "Cyber Hygiene Campaign."

58　二〇一一年四月の創刊以来、ペンテスト誌はこの分野の最新トレンドを知る貴重な情報源になっている。また、セキュリティカンファレンスでのハッカーのプレゼンテーションも、すぐにユーチューブに上げられ、役に立っている。

59　政府と民間のサイバーセキュリティ職員とのインタビュー。二〇一二年から二〇一四年。参照：James Kupsch and Barton Miller, "Manual vs. Automated Vulnerability Assessment: A Case Study," Proceedings of the First International Workshop on Managing Insider Security Threats (MIST) West, West Lafayette, IN, June 15-19, 2009; and Matthew Finifter and David Wagner, "Exploring the Relationship Between Web Application Development Tools and Security," Proceedings of the second USENIX Conference on Web Application Development, Portland, OR, June 15-16, 2011.

60　女性は情報セキュリティのプロフェッショナルのうち一一%を占める。参照：International Standard for Information Security (ISC) 2, *Agents of Change: Women in the Information Security Profession, in partnership with Symantec*, 2013; 携帯セキュリティ企業、ネオハプシスに勤めるキャサリン・ピアースは、このコミュニティを次のように語った。「考え方はリベラルだけど、やっていることは女性差別的。カンファレンスは正直言って危険だわ。女性でカンファレンスに参加するなら、誰かの顔を思い切りぶんなぐれるくらいじゃないとだめ。そんな女性はあまりいない」。キャサリン・ピアースとのインタビュー。二〇一四年六月三日。

61　サイバーセキュリティのプロフェッショナルとのインタビュー。二〇一四年七月七日。

62　国際ECコンサルタント協会が行う、セキュリティ研究者への研修は、彼らによると「最先端の倫理的ハッキングのコースで、組織のセキュリティ体制を強化したい人に最適な一九の最新のセキュリティ・ドメインの情報を備えている。この訓練を終えれば、需要の高いハッキングのスキルが身につき、国際的に権威のある倫理的ハッキング証書が手に入る」という。International Council of E-Commerce Consultants, "Ethical Hacking and Countermeasures to Become a Certified Ethical Hacker," accessed May 4, 2015 [www.eccouncil.org/Certification/certified-ethical-hacker].

63　このサイトを狙ったハッカーは、一九九五年の『ハッカーズ』という映画の登場人物にちなんで、自分たちを「ユージン・ベドフォード」と呼んでいた。Megan Geuss, "Security Certification Group EC-Council's Website Defaced with Snowden Passport," *ArsTechnica*, February 23, 2014.

64　"Hacking Conferences," Lanyrd, accessed March 17, 2015 [www.lanyrd.com/topics /hacking/]; and "Cyber Security Conferences," Lanyrd, accessed March 17, 2015 [lanyrd.com/topics/cyber-security/].

65　Black Hat, "USA 2009 Prospectus," 2009; Paul Asadoorian, "Top 10 Things I Learn at Defcon 17,"

Security Weekly, August 4, 2009; and Richard Reilly, "Black Hat and Defcon See Record Attendance—Even Without the Government Spooks," VentureBeat, August 12, 2014.

66　Leyla Bilge and Tudor Dumitras, "Before We Knew It: An Empirical Study of Zero-Day Attacks in the Real World," Proceedings of the 2012 ACM conference on Computer and Communications Security, Raleigh, NC, October 16–18, 2012.

67　Stefan Frei, "The Known Unknowns: Empirical Analysis of Publicly Unknown Security Vulnerabilities," NSS Labs, December 2013; Barton Gellman and Ellen Nakashima, "U.S. Spy Agencies Mounted 231 Offensive Cyber-Operations in 2011, Documents Show," *Washington Post*, August 30, 2013; and Ablon, Libicki, and Golay, *Markets for Cybercrime Tools and Stolen Data*.

68　「デフコン」の世界を楽しみたい方は、以下を参照。"DEFCON: The Documentary (2013)," YouTube, accessed March 17, 2015 [www.youtube.com / watch?v=U4UDdpGUmts].

69　ジェフ・モスとのインタビュー。二〇一三年九月二四日。

70　US Commodity Futures Trading Commission, "CTFC Staff Advisory No. 14–21: Division of Swap Dealer and Intermediary Oversight," February 26, 2014, accessed March 17, 2015 [www.cftc.gov/ucm/groups/public/@lrlettergeneral/docu ments/letter/14–21.pdf].

71　*U.S. Code of Federal Regulations 45*, "Public Welfare," section 164.308, "Administrative Safeguards," 2009; and Matthew Scholl et al., "An Introductory Resource Guide for Implementing the Health Insurance Portability and Accountability Act (HIPAA) Security Rule," National Institute of Standards and Technology, U.S. Department of Commerce, October 2008.

72　PCI基準に列挙されたセキュリティ手順は、連邦法では求められておらず、二〇一四年の夏の時点では三つの州でしか必須とされていない。Minnesota, Nevada, and Washington.

73　Javier Panzar and Paresh Dave, "Spending on Cyberattack Insurance Soars as Hacks Become More Common," *Los Angeles Times*, February 10, 2015, p.C1.

74　ゴールドマンサックスは、少人数の専門に特化した善意のハッキングチームを雇いローテーションすることで、同じチームが同じシステムを何度もテストしないようにしている。フィル・ヴェナブルスとのインタビュー。二〇一四年七月二五日。

75　侵入テストを行うホワイトハット会社とのインタビュー。二〇一二年から二〇一四年。

76　たとえば、ニューヨーク州にある一五四社の金融機関を対象にした二〇一三年の調査では、八五％の機関が外部のホワイトハットを使っていたが、規制最少限度である毎年一回以上のテストを行っていたのはわずか一三％だった。参照：New York State Department of Financial Services, *Report on Cyber Security in the Banking Sector*, May 2014, p.5.

77　David Kennedy, keynote address at RVAsec, Richmond, Virginia, June 5, 2014.「すごくクールで洗練

された攻撃ツールをたくさん持っているのに、一度も使うチャンスがない。この一〇年間いつも同じやり方で侵入を繰り返しているからね」とデイビッド・ケネディは愚痴っていた。

78　ブレンダン・コンロンとのインタビュー。二〇一四年四月一五日。

79　より進んだ侵入の代表例は以下を参照。Rob Havelt and Wendel Guglielmetti, "Earth vs. The Giant Spider: Amazingly True Stories of Real Penetration Tests," presentation at DEF CON 19, August 4–7 2011; Deviant Ollam and Howard Payne, "Elevator Hacking: From the Pit to the Penthouse," presentation at DEF CON 22, August 7–10, 2014; その他多くのプレゼンテーションが「ブラックハット」や「デフコン」でも行われ、そのほとんどはユーチューブで見ることができる。

80　ニコラス・ペルココとのインタビュー。二〇一四年七月二八日。

81　当時、対象組織の重役たちは、ホワイトハット企業に報告書の見栄えをよくするように頼んでいた。たとえば、未発表のソフトウェアの重大な欠陥についての記述を除くといったことだ。

82　アイラ・ウィンクラーとのインタビュー。二〇一四年七月二三日。

83　ボブ・スタシオは、多くの産業が大金を投資して有名なサイバーセキュリティ企業にファイアウォールや侵入探知システムの開発を依頼するが、あまり有名でない企業によるより効率よく安価なシステムには興味を示さないと語っている。ボブ・スタシオとのインタビュー。二〇一四年六月三〇日。二〇一四年四月に有名セキュリティ企業のファイアーアイは、その手法に欠陥があるとしてNSS研究所の侵入検知システムテストへの参加を拒否している。その前年にNSSが一四七ものサンプルを見落としていたことから、「だれもこの手法を真剣に受け止めないだろう」とファイアーアイは述べている。参照：Manish Gupta, "Real World vs Lab Testing: The FireEye Response to NSS Labs Breach Detection Systems Report," FireEye, April 2, 2014.

84　ダン・グイドとのインタビュー。二〇一四年七月七日。

85　Nico Golde, Kevin Redon, and Ravishankar Borgaonkar, "Weaponizing Femtocells: The Effect of Rogue Devices on Mobile Telecommunications," Security in Telecommunications, Technische Universität Berlin, undated.

86　二〇一〇年から二〇一三年までの間、Googleは平均で一一五七ドルをクロームブラウザの欠陥の発見者に支払っており、Mozillaは平均で三〇〇〇ドルをファイアーフォックスの欠陥発見者に支払っている。参照：Matthew Finifter, Devdatta Akhawe, and David Wagner, "An Empirical Study of Vulnerability Rewards Programs," paper presented at the USENIX Security Symposium, Washington, DC, August 14–16, 2013.

87　ニコラス・ペルココとのインタビュー。二〇一四年七月二八日。ペルココは「私は騎兵隊」草の根運動の創始者で、ハッキングのイメージ向上に努め、公共の安全と顧客プライバシーへのハッカーたちの貢献を訴えている。

88　Jared Allar, "Vulnerability Note VU#458007: Verizon Wireless Network Extender Multiple Vulnerabilities," CERT Vulnerability Notes Database, July 15, 2013.

89　Jim Finkle, "Researchers Hack Verizon Device, Turn It into Mobile Spy Station," Reuters, July 15, 2013. ｉＳＥＣ社のチームはデモンストレーションの練習と完成を目的にメディア訓練を受け、メッセージをシンプルに留めた。参照：Laura Sydell, "How Hackers Tapped into my Cellphone for Less Than $300," *National Public Radio*, July 15, 2013; and Erica Fink and Laurie Segall, "Femtocell Hack Reveals Mobile Phones' Calls, Texts and Photos," *CNN Money*, July 15, 2013.

90　ユーチューブに上がった二つのプレゼンテーションのタイトルは、次の通り。"I Can Hear You Now: Traffic Interception" and "Remote Mobile Phone Cloning with a Compromised CDMA Femtocell."

91　比較対照となるような、一般に公開されているハックは次の通り。Tobias Engel, "SS7: Locate, Track, Manipulate," presentation at the 31st Chaos Communication Congress of the Chaos Computer Club, Hamburg, Germany, December 28, 2014. ハッカーの検査ソフトウェア、ハードウェア、オペレーティングシステムの拡大を考えると、複数のチームがそれぞれに同じ欠点を明らかにしている事例はほかにもある。

92　この高官との会話を鑑みて、この政府機関の名前を明かすことはできない。さらに言えば、この機関のセキュリティは私の訪問中は穴があったが、これをもってセキュリティ体制全体が甘いとは言えず、他の施設でも同じような穴があることは想像に難くない。

93　Gavin Watson, Andrew Mason, and Richard Ackroyd, *Social Engineering Penetration Testing: Executing Social Engineering Pen Tests, Assessments and Defense* (Waltham, MA: Syngress Publications, 2014).

94　ダルトン・フューリーとのＥメールでのやりとり。二〇一四年五月一九日。フューリーは敵の特徴を模した侵入テストの好例を上げてくれたが、物理的侵入テストの世界はハッキングコミュニティよりもさらに男性中心だと言える。

95　同前。及びTina Dupuy, "He Hunted Osama Bin Laden, He Breaks into Nuclear-Power Plants," *Atlantic Online*, May 2014.

96　Health Facilities Managements and the American Society for Healthcare Engineering, "2012 Health Security Survey," June 2012; and Lee Ann Jarousse and Suzanna Hoppszallern, "2013 Hospital Vendor & Visitor Access Control Survey," Health Facilities Management and Hospitals & Health Networks, November 2013.

97　U.S. Office of Personnel Management, "2014 Federal Employee Viewpoint Survey Results: Employees Influencing Change," 2014, p.41.

98　Curt Anderson, "Feds Break Up Major Florida-based prescription Drug Theft Ring," *Associated Press*, May 3, 2012. イーライリリーはタイコ・インテグレイテッド・セキュリティを訴え、タイコが極秘の侵入テストから得た発見を守ることに失敗したと主張したが、タイコは証拠がないとして否定した。参照：Kelly Knaub, "Tyco Can't Ditch Suit over $60M Eli Lilly Warehouse Heist," Law360, March 4, 2014 [www.law360.com/articles/515169 /tyco-can-t-ditch-suit-over-60m-eli-lilly-warehouse-heist].

99　Amy Pavuk, "Woman get prison for medicated fraud

scheme" *Orlando Sentinel,* August 9, 2013, p. A1. イーライリリーは、窃盗犯が報告書を入手したに違いないとしてタイコを訴えた。

100 Katie Dvorak, "33,000 Patient Records Stolen from California Radiology Facility," CBS5 KPIX, June 13, 2014.

101 Abby Sewell, "L.A. County Finds 3,500 More Patients Affected by Data Breach," *Los Angeles Times,* May 22, 2014, accessed March 17, 2015 [www.latimes.com/local/lanow/la-me-ln-county-data-breach-20140522-story.html].

102 Danielle Walker, "AvMed Breach Settlement Awards Plaintiffs Regardless of Suffered Fraud," *SC Magazine,* March 2014, accessed March 17, 2015 [www.scmagazine.com/avmed-breach-settlement-awards-plaintiffs-regardless-of-suffered -fraud/article/340140/].

103 Chris Boyette, "New Jersey Teen Sneaks to Top of 1 World Trade Center, Police Say," CNN, March 21, 2014.

104 Andrea Peyser, "Trespassers at 1 WTC are a wakeup call," *New York Post,* April 4, 2014, p.11.

105 また、新しい基準は、欠陥を修正し、その修正を確認するため侵入テストを繰り返し実行することを義務付けている。

106 Pete Herzog, *OSSTMM 3: The Open Source Security Testing Methodology Manual,* Institute for Security and Open Methodologies, 2010, p.1.

107 ひとつの例は、二一〇万ドルがバークレイ銀行から盗まれた事件だ。八人の犯人のうち一人は社内の共犯者で、ITエンジニアのふりをして二〇ドル程度のキーボードやマウス、ビデオをロンドン支店のPCにつなげ、遠隔送金を可能にした。*The Guardian,* September 21, 2013.

108 Verizon, *2011 Data Breach Investigations Report,* April 2011, p. 40; and Verizon, *2014 Data Breach Investigations Report,* April 2014, pp.27-28.

109 ニコラス・ペルコとのインタビュー。二〇一四年七月二八日。チャールズ・ヘンダーソンとのインタビュー。二〇一四年六月一二日。

110 TruTV, the episode first aired on December 25, 2007.

111 クリス・ニッカーソンとのインタビュー。二〇一四年六月一二日。

112 この本は『Red Team Testing: Offensive Security Techniques for Network Defense』というタイトルで、Elsevier B.V.より出版される予定である。

113 Chris Nickerson, "Hackers Are Like Curious Babies," presentation at TEDx FulltonStreet, June 10, 2014.

114 クリス・ニッカーソンとのインタビュー。二〇一四年六月一二日。

115 ハッキング中でも興味深い分野のひとつが「Locksport」、つまり遊びやスポーツ競技として行われるロック解除だ。これは犯罪とは違って、機械的、電子的、生物的な錠前（鍵、ロック）がどのように解除できるのかを明らかにし、一般に開示するものだ。警備厳重とされている施設でそれがどれほど簡単にできるかを直接見ると、本当に驚いてしまう。ユーチューブで「ロックピッキング」と検索してみてほしい。特に、シュイラー・タウンは魅力的に錠前外しの技術を見せてくれる。

116 クリス・ニッカーソンとのインタビュー。二〇一四年六月一二日。

117 同前。
118 ジェイソン・ストリートとのインタビュー。二〇一四年七月二五日。
119 ジェイソン・ストリートとのインタビュー。二〇一三年九月二三日。
120 Jayson Street, "Steal Everything, Kill Everyone, Cause Total Financial Ruin!" presentation at DEF CON 19, August 4-7 2011.
121 ジェイソン・ストリートとのインタビュー。二〇一三年九月二三日。
122 ジェイソン・ストリートとのインタビュー。二〇一三年九月二三日と、二〇一四年七月二五日。
123 Steve Ragan, "Social Engineering: The Dangers of Positive Thinking," *CSOonline.com*, January 5, 2015.
124 ジェイソン・ストリートとのインタビュー。二〇一三年九月二三日と、二〇一四年七月二五日。
125 Jayson Street, "How to Channel Your Inner Henry Rollins," presentation at DEF CON 20, July 26-29, 2012.
126 二〇一四年の一六〇〇人のITセキュリティ専門家への調査によると、九六%以上の組織で深刻なITセキュリティ上の問題が昨年起きていた。自社のセキュリティが改善されることに自信があったのはわずか三三%だった。参照：Forescout, *IDG Survey: State of IT Cyber Defense Maturity*, July 2014.
127 ディノ・ダイ・ゾヴィとのインタビュー。二〇一四年七月一八日。
128 ジェイソン・ストリートとのインタビュー。二〇一四年七月二五日。

第6章　レッドチームの誤った使い方

1 Supreme Court of Tennessee, *The State of Tennessee v. John Thomas Scopes*, 1925.
2 World Health Assembly, "Global Eradication of Poliomyelitis by the Year 2000," WHA41.28, May 13, 1988.
3 Global Polio Eradication Initiative, *Budgetary Implications of the GPEI Strategic Plan and Financial Resource Requirements 2009-2013*, January 2009, p.5; and "End Polio Now," Rotary International, accessed March 17, 2015 [www.endpolio.org/about-polio].
4 World Health Organization, "Poliomyelitis: Fact Sheet N144," April 2013; Global Polio Eradication Initiative, *Global Polio Eradication Progress 2000* (Geneva, Switzerland: World Health Organization, 2001); and Centers for Disease Control and Prevention, "CDC's Work to Eradicate Polio," updated September 2014.
5 Centers for Disease Control and Prevention, "Progress Toward Interruption of Wild Poliovirus Transmission-Worldwide, 2009," March 14, 2010.
6 Gregory Pirio and Judith Kaufmann, "Polio Eradication Is Just over the Horizon: The Challenges of Global Resource Mobilization," *Journal of Health Communication: International Perspectives* 15, supplement 1, 2010, pp.66-83.
7 グレゴリー・ピリオとのインタビュー。二〇一三年七月一八日。
8 エリン・オグデンとのインタビュー。二〇一二年四月二五日と、二〇一三年七月一〇日。
9 Global Polio Eradication Initiative, *Polio Eradication*

and *Endgame Strategic Plan 2013–2018*, 2013, p.97.

10 Independent Monitoring Board of the Global Polio Eradication Initiative, *Eleventh Report*, May 2015, pp.7, 10.

11 Barry Staw, "Is Group Creativity Really an Oxymoron? Some Thoughts on Bridging the Cohesion-Creativity Divide," in Elizabeth Mannix, Margaret Neale, and Jack Goncalo, eds. *Creativity in Groups, Research on Managing Groups and Teams*, Vol.12 (Bradford, UK: Emerald Publishing, 2009), pp.311–323.

12 このウェブサイトには、マテスキの書いた『レッドチームの法則』が五〇箇条にわたって掲載されている。"The Laws of Red Teaming," *Red Team Journal*, accessed March 17, 2015 [www.redteamjournal.com/red-teaming-laws/]. He leads with Red Teaming Law #1: "The more powerful the stakeholders, the more at stake, the less interest in red teaming. *This law trumps all other laws.*"

13 マーク・マテスキとのインタビュー。二〇一四年四月一八日。

14 マーク・マテスキとのインタビュー。二〇一四年四月一八日と七月二五日。

15 クリス・ニッカーソンとのインタビュー。二〇一四年六月一一日。

16 *World War Z*, directed by Marc Forster (Paramount Pictures, 2013).

17 *Babylonian Talmud*, "Tractate Sanhedrin: Come and Hear," Folio 17a. Princeton University professor Michael Walzer interprets this passage: "The absence of dissent means that there wasn't an adequate deliberation." See, Michael Walzer, "Is the Right Choice a Good Bargain?" *New York Review of Books*, 62(4), March 5, 2015.

18 Robert Kennedy, *Thirteen Days: A Memoir of the Cuban Missile Crisis* (New York: W. W. Norton & Company, 1969), p.86.

19 実験的な環境では、悪魔の代弁者の役割を与えられた人よりも権威ある反対者の方が、クリエイティブな解決策を生み出すことが多い。シャーラン・ネメス、キース・ブラウン、ジョン・ロジャースを参照。"Devil's Advocate Versus Authentic Dissent: Stimulating Quantity and Quality," *European Journal of Social Psychology*, 31, 2001, pp.707–720.

20 Nicholas Hilling, *Procedure at the Roman Curia* (New York: Wagner, 1909), pp.41–42.

21 *The Pentagon Papers*, Gravel Edition, vol.4 (Boston, MA: Beacon Press, 1971), pp.615–619.

22 George Ball, *The Past Has Another Pattern*: Memoirs (New York: W. W. Norton & Company, 1982), p.384.

23 George Reedy, *The Twilight of the Presidency* (Cleveland, OH: World Publishing Company, 1970), p.11.

24 James Thomson, "How Could Vietnam Happen? An Autopsy," *Atlantic Monthly*, 221(4), April 1968, pp.47–53.

25 John Schlight, *The War in South Vietnam: The Years of the Offensive, 1965–1968* (Washington, DC: Department of the US Air Force, 1989).

26 Stefan Schulz-Hardt, Marc Jochims, and Dieter Frey, "Productive Conflict in Group Decision Making: Genuine and Contrived Dissent as Strategies to Counteract Biased Information Seeking,"

Organizational Behavior and Human Decision Processes, 88, 2002, pp.563–586.

27　Michael Gordon, "The Iraq Red Team," *Foreign Policy*, September 24, 2012; Editorial Board, "The U.S. Is Not Ready for a Cyberwar," *Washington Post*, March 11, 2013, p.A14; Freedom of Information Act Request made by Ralph Hutchison to the US Department of Energy, Oak Ridge Environmental Peace Alliance, April 24, 2014, accessed March 17, 2015 [www.orepa.org/wp-content/uploads/2014/04/Red-Team-FOIA.pdf]; and Bill Gertz, "Military Report: Terms 'Jihad,' 'Islamist' Needed," *Washington Times*, October 20, 2008, p.A1.

28　Mark Perry, "Red Team: Centcom Thinks Outside the Box on Hamas and Hezbollah," *Foreign Policy*, June 30, 2010.

29　Bilal Saab, "What Do Red Teams Really Do?" *Foreign Policy*, September 3, 2010.

30　デイビッド・ペトレイアス大将とのインタビュー。二〇一四年二月一九日。陸軍大佐とのインタビュー。二〇一一年一月。

31　Michael Gordon, "The Iraq Red Team." For more see, Michael Gordon and Gen. Bernard Trainor, *The Endgame: The Inside Story of the Struggle for Iraq, From George W. Bush to Barack Obama* (New York: Pantheon Books, 2012), pp.95–97.

32　George Casey, "About that Red Team Report," *Foreign Policy*, September 27, 2012.

33　アメリカ太平洋軍元情報士官とのインタビュー。二〇一四年五月。

34　Lindsay Toler, "KSDK Investigation on School Safety in Kirkwood Reveals Journalists Are the Worst," *St. Louis Riverfront Times*, January 17, 2014.

35　Jessica Bock, "KSDK Reporter Working on School Safety Story Prompted Kirkwood High Lockdown," *St. Louis Post-Dispatch*, January 17, 2014, p.A1.

36　KSDK, "News Channel 5 Report on School Safety," January 16, 2014, accessed March 17, 2015 [www.ksdk.com/story/news/local/2014/01/16/newschannel-5-statement-school-safety/4531859/].

37　同前。

38　NBC, "Rossen Reports: New Device Can Open Hotel Room Locks," *Today Show*, December 6, 2012; and Onity United Technologies, "Information for Onity HT and ADVANCE Customers," August 2012.

39　海兵隊大佐とのインタビュー。二〇一三年五月。及び、国際治安支援部隊士官とのインタビュー。二〇一三年一一月。

40　下院外交委員会公聴会。"U.S. Strategy in Afghanistan," December 2, 2009.

41　Bill Roggio and Lisa Lundquist, "Green-on-Blue Attacks in Afghanistan: The Data," *The Long War Journal*, August 23, 2012, data updated April 8, 2015.

42　国際治安支援部隊士官とのインタビュー。二〇一三年一一月。

43　M. G. Siegler, "The VP of Devil's Advocacy," *TechCrunch*, July 27, 2014.

44　David Fahrenthold, "Unrequired Reading," *Washington Post*, May 3, 2014, p.A1. On November 12, 2014, the House of Representatives unanimously voted in favor of the Government Reports Elimination Act (H.R. 4194), which would eliminate 321 reports from twenty-nine federal agencies.

45　U.S. House of Representatives, *National Defense Authorization Act for Fiscal Year 2003 Conference Report*, November 12, 2002.

46　U.S. Senate, *Intelligence Reform and Terrorism Prevention Act of 2004 Conference Report*, December 8, 2004.

47　U.S. Senate, S. 2845, *Intelligence Reform and Terrorist Prevention Act of 2004*, October 6, 2004.

48　P.L. 108-458, *Intelligence Reform and Terrorism Prevention Act of 2004*, December 17, 2004.

49　*The SAFE Port Act* (H.R. 4954) was passed into law on March 14, 2006. Seven others died in the Senate or House: the *Department of Homeland Security Authorization Act for Fiscal Year 2006* (H.R. 1817), *John Warner National Defense Authorization Act for Fiscal Year 2007* (S. 2766), *Chemical Facility Anti-Terrorism Act of 2006* (H.R. 5695), *Rail and Public Transportation Security Act of 2006* (H.R. 5714), *Department of Homeland Security Authorization Act for Fiscal Year 2007* (H.R. 5814), *Department of Homeland Security Authorization Act for Fiscal Year 2008* (H.R. 1684), and *Chemical Facility Anti-Terrorism Act of 2008* (H.R. 5577).

50　Office of Senator Angus King, "Senate Intelligence Committee Approves King and Rubio Amendment to Provide Independent Check on Targeting Decisions," November 6, 2013.

51　P.L. 113-126, *Intelligence Authorization Act for Fiscal Year 2014*, July 7, 2014. 報道によると、この法律の最終版に含まれていた文言は、キングとルビオが最初に提案したものに近かった。参照：Office of Senator Marco Rubio, "Senate Intelligence Committee Approves Rubio & King Amendment to Provide Independent Check on Targeting Decisions," November 6, 2013. 一〇年後に代替分析を公開するという条項は法案から取り除かれて、立法化された。

52　Marco Rubio, "Senate Intelligence Committee Approves Rubio & King Amendment to Provide Independent Check Targeting Decision."

53　上下院の情報委員会のスタッフとのインタビュー。二〇一三年と二〇一四年。さらに、八人のうち七人の米国市民が、誤ったドローンによる攻撃によって死亡したと思われる。彼らは追加的見直しの恩恵にあずかることはなかった。参照：Micah Zenko, "The United States Does Not Know Who It's Killing," *Foreign Policy*, April 23, 2015 [www.foreignpolicy.com/2015/04/23/the-united-states-does-not-know-who-its-killing-drone-strike-deaths-pakistan/].

54　独立した戦略顧問委員会を、恒常的に国家安全保障会議内に設置しようという提案のため。参照：David Gompert, Hans Binnendijk, and Bonny Lin, *Blinders, Blunders, and Wars: What America and China Can Learn*, RAND Corporation, 2014, pp.203-208. このレッドチームのコンセプトは興味深いが、著者の理解では、恒久的な委員会は国家安全保障会議の中に取り込まれる可能性が高いと思われる。

55　*Defense Science Board Task Force on the Role and*

Status of DoD Red Teaming Activities, p.1.

56　Susan Straus et al., *Innovative Leader Development: Evaluation of the U.S. Asymmetric Warfare Adaptive Leader Program*, RAND Corporation, 2014. 及び、退役軍人とのインタビュー。二〇一五年五月。レッドチームの影響拡大に大きく寄与したのが、退役軍人が二〇一五年に起草したレッドチームのための統合教義だ。統合教義は、軍事コンセプトの開発方法について、非伝統的な基本方針を紹介している。

57　William Perry and John Abizaid, *Ensuring a Strong U.S. Defense for the Future: The National Defense Panel Review of the 2014 Quadrennial Defense Review*, United States Institute of Peace, July 31, 2014, p.65.

58　NDPのメンバーはすべて防衛産業のロビイストか、現在、過去、未来の防衛企業の取締役だった。

59　See Perry and Abizaid, *Ensuring a Strong U.S. Defense for the Future*, appendix 6, pp.69–72.

60　これは、二〇一三年二月二六日の公聴会で、戦略予算評価センターの研究所長であるジム・トーマスが指摘したことだ。"The Quadrennial Defense Review: Process, Policy, and Perspectives," of the House Armed Services Committee, Subcommittee on Oversight and Investigations.

61　トム・ロングランド准将とのインタビュー。二〇一四年一一月二五日。

62　ベイン&カンパニーによる経営管理ツールに関する調査は、レッドチームに応用できる新しいツールについてこのような警告を発している。「一時的な流行のツールを持ちあげすぎると、非現実的な期待につながり、結果に失望することになる」。参照：Darrell Rigby, *Management Tools 2013: An Executive's Guide*, Bain & Company, 2013, p.11.

63　Chris Thornton et al., "Automated Testing of Physical Security: Red Teaming Through Machine Learning," *Computational Intelligence*, published online February 27, 2014; Hussein Abbass, "Computational Red Teaming: Past, Present and Future," *IEEE Computational Intelligence Magazine*, 6(1), February 2011, pp.30–42; and Philip Hingston, Mike Preuss, and Daniel Spierling, "RedTNet: A Network Model for Strategy Games," Proceedings of the IEEE Congress on Evolutionary Computation, CEC 2010, Barcelona, Spain, July 2010.

64　Eric Davisson and Ruben Alejandro, "Abuse of Blind Automation in Security Tools," presentation at DEF CON 22, August 8, 2014.

65　サミュエル・ビスナーとのインタビュー。二〇一四年一二月一日。

66　Raphael Mudge, "Cortana: Rise of the Automated Red Team," presentation at DEF CON 20, August 28, 2012, accessed March 17, 2015 [www.youtube.com/watch?v=Eca1k-lgih4].

67　Philip Polstra, *Hacking and Penetration Testing with Low Power Devices* (Boston, MA: Syngress, 2014).

68　Gregg Schudel and Bardley Wood, "Adversary Work Factor as a Metric for Information Assurance," Proceedings of the 2000 New Security Paradigm Workshop, 2000, pp.23–30.

69　諜報コミュニティ上層部とのインタビュー。二〇一四年四月。

70　Silas Allen, "University of Oklahoma Researchers Develop Video Game to Test for Biases," *Oklahoman*, October 14, 2013.
71　諜報コミュニティ高官とのインタビュー。二〇一四年四月。
72　ニコラス・ペルココとのインタビュー。二〇一四年七月二八日。
73　Tom Head (eds.), *Conversations with Carl Sagan* (Jackson: University Press of Mississippi, 2006), p.135.

訳者あとがき

「どうしてこんな商品が、こんなＣＭが、こんなデザインが世に出てしまったのだろう？」と、私は思うことがある。おそらく、読者の皆さんにもそうした経験はあるのではないだろうか。

だが、本書を読んで、ようやく腑に落ちた。私たちは誰しも、「毎日を過ごす組織の文化に縛られ、上司や職場の好みに自分を合わせがち」だし、「長年なにかに慣らされてしまうと物事を客観的に見られなくなってしまう」のだ。それは何も、私たちが「無能」だからではない。人間の思考と行動は、常にそうしたバイアスに縛られているからだ。

自分の信念を裏付ける事実にばかり目がいくトップの「追認バイアス」。

そのトップの意向にそうことが自分の昇進になると考える「組織バイアス」。

この二つのバイアスがあるために、組織は、外部から見るととんでもない決定をし、それを執行してしまう。

では、それを防ぐためにどんな方法があるのだろう？　株主のチェック、社外取締役、オンブズマン等々様々な方法が模索されているが、この「レッドチーム」は、まず軍で生まれ、その後諜報機関が採用し、現在では欧米の民間企業にも広まっている組織運営の新しいトレンドである。

その起源は、かつてローマカトリック教会内に設けられていた「悪魔の代弁者」にまで遡る。カトリック教会による聖人認定（列聖）は、最初の一〇〇〇年の間、かなり場当たり的に行われていたため、「聖人の大安売り」とも言うべき状態に陥っていた。この状況を改善し、聖人の神聖さと正統性を守るために設けられたのが、「悪魔の代弁者」である。

「悪魔の代弁者」の仕事は、列聖の候補として挙げられたあらゆる証拠や、履歴書に対して徹底的な反対意見を述べることで、各候補者が聖人となることを防ぐことにあった。

このように、「執行役の判断が間違っている」という前提から物事を考える役職を常設することで、ローマカトリック教会はその後の聖人認定を極めて厳格・適切に進めることができた。この「悪魔の代弁者」を、今日の組織運営に組み入れようというのがレッドチームだ。

なぜ、現代の組織にはレッドチームが必要なのか？　それは、本書でも何度も繰り返されるように、「宿題は自分で採点できない」からだ。本書の冒頭では、その一例として、製品の欠陥を放置したために、破綻寸前にまで追い込まれたゼネラルモーターズの話が出てくるが、日本企業も他人事ではない。外向きには革新を唱えながらも、実際は内向きな先例と慣習を踏襲しつづけ、取返しのつかないところまできて問題が明るみに出てしまう事例は、この数年だけを振り返っても数多くある。

利益の水増しを長年続けてきた東芝。巨額の簿外損失を架空の利益で穴埋めしてきたオリンパス。二度のリコール隠しで経営危機に陥った三菱自動車。こういうことがあるたびに「なぜここまで放っておいたのか？　どうして誰かが声をあげなかったのか？」という批判が起きる。だが、中の人は意識せず組織の慣習に従っているだけなのだ。まさに、「宿題は自分で採点できない」のである。だからこそ、「そのやり方は間違っている」と鋭く主張できるレッドチームを組織に置くことが重要なのだ。

レッドチームは、そもそもの前提条件から疑っていく。第3章では、ＣＩＡの中のレッドチームが、「もし外国人がアメリカを『テロリズムの輸出元』と見ていたら？」と、それまでの認識をまったく逆転させ、その際にどのような問題が生じるかを分析していた事例が紹介される。繰り返される日本企業の様々な大破局も、確かにこうした、前提条件を疑いトップに提言する役割のチームがあれば防げたかもしれない。

また、この本を自身の組織におけるジレンマと置き換えて読む人も多いだろう。

例えば著者は、トップが下からの率直な意見を求めて、ホットラインやご意見箱を設けてもほとんど役に立たないと指摘する。社員は上司との衝突を回避しようとするため、やがて沈黙が一番安全で理にかなった行動だと考えるようになってしまうからだ。ご意見箱があること自体、組織の中で反対意見を自由に口にできない証拠でもある。

本書の著者、ミカ・ゼンコは、アメリカの超党派組織、外交問題評議会（ＣＦＲ）のシニア・フェローで、安全保障と軍事戦略を専門にする研究者だ。彼はその研究の中で、アメリカの軍や諜報機関がこの一五年程、レッドチームを急速に体系化し、その手法が民間企業にも広まっていることに注目した。そして、ＣＩＡ長官から企業幹部、またスーパーハッカーまで、二〇〇人を超えるレッドチーム実践者へのインタビューを行い、さまざまな分野での実例を収集した。本書では、その中から一七の実例を選りすぐり、どんなときにレッドチームが成功し、またどんなときに失敗するのかを詳しく描いている。

軍と安全保障の分野で活用され、実践されてきたレッドチームの手法は、これまではめったに共有されず、いわば秘密のベールに包まれていた。これほど幅広い分野の実例を、ここまで綿密に内側から明らかにしたのは、本書が初めてだ。

レッドチームは、アフガニスタンやイラクで失敗を経験したアメリカ軍の指揮官たちが、まず組織運営に根づかせた。なぜならば、その失敗の原因は、「悪魔の代弁者」を組織に組み込めていなかったことにあったからだ。アメリカ陸軍は二〇〇四年、レッドチーム的な思考を軍人に教育するための「レッドチーム大学」（外国軍事文化研究大学）を創設したが、その参加者は年々急増している。本書の著者、ミカ・ゼンコも、数少ない民間人の一人として、その教壇に立っている。

組織の様々な失敗を、組織が縦割りのサイロに分割され相互の連絡がなくなってしまうことに求めた『サイロ・エフェクト』（ジリアン・テット著）は、日本の様々な識者が取り上げたが、この『レッドチーム思考』も、組織運営術に新たな光を当てる作品として、多くのビジネスパーソンに読まれることになるだろう。

新しい経営戦略ツールをいちはやく読者の皆さんに紹介できるのは、翻訳者の喜びだ。チャンスを与えて下さった文藝春秋国際局の坪井真ノ介氏と下山進氏に心から感謝している。

関美和

二〇一六年五月

著者

ミカ・ゼンコ　Micah Zenko

アメリカの超党派組織、外交問題評議会（CFR）シニア・フェロー。過去にはハーバードケネディスクールや、米国議会図書館の議会調査局等に勤務。専門は国際安全保障と軍事戦略。

2000年代以降、アフガニスタン・イラクでの反省を踏まえ、アメリカの軍や諜報機関において、組織の多数派や上層部に対してあえて反対意見を述べる「悪魔の代弁者」の役割を担うレッドチームの手法が体系化され、それが民間企業にも広まっていることに注目。CIA長官から企業幹部、さらにはスーパーハッカーまで、200人以上のレッドチーム実践者へのインタビューを通して、さまざまな分野での実例を収集した。本書では、それらをもとに、レッドチーム思考の核心を初めてまとめあげた。

レッドチームのテクニックを教育するため、アメリカ陸軍が創設した「レッドチーム大学」（外国軍事文化研究大学）でも、数少ない民間人の一人として教壇に立っている。

訳者

関美和　（せき・みわ）

翻訳家。杏林大学外国語学部准教授。慶應義塾大学文学部・法学部卒業。電通、スミス・バーニー勤務の後、ハーバード・ビジネス・スクールでMBAを取得。主な翻訳書に、『あなたが世界のためにできる　たったひとつのこと』（ピーター・シンガー、NHK出版）、『ジョナサン・アイブ』（リーアンダー・ケイニー、日経BP社）、『ゼロ・トゥ・ワン』（ピーター・ティール、NHK出版）などがある。

レッドチーム思考《しこう》　組織《そしき》の中《なか》に「最後《さいご》の反対者《はんたいしゃ》」を飼《か》う

2016年6月25日　　第1刷

著　者　ミカ・ゼンコ
訳　者　関《せき》 美和《みわ》
発行者　下山 進
発行所　株式会社　文藝春秋
東京都千代田区紀尾井町3-23（〒102-8008）
電話　03-3265-1211（代）
印　刷　大日本印刷
製本所　大口製本

・定価はカバーに表示してあります。
・万一、落丁・乱丁の場合は送料小社負担でお取り替えします。
小社製作部宛にお送りください。

ISBN 978-4-16-390477-1　　Printed in Japan